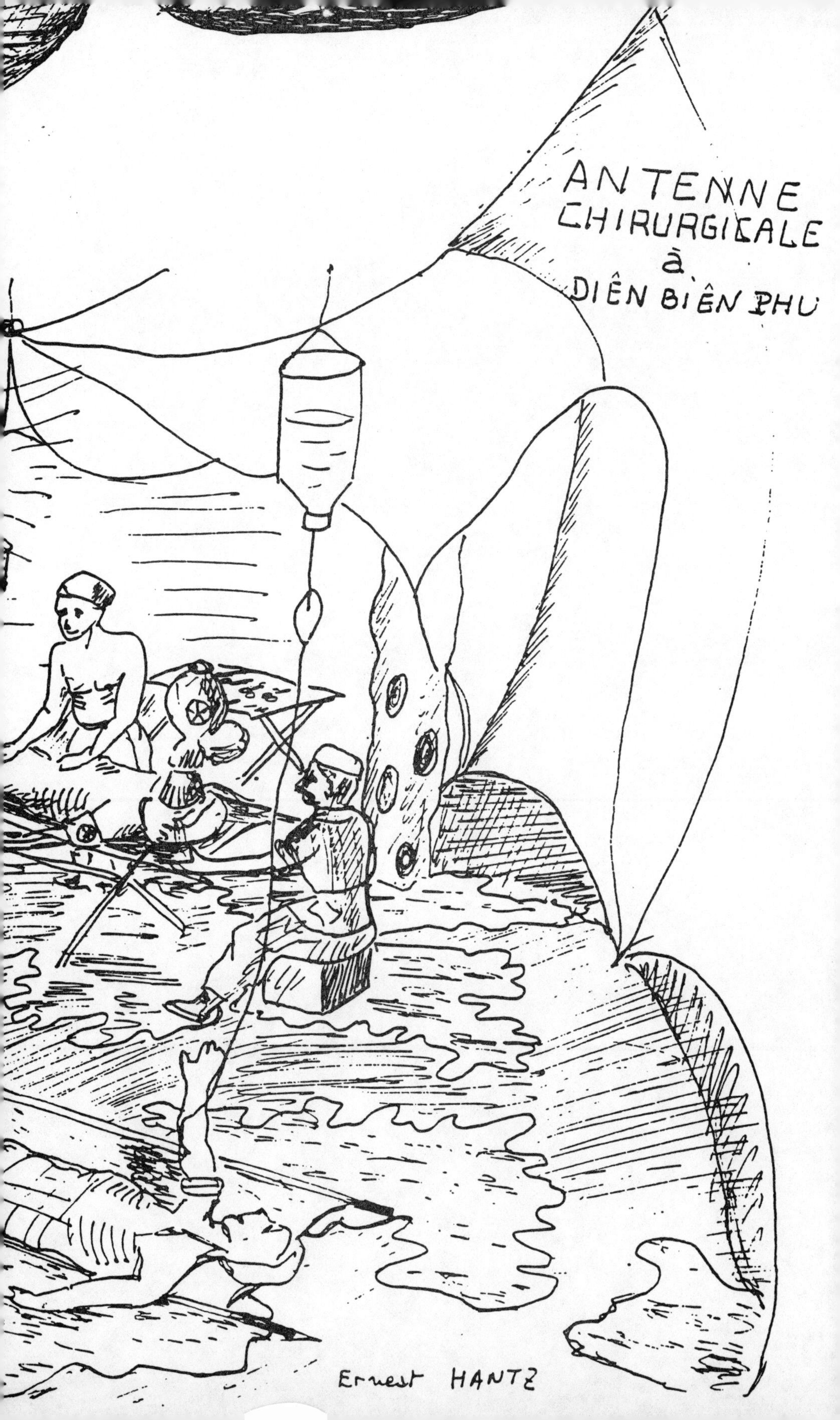
ANTENNE
CHIRURGICALE
à
DIÊN BIÊN PHU
Ernest HANTZ

Médecins
à
Diên Biên Phu

Pierre Accoce

Médecins à Diên Biên Phu

FRANCE LOISIRS
123, boulevard de Grenelle, Paris

Une édition du Club France Loisirs, Paris,
réalisée avec l'autorisation des Presses de la Cité

ISBN : 2-7242-7288-9

A ceux de Diên Biên Phu.

AVANT-PROPOS

Un vilain guêpier

Servir en Indochine n'a pas été une sinécure pour les soldats du Corps Expéditionnaire engagés depuis 1945 dans la lutte contre le Viêt-minh. Au fil de ce conflit, les batailles rangées ont succédé aux embuscades et à la guérilla des premiers mois. Le nombre des victimes n'a cessé de croître : au total, 22 860 tués au combat, 9 951 disparus et 45 246 blessés. Dans le même temps, les atteintes dues au climat et aux maladies inhérentes à ce milieu tropical ont pareillement augmenté. Au point d'alarmer le service de santé en Extrême-Orient. Un rapport, longtemps confidentiel, établi par le médecin-général Blanc pour le compte de cette institution militaire, en témoigne.

Ainsi, sur les 50 377 rapatriements sanitaires en métropole effectués jusqu'en 1953, un bon tiers ont été suscités par des blessures graves, de plus en plus invalidantes. Les autres, quelque 34 000, étant dus à une morbidité galopante : amibiases, paludisme, tuberculose, parasitoses et troubles psychiques sévères. Rien de tel que la tension nerveuse engendrée par la fureur des assauts dans la jungle, qu'une exposition prolongée aux agents pathogènes exotiques, pour saper les caractères et les organismes les mieux trempés. Européens, Nord-Africains et Africains, tous frappés. Même les troupes d'élite, pourtant endurcies par un entraînement forcené. Le médecin-général Blanc en a conclu qu'à cette époque, après des années de combats ininterrompus, ce Corps Expéditionnaire était rendu.

Au moment le plus dangereux... Celui de l'affrontement crucial. Approche, en effet, le dernier acte. La métropole se déchire à propos de cette guerre qui s'éternise, lui donne mauvaise conscience. La majorité des citoyens – 76 %, atteste un sondage de ce temps – attendent de leurs gouvernants qu'ils traitent avec Hô Chi Minh, l'ennemi. Les politiciens de tous bords espèrent le miracle qui per-

mettrait de sortir de l'impasse « dans l'honneur ». Sans dépenser un sou de plus pour cela.

La IVe République gère, il est vrai, un patrimoine décourageant. Elle a hérité un pays ruiné par la Seconde Guerre mondiale, doit le rénover. Dans le même temps, il lui faut jouer les syndics de faillite. Un contrecoup du bouleversement politique, culturel, qui a secoué l'Occident. Évoluant sous la loupe du nouveau tribunal des nations mis en place à New York, la France doit renoncer à la tutelle qu'elle imposa aux territoires conquis jadis, qui composèrent son empire. Déjà, elle n'use plus de l'expression « colonies » pour désigner ces contrées. Elle emploie le terme d' « Union française » pour justifier ses rapports avec ces pays en veine d'émancipation.

Afin de faire pièce à l'activisme qu'a montré dès 1945 Hô Chi Minh en Extrême-Orient, au nom du communisme, la France n'a pas ménagé les efforts pour offrir une alternative, une autre société, à l'Indochine. Une mosaïque de régions où Annamites, Tonkinois, Cambodgiens, Laotiens, Thaïs et Moïs en décousaient auparavant en guérillas incessantes. Elle les a assemblées en une fédération. Elle a traité avec l'empereur Bao Dai et accordé à cette confédération vietnamienne la reconnaissance de son indépendance, ainsi que le statut d'États associés aux pays la composant. Elle a assuré le transfert des pouvoirs à ces États, le complétant par l'autonomie interne. Elle a même entrepris d'aider Bao Dai à constituer sa propre armée fédérée.

Pour contenir l'expansionnisme croissant du Viêt-minh, elle a dû envoyer là-bas les meilleurs de ses soldats, de ses officiers, tous des volontaires, confiés à de grands capitaines de guerre qui se sont succédé comme commandants en chef. Le général Philippe Marie de Hauteclocque, dit Leclerc. Les généraux Jean Valuy, Blaizot, Marcel Carpentier, Jean de Lattre de Tassigny, Raoul Salan. Puis Henri Navarre, depuis mai 1953.

Cependant, Hô Chi Minh n'ignore rien de l'indifférence, voire de l'hostilité, que manifestent en grand nombre les Français envers l'imbroglio Indochine. L'ambassade soviétique à Paris le renseigne. Lorsque ce ne sont pas ses sympathisants, en France, qui adressent leurs informations à des pseudo-organisations d'étudiants à Prague ou à Rangoon, en Birmanie.

Plus préoccupantes que ces rumeurs, des fuites, émanant de Paris, fortifient l'adversaire dans sa détermination. Il s'agit de glanes qu'amassent trois fonctionnaires français : Georges Paques, René Turpin, Roger Labrusse. Transitant par Moscou, elles parviennent à Hô Chi Minh. Cibles des indicateurs : les Affaires étrangères et la Défense nationale. Les tuyaux détournés concernent les capacités de manœuvre de la diplomatie française, les moyens militaires mis à la disposition du théâtre d'opérations, l'emploi des unités, le moral des troupes, la conduite de la guerre, les orientations stratégiques, l'apport matériel des États-Unis. Paques, qu'intéresse l'argent de Moscou, agit sous l'emprise d'un antiaméricanisme frénétique. Labrusse et Turpin obéissent à des sentiments progressistes. Tous trois se comportent en ennemis objectifs de la France. Le Corps Expéditionnaire le paie sur le terrain.

Le maréchal Alphonse Juin, inspecteur général des forces armées, qui a flairé le danger, n'a pas manqué de conseiller la prudence à Henri Navarre, par lettre expédiée à Saigon, le 29 septembre 1953, lui recommandant d'accroître le secret des préparations d'opérations. Un mois plus tard, le général Paul Ely, nommé chef d'état-major des forces armées, fait parvenir à Navarre un code privé destiné à protéger leurs messages respectifs, chiffre auquel n'auront accès que leurs aides de camp. Mais le mal est fait. Le Viêt-minh n'a rien ignoré de ce qu'élaboraient les Français. Les diplomates comme les militaires. Aussi sûrement que s'il s'était perché sur leurs épaules.

Un jugement sévère s'excerce toujours sur ceux qui commandent. Navarre, 55 ans en 1953, le découvrira bientôt, à ses dépens. Durant les premières semaines de son intronisation, il a pourtant bénéficié d'un préjugé favorable. Autant auprès des militaires que chez Joseph Laniel, le nouveau Président du conseil. Parce que le maréchal Juin l'a recommandé. De fait, il a agi avec circonspection. A Paris, il a écouté sans commentaire ses collègues qui, parlant de l'Indochine, l'ont qualifiée de « guêpier ». Même retenue avec les politiciens. Servi par son naturel réservé il n'a pas non plus, en arrivant à Saigon, suscité les habituelles tempêtes de palais qui accompagnent tout changement de pilote. Des officiers supérieurs, leur temps achevé, ont été remplacés sans que cela ait choqué quiconque. Navarre a même confié le commandement du nord de l'Indochine à René Cogny, un général qui ne compte pas parmi ses proches.

Une nomination à contrecœur? Certains, dans l'entourage du nouveau patron, l'ont avancé, arguant que Cogny, « prudent et secret comme un Normand », passait toujours pour un fidèle de feu de Lattre de Tassigny; une grande ombre pour celui qui occupe le fauteuil du roi Jean. En vérité, Cogny, fils du peuple avisé, n'a jamais roulé que pour lui-même. Certes, il imite de Lattre par l'allure, usant d'une canne d'élégance, traînant le surnom de « Coco la Sirène » parce qu'il apprécie le luxe de faire ouvrir sa route par des motards. En revanche, il aime vraiment le Tonkin et compte parmi ceux qui connaissent le mieux ce pays. Il a même fait prolonger son séjour en Extrême-Orient, avant que Navarre ne prenne les commandes. Ce dernier a dû apprécier cette évidente manifestation d'intérêt de Cogny pour sa mission, ce qui l'a probablement décidé à lui confier la charge de gérer la guerre dans le nord de l'Indochine.

Peu après son installation à Saigon, Navarre a pris la mesure des forces dont il dispose. En 1953, le Corps Expéditionnaire proprement dit réunit 54 000 Français, 20 000 légionnaires, 30 000 Nord-Africains et 19 000Africains, tous volontaires.Auxquels s'ajoutent le personnel de la Marine, 10 900 hommes, et celui de l'armée de l'Air, 7 100 hommes. Soit 141 000 soldats. Les troupes indochinoises combattant à leurs côtés mobilisent des engagés, 108 621 hommes, réguliers et supplétifs mêlés à part égale. Un total général de quelque 250 000 hommes, complété par les 200 000 soldats en formation des armées vietnamiennes associées. Tel est l'effectif sur lequel compte la France, à cette époque, pour tenir l'ensemble de l'Indochine. Un territoire qui s'étend sur 1 800 kilomètres, plus vaste d'un bon tiers que la métropole. Noyauté par le Viêt-minh.

« Situation affligeante, après sept ans d'incohérence, relève Navarre, dans un mémorandum destiné à Laniel. La dispersion des forces ne laisse que des possibilités de manœuvre réduites. Pas de corps de bataille à opposer à celui de l'ennemi. Les réserves générales ne sont pas articulées. Leur niveau interdit toute opération stratégique d'une certaine ampleur. »

L'état dans lequel il trouve cette armée ne le rassure pas davantage. Les notes complétant son document le montrent : « État-major trop bureaucratique et pesant. Nombre excessif de soldats autochtones et moral médiocre dans la plupart de leurs unités. Les Français se battent bravement, pour l'honneur du drapeau et du métier des armes. Ils n'ont pas le sentiment de lutter pour la nation. Le moral est solide chez eux. Mais ce n'est pas celui des soldats de l'An II. »

Ce dernier commentaire de Navarre n'aurait pas manqué de susciter un tollé chez les militaires, s'il avait été rendu public à ce moment. Il le savait; la France n'a pu compter que sur les soldats professionnels et les réservistes pour constituer le Corps Expéditionnaire. En aurait-elle appelé « aux soldats de l'An II » entre 1946 et 1953, pour servir la patrie en Indochine, qu'elle n'aurait levé que bien peu de conscrits acceptant de combattre longtemps – avec flamme – à 12 000 kilomètres de leurs foyers. De plus, même exaltés, auraient-ils vraiment égalé les baroudeurs d'expérience?

Poussée plus avant, l'analyse du propos de Navarre inspire une autre réflexion. N'était-ce pas à la patrie de mieux considérer et traiter ses soldats expédiés enAsie? Certes, elle leur a passé un uniforme et confié des armes, elle les a payés afin qu'ils puissent la représenter et défendre ses intérêts au loin. Mais une autre France s'est aussi dressée contre eux, dès 1947. Celle des progressistes, des militants. Qui n'a cessé de les insulter quand ils embarquaient à Marseille. Pire : sur place, en Indochine, au plus fort des combats, il leur est arrivé de trouver dans leur fourniment des « cadeaux » empoisonnés de ces mêmes concitoyens; des cartouches, des grenades et des obus sabotés. De ceux qui font long feu. Ce qui, parfois, les a condamnés à mort.

En outre, en 1953, l'armée vietminh ne ressemble plus du tout au conglomérat de coteries résistantes qu'affronta le général Leclerc, dès 1945, qui se défaisaient sous ses coups de boutoir et se reformaient dans son dos. Elle est bien commandée, très entraînée. Elle dispose d'un armement efficace. Trois types d'unités la composent. A la base de la pyramide, mêlée au peuple, la troupe des guérilleros villageois. Organisée en milices d'autodéfense, elle assume les sabotages, le terrorisme, la propagande. Au cœur du dispositif, le premier échelon des troupes régulières. Ce que Giap appelle les unités régionales. Une compagnie par district; un bataillon mobile par province. Au sommet, le corps de bataille. Armé par les Chinois. Organisé à la chinoise. Soit sept divisions d'infanterie, ainsi qu'une division d'artillerie. Les plus redoutables : la 304, que commande Hoan Ming Thao, trente-quatre ans, un ancien adjudant de la Coloniale, formé en Chine dès 1945; la 308, dirigée par Vuong Thua Vu, quarante ans, fils d'un émigré du Yunnan, longtemps commissaire politique, le plus zélé des doctrinaires; la 312, des montagnards, confiée à Le Trong Tan; la 316, avec Le Quang Ba, un vétéran des opérations de la Route coloniale 4 où souffrirent tant les Français; enfin la 351, la division d'artillerie, que mène Vu Hien. Lui aussi est passé par le moule soviétique et chinois. Quelque 150 000 réguliers. Et 450 000 hommes pour toute l'armée. Des volontaires, des conscrits. Fondus dans la population. Les divisions campent surtout au Tonkin, le pays vietminh comme dit Hô Chi Minh. A raison : il en contrôle la majeure partie.

Sans avoir réellement jaugé l'adversaire, ne tenant compte que des faiblesses de l'implantation du Corps Expéditionnaire, le général Navarre a conçu un premier plan qu'il expose devant le Comité de la Défense nationale, quelques semaines après sa prise de fonction, qui peut se résumer en une phrase lapidaire : « Faisons appel à l'Amérique. » Joseph Laniel lui suggère de revoir sa copie, afin de lui apporter des arguments de poids sur le terrain, qui compteront quand commenceront les pourparlers de paix, inéluctables.

Dès le début de l'été 1953, Navarre élabore donc un second projet stratégique. Trois points majeurs : user d'abord de la défensive au nord du Tonkin, avec des actions de caractère tactique; passer à l'offensive au centre et au sud du Viêt-nam contre les quelques poches contrôlées par l'adversaire; confier la garde de ces territoires à l'armée de Bao Dai et, libre enfin de mener une guerre de mouvement, revenir au nord de l'Indochine, y engager une opération de grande envergure.

La première phase de ce programme a pour but de contrecarrer l'habituelle attaque d'automne que lance Giap depuis quatre ans dans le delta tonkinois, ce qui lui permet d'enserrer chaque fois Hanoi d'un peu plus près. Le 17 juillet, Navarre déclenche une opération aéroportée à Lang Son, sur la Route coloniale 4, au nord du Tonkin, en pleine zone vietminh. Bilan : des dépôts importants d'armes détruits, ce qui devrait affaiblir l'adversaire. Deuxième round en août, du 8 au 12 : cette fois, c'est la place forte de Nasan, encerclée à 200 kilomètres de Hanoi, qu'occupe encore le général Gilles, que Navarre fait évacuer. Afin de récupérer les troupes qui y cantonnent. En octobre, il s'en prend à la division viet 320 qui essaie de tourner Hanoi par le sud vers Phat Diem, et la contraint à retraiter. Ces assauts correspondent bien à son projet initial. Il ne pourra engager la deuxième phase. Une soudaine décision prise par Giap le contraint à changer sa stratégie.

Les passes d'armes qui viennent de se dérouler ayant tourné au désavantage du Viêt-minh, Giap renonce en effet à prolonger son harcèlement automnal sur Hanoi. Il porte son action militaire sur la Haute Région, le pays thaï. Rameutant toutes ses forces régulières, en vue de restructurer son corps de bataille. Ces déplacements du Viêt-minh ne passent pas inaperçus de l'aviation de reconnaissance française. Notamment ceux de la division 316. Il n'en faut pas plus pour que Navarre se détermine pareillement à modifier ses visées. Persuadé que l'ennemi s'apprête à envahir le Laos, il juge que l'heure a sonné de lui couper la voie menant à ce haut pays. Il va faire prendre Diên Biên Phu, en lisière du Tonkin et du Haut-Laos. Selon lui, cette vallée constitue la clé de défense qui peut protéger cet État; c'est là qu'il faut tenir la route du nord qui conduit à Luang Prabang.

Un piège tendu par Giap? Pour attirer Navarre loin de son sanctuaire, à Hanoi? Certains l'ont pensé. En tout état de cause le sort en est jeté. Tandis que Navarre mitonne son raid, Giap, le 15 novembre, lance sa division 316 en pays thaï, base de son prochain assaut. Autre indication, troublante : sa division 308 vient camper sur le site de l'ancienne forteresse de Nasan, abandonnée par les Français, après destruction des principaux ouvrages. Elle passe les ruines au crible, examine longtemps le dispositif « hérisson » qu'avait imaginé le général Gilles. Une précaution ultime prise ainsi par Giap. Il a parié que les Français reconstruiraient ailleurs une place forte semblable. Un proverbe chinois n'assure-t-il pas que si l'erreur a une mère, cette mère est la routine? Le général viet a chargé la 308 de s'entraîner sur ces vestiges. Pour mettre au point les assauts propres à réduire tous les camps retranchés de ce type...

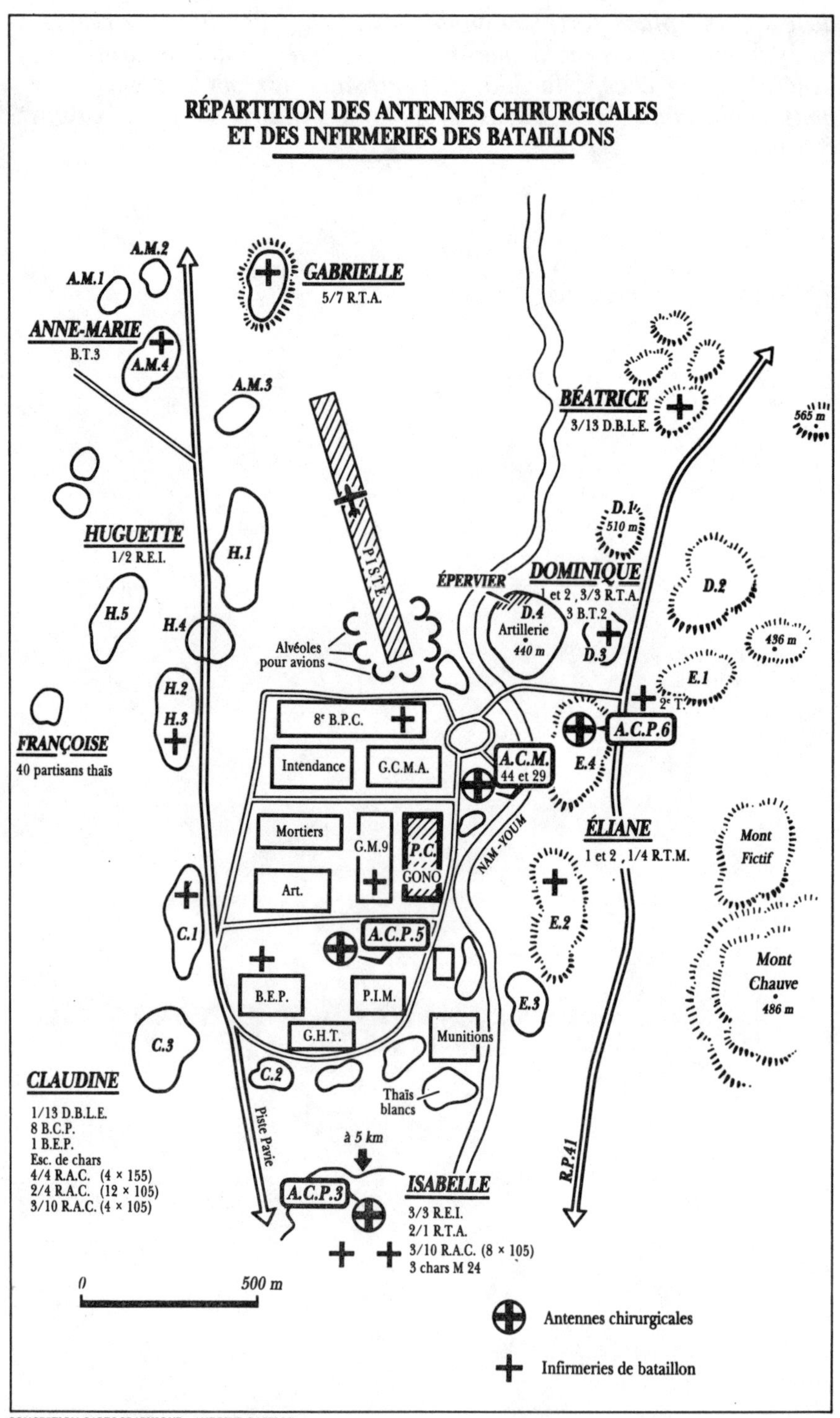

CONCEPTION CARTOGRAPHIQUE : ANTOINE CAPELLE

1

Premier mort; un médecin

Vendredi 20 novembre 1953. L'aube est encore indécise sur le Tonkin français. Du moins ce qu'il en reste. Au fil de sept années de guerre, cette partie de l'empire a fondu en peau de chagrin. Elle n'est plus qu'une bastille adossée à la mer, réduite à la portion congrue, seulement quelque 10 000 km^2. Ce matin-là, à 5 heures, un DC-3 décolle de Bach Mai, l'aérodrome militaire, dans la banlieue sud de Hanoi, la capitale, puis il file plein ouest. Dix minutes plus tard, le Dakota survole le mont Ba Vi, qui culmine à 1 300 mètres dans la plaine, un piège naturel tendu aux avions par temps bouché. Au-delà, l'appareil entre déjà en milieu hostile, le territoire que contrôle maintenant le Viêt-minh. Sous ses ailes pointe, ténu, le ruban ocre de la Route coloniale 6, que prolonge la Route provinciale 41. La voie du ciel que le bimoteur suit sans dévier d'un pouce, parallèle à cet itinéraire terrestre, mène à la zone où l'implantation ennemie reste encore lâche : le pays thaï. Aux portes de la Chine.

Le Dakota, équipé en poste de commandement, transporte du beau monde : le général Gilles, parachutiste, chef des troupes aéroportées en Indochine; le général Dechaux, responsable du Groupement aérien tactique d'attaque et de chasse au Tonkin, ou Gatac Nord; le général Bodet, un autre aviateur, qui assiste en qualité d'adjoint le général Navarre. Quelques spécialistes des transmissions les accompagnent.

Le trio étoilé effectue une reconnaissance météorologique, une mission peu usitée pour des officiers supérieurs. Mais elle leur a été demandée par Henri Navarre. « L'enjeu l'impose », a-t-il dit.

En fonction des conditions atmosphériques que ces généraux observeront de concert sur le but qui leur a été assigné, Bodet devra décider de la mise en œuvre immédiate ou bien du report de l'intervention d'envergure que Navarre a décidée : l'opération « Castor ». Il s'agit de la reprise et de la transformation en forteresse de la vallée de Diên Biên Phu, qu'occupent depuis une année les coriaces et remuants réguliers du général Vo Nguyen Giap.

A 6 h 30, le Dakota, qui a parcouru 300 kilomètres, est au pays thaï. Des brumes dormantes s'étirent sur la contrée. Elles masquent entièrement le site recherché. Mais des crêtes boisées qui émergent du coton le délimitent, dessinent un vaste rectangle approximatif. Durant l'automne et l'hiver tonkinois, la présence de ce brouillard est fréquente en Haute Région. Toutefois il se dissipe souvent en cours de matinée. Dans l'attente de l'amorce éventuelle d'une telle tendance, le général Bodet ne veut pas donner l'alerte aux bodoïs qui se trouvent à Diên Biên Phu, en tournant longtemps au-dessus d'eux. Aussi recommande-t-il au pilote d'aller plus au nord, en direction de Laï Chau. Là gîtent des alliés, des partisans thaïs, autour d'une garnison et d'une petite base aérienne française.

Lors du détour, le général Gilles, trapu, flegmatique, qui sort rarement de sa réserve, confirme à ses collègues que ce coup de main sur Diên Biên Phu lui déplaît. C'est pourtant un homme de guerre confirmé. Borgne, couturé, il a beaucoup baroudé. En Europe comme en Extrême-Orient. Durant la Seconde Guerre mondiale, il a débarqué sur l'île d'Elbe puis en Provence, avec son 23e Régiment d'infanterie coloniale, et participé ensuite à la campagne d'Allemagne. Breveté de l'École de guerre, breveté para, il a conquis ses étoiles en Indochine. Au feu. Pour tous, ici il est le héros de Nasan. Ce camp retranché dont il a organisé et dirigé la défense durant une année. Giap s'est usé les dents sur son dispositif. Sans parvenir à l'ébranler. En août 1953, Gilles l'a floué une deuxième fois en déménageant par air la citadelle à la barbe de l'assiégeant. Mais renouveler cette expérience à Diên Biên Phu ne lui dit rien qui vaille. C'est encore son corps de paras, toujours voué aux premières lignes, qui trinquera. Économe du sang de ses hommes – qui l'appellent « Le père Gilles », leur manière de lui rendre l'attachement qu'il leur porte – il juge que, cette fois, la position à occuper est trop éloignée de Hanoi : « Cela, à terme, condamnera nos troupes une nouvelle fois encerclées. »

Le général Dechaux partage la répugnance de Gilles à se lancer dans cette aventure. Il avance à son tour ses doutes. Chargé d'assurer l'appui de l'aviation aux combattants, il ne pourra qu'apporter une protection aléatoire. Le rayon d'action de la plupart des avions de chasse basés à Hanoi, limité, ne permettra que de brèves interventions sur Diên Biên Phu. L'aérodrome existant en ce lieu ne se prêtera jamais à l'implantation d'une importante force aérienne tactique à cause de ses dimensions réduites. En outre, le climat hivernal, souvent mauvais, gênera le bombardement des positions ennemies. Il accroîtra, de même, les difficultés inhérentes au pont aérien obligatoire qui devra relier Hanoi à cette vallée perdue.

Cependant leurs objections ne troublent pas le général Bodet. Quelques jours plus tôt Gilles et Dechaux ont exprimé sans fard ces mêmes réticences devant l'état-major du Corps Expéditionnaire, lors de la préparation de l'engagement projeté. Pareillement consultés, d'autres officiers se sont montrés plus pessimistes encore. Cela n'a pas entamé la détermination de Navarre. Bodet, au contraire de Dechaux, croit pour sa part dur comme fer aux capacités des bombardiers et des chasseurs, des camionneurs du ciel qui achemineront le ravitaillement et les renforts à Diên Biên Phu. D'ailleurs il a donné à Navarre l'assurance que la tâche de l'aviation de transport n'excéderait pas ses possibilités. Une opinion qu'appuya le général Lauzin, qui commande les forces aériennes d'Extrême-Orient.

Leur Dakota étant revenu à la verticale de Diên Biên Phu, à 7 h 20, Bodet constate que la brume se déchire au sud de la vallée visée. Ce signe d'une évolution favorable met fin au débat ultime, stérile selon lui, qui vient de se dérouler. Bientôt les avions pourront survoler cet objectif, à 200 mètres, et larguer les paras. Ayant reçu délégation de Navarre pour « lancer l'opération “ Castor ” si le temps le permet », c'est sans hésiter que Bodet fait transmettre à Hanoi son message codé : « Décollage de la force aéroportée ». Cet ordre va déchaîner la plus furieuse, la plus longue bataille de la guerre française en Extrême-Orient. Cent soixante-neuf jours d'affrontements. Dont cinquante-six jours d'enfer. Sans le moindre répit. Le Waterloo de l'Indochine.

Ce vendredi automnal, bien que peu de gens à Hanoi aient remarqué le Dakota emportant les trois généraux au pays thaï, la capitale du Tonkin s'est animée plus tôt que de coutume. Une conséquence de l'excitation qui escorte les nouvelles importantes. Depuis la veille, en dépit du secret imposé aux troupes par l'état-major, lui-même bouclé dans la Citadelle, un reliquat de forteresse à la Vauban que surmonte la tour du Drapeau, toute la ville attend. Elle ne subodore pas, elle sait qu'un gros coup mijote.

Des signes « parlent ». Telle, en premier lieu, la présence à Hanoi des unités d'élite. Certes, elles ont été consignées dans leurs quartiers. Néanmoins, elles n'ont pu échapper à la vigilance avisée des commerçants et des tenanciers de boîtes qui avoisinent les camps, les casernes. Ces poings de fer du Corps Expéditionnaire sont fort connus. Mais, fréquemment appelés à jouer les pompiers de la pacification dans le pays, ils sont rarement réunis au bercail. Cette fois, tous présents ! Des soldats réputés. Que commandent des chefs légendaires. Le 6e Parachutistes coloniaux, de Marcel Bigeard, surnommé « le bataillon Zatopek » pour sa vélocité en opération, référence inspirée par les performances du champion tchèque de ce nom, qui moissonna les records du monde et les médailles olympiques en courses de fond. Le 2e bataillon du 1er Régiment de chasseurs parachutistes, baptisé « la machine de fer », que mène Jean Bréchignac, dit « La Brèche » par ses pairs. Le 1er Parachutistes coloniaux, du coriace Souquet, que Bazin remplacera bientôt. Le 8e Choc, qu'anime Pierre Tourret, « Pierrot » pour ses proches, un génie de la contre-guérilla. D'autres aussi. En clair, la puissante garde du général Gilles, sa « boutique », terme que lui empruntent volontiers ses subordonnés pour désigner leurs propres formations. Une phalange d'officiers, sous-officiers, caporaux et soldats mêlés, qui l'emplit de fierté.

Deuxième indice : l'escadre des Dakota sur les parkings des deux aérodromes de la capitale. Soixante-cinq appareils assemblés, une partie à Bach Mai chez les militaires et l'autre à Gia Lam, l'aéroport commercial, à l'autre bout de la ville. Du côté des civils, les compagnies aériennes, toutes mobilisées pour la circonstance, ont reçu l'ordre d'emplir les réservoirs des avions à 1 800 litres. « Compte tenu de la durée d'un drop, du vol retour et des réserves de sécurité, a noté le pilote Henri Bourdens, chez « Aigle Azur », ça nous permettra d'aller traîner nos grègues à 300 kilomètres de Hanoi. Pas davantage. » Un propos qu'ont relevé les bookmakers de la capitale. Le Tonkin, comme toute l'Indochine, comme toute l'Asie, a le jeu dans la peau. On y parie sur tout, à propos de tout. Même la destination des raids militaires.

Indication, encore : la participation du service de santé des forces terrestres du Nord Viêt-nam. Les familiers de la médecine militaire au Tonkin ont remarqué deux jours auparavant, le 18 novembre, le départ précipité de l'Antenne chirurgicale mobile 21, basée à Haiphong, que dirige le médecin-lieutenant Jean-Pierre Thomas. Deux Dakota de la compagnie Aigle Azur ont chargé ce chirurgien et son équipe à l'aérodrome Cat Bi. Tout son monde : réanimateur, anesthésiste, aide-chirurgien, instrumentiste, manipulateur de radiologie, infirmiers, brancardiers. Soit 18 personnes, ainsi que 2 470 kg de matériel. Un hôpital léger de campagne. Quand une formation de ce genre quitte son nid, nul ne s'y trompe, une affaire chaude se prépare ou est en cours. Thomas, avec l'Acm 21, ainsi que son confrère, le médecin-lieutenant Le Hur, avec l'Acm 28, ont pris part à bien des opérations ces derniers temps : 42 interventions. Une rumeur émanant de l'équipage d'un Dakota civil ravitailleur à Gia Lam indique aux parieurs de Hanoi que, cette fois, Thomas a déployé ses tentes à Laï Chau, au confluent de la rivière Noire et de la Nam Na, à proximité de l'aérodrome du bourg.

Laï Chau, capitale du pays thaï, contrôle un nœud stratégique de quatre voies muletières. Des montagnes supposées inaccessibles l'abritent. « Un petit éden oriental », juge Bourdens, pilote d'Aigle Azur. « Piste très courte et posés acrobatiques par mauvais temps, précise-t-il; en revanche, les parkings d'avions sont les plus agréables de toute l'Indo. » A Laï Chau réside Deo Van Long, qui préside la fédération des trois royaumes thaïs. Son père, Deo Van Tri, chef des féroces Pavillons Noirs, guerroya longtemps contre l'explorateur breton Auguste Pavie et les troupes du colonel Pernot, lors de la conquête française du Tonkin, finissant par se soumettre, aidant même ses anciens ennemis à juguler l'infiltration des Siamois.

En 1951, le général de Lattre de Tassigny, haut-commissaire et commandant en chef en Indochine, envoya un tabor marocain et un bataillon vietnamien en ce lieu, pour assister les maquis locaux anti-vietminh. Ils y gibernent encore, en 1953. Mais ce n'est pas pour eux que Thomas a dressé son Acm 21, que deux Dakota sanitaires, deux hélicoptères Sikorsky 55 stationnent dans la position. En l'occurrence, les informateurs qui ont renseigné la population de Hanoi sur la destination de l'antenne, lui apprendront aussi que Laï Chau servira de base arrière aux paras qui vont prendre le site de Diên Biên Phu.

A 8 h 45, le 20 novembre, l'embarquement des forces d'assaut s'achève. A Bach Mai, les 651 paras du 6ᵉ Bpc de Bigeard, 52 sapeurs du 17ᵉ Génie du commandant Charlet, une quarantaine d'artilleurs occupent les 33 Dakota que dirige le commandant Fourcault. Les 32 Dakota confiés au commandant Martinet ont chargé à Gia Lam les 633 chasseurs du 2ᵉ bataillon du 1ᵉʳ Rcp de Bréchignac, ainsi que le commandant Fourcade, l'adjoint de Gilles, qui coiffe les deux groupements. Tous en harnois de guerre. Les toubibs affectés à ces unités, des médecins-lieutenants, sont de la partie, avec leurs infirmiers : chez Bigeard, Alphonse Rivier, trois fois cité, nommé chevalier de la Légion d'honneur, à titre exceptionnel; chez Bréchignac, André Jourdan, deux fois cité. Le médecin-capitaine Jean Raymond, responsable médical des troupes aéroportées de l'Indochine Nord, nommé médecin opérationnel de ces deux groupements, a pris place dans l'appareil qui transporte le PC de Bigeard. L'envol collectif commence à 9 heures. Quelque quatre-vingt-dix minutes plus tard, les premiers appareils atteignent la vallée de Diên Biên Phu.

C'est une belle plaine, 18 kilomètres de long sur 8, dans sa partie la plus large, constituée par des alluvions. Une rivière, la Nam Youm, l'irrigue en laçant des méandres paresseux du nord au sud. La Route provinciale 41 et la piste Pavie encadrent le cours d'eau sur toute la longueur du val. De même que deux chaînons parallèles de petites collines, au centre, qui ne dépassent pas 300 mètres. Au loin une barrière ceint en couronne la dépression. Ses abords pentus mènent à un haut plateau de calcaire qu'entrecoupent des gorges profondes et dont les crêtes culminent à 1 800 mètres. Ce relief moutonné, que tapisse une forêt dense, par endroits inextricable, s'étale sur des kilomètres carrés en contreforts de plus en plus élevés jusqu'aux sommets arrondis et pelés du Yunnan, en Chine.

Une piste d'atterrissage herbeuse, damée par les Français en 1939, occupe le milieu de cette vallée sertie dans un océan de verdure sombre. Au sud de cet aérodrome de campagne et sur l'autre rive de la Nam Youm, se dresse le village de Diên Biên Phu; des cases sur pilotis, dont les pignons s'ornent de croix potencées. Un ancien poste de garde indigène le domine, implanté sur un coteau. Le mamelon voisin porte une villa, la résidence du préfet thaï qu'installa l'administration coloniale. Plusieurs hameaux émaillent les pourtours immédiats. Des rizières couvrent cette plaine, les unes actives, les autres en jachère. Quelques champs sur brûlis parsèment les pentes, au sud. Ils donnent du « ray », le riz de montagne, semé à la volée, qui pousse sans irrigation. La production sous toutes ses formes de cette céréale nourricière a toujours excédé les besoins alimentaires de la population locale. Diên Biên Phu est un grenier, que guignait depuis longtemps le Viêt-minh.

« Qui arrive du nord ne peut manquer ce terroir superbe », disaient les géographes du début du siècle. Les Dakota de la force française surgissent du sud, par sections de trois toutes les dix secondes. Les paras de Bigeard plongeront sur une zone appelée « Natacha », près de la piste d'atterrissage, au nord-ouest des bosquets qui masquent le village de Diên Biên Phu. Ceux de Bréchignac sauteront peu après sur le point de largage « Simone », situé sur l'autre rive de la Nam Youm, à 4 kilomètres au sud de la localité. Gilles et Fourcade ont prévu que les groupements se rejoindront en tenaille.

Les informations données par les maquis thaïs au service des renseignements français ont indiqué que la garnison ennemie serait réduite : quelques pelotons au plus. Selon la même source, le régiment vietminh 148, affecté à la chasse de ces partisans thaïs, cantonnerait à une cinquantaine de kilomètres, au nord-est, vers Tuan Giao, non loin du col des Meo.

De fait, le bataillon de Bréchignac, lâché trop au sud, à trois bons kilomètres de la zone qui lui a été assignée, ne rencontre pas l'adversaire. Il entame avec prudence sa progression dans le « tran », « l'herbe à éléphants », pour venir sur les arrières de Diên Biên Phu.

Le 6e Bpc de Bigeard, largué éparpillé, affronte en revanche une force inattendue. Des centaines de réguliers du Viêt-minh sont à l'exercice sur la dropping zone. En outre, le PC du régiment 148 et le centre d'instruction de cette unité tiennent le village, appuyés par quelques pièces d'artillerie légère.

Le combat commence avant que le 6e Bpc ne se soit regroupé. Avant que les paras n'aient tous sauté. Des petits points d'appui se forment, afin de protéger autant que faire se peut ceux qui tombent encore du ciel. Les hommes se cherchent, scindés en paquets, tandis que la cadence de feu croît, parce que l'ennemi, surpris dans son aire, structure mieux sa défense. Cette furie quelque peu pagailleuse se prolonge pendant une heure. Puis l'avantage passe au bataillon Zatopek. Il vient d'effectuer durant dix-huit mois des raids incessants, des opérations réglées au millimètre, qui l'ont affûté. Une instruction permanente, toujours plus poussée, a forgé ses réflexes. Aussi prend-il vite, près de la piste, la mesure de la résistance, qu'il liquide. Il manœuvre ensuite comme à la parade les soldats du Viêt-minh, les repoussant sur l'agglomération qu'ils organisent au plus vite en position retranchée. Le but recherché. Un antagoniste qui ne peut plus préserver sa liberté d'action sur le terrain se montre souvent plus facile à réduire, à terrasser.

A moins de 200 mètres de Diên Biên Phu, aplati derrière une diguette où l'essentiel de son poste de commandement l'a rejoint, Bigeard, usant de son indicatif de guerre, « Bruno », jongle selon son habitude avec ce qu'il appelle son piano : ses postes de radio disposés en batterie. Les uns le relient à ses compagnies, jusqu'à ses pelotons. Un autre joint en continu le général Gilles dans son Dakota PC, lequel, plein d'essence effectué à Laï Chau, tourne au-dessus de la mêlée. Un autre encore, d'abord branché sur Hanoi pour réclamer un appui aérien, est, depuis lors, accouplé en direct sur les chasseurs dont il utilise la longueur d'onde, pour qu'ils puissent matraquer à la commande le village, avant que l'assaut ne soit donné. Avec le dernier appareil, Bigeard essaie, en vain, d'accrocher Fourcade et Bréchignac, afin qu'ils interceptent l'ennemi, lui coupent la voie de la retraite.

L'attaque de la place proprement dite prend une heure. Puis l'intensité des tirs décroît. Ils cessent. Plus personne, en face. Les forces du Viêt-minh ont fait pièce à la tactique d'anéantissement qui les menaçait. Elles se sont éclipsées, se fondant dans les herbes et la forêt en direction du sud.

L'état-major n'a pas manqué de claironner à Hanoi une partie du bilan de la phase initiale de l'opération « Castor » : les 115 tués et 4 mourants laissés par le Viêt-minh sur le terrain et dans le village ; la saisie d'une quarantaine d'armes individuelles, de cartouches, de grenades et d'explosifs également abandonnés. Mais d'autres indications exprimées par Bigeard ont été occultées. Parce que peu rassurantes. Le chef du bataillon Zatopek a témoigné de la pugnacité que montre désormais l'ennemi, du professionnalisme au combat qu'il a acquis au fil des ans. Il a pu emporter ses blessés, l'essentiel de son matériel, ainsi que les archives du régiment 148, qui auraient pu éclairer les analystes chargés de percer les intentions et la stratégie du général Giap. « Si nous avions échoué ce jour-là, écrira plus tard Marcel

Bigeard, dans son livre *Pour une parcelle de gloire*, Diên Biên Phu n'aurait jamais eu lieu, et il nous aurait fallu alors entamer un repli difficile sur le Laos... ce qui aurait été préférable si l'on songe à la suite des événements. »

Son 6e Bpc a perdu de son côté pendant l'assaut 21 blessés légers, 20 blessés graves et 10 tués. Lors des sauts, 11 paras ont été aussi accidentés. De plus, un tué, à ce moment crucial où celui qui descend en parachute est vulnérable, à merci : le médecin-capitaine Jean Raymond. Le premier mort, en fait, de la bataille de Diên Biên Phu. La balle qui l'a atteint, tirée par un régulier du Viêt-minh, tandis que Raymond tractait en vain son harnais en espérant tomber plus vite, a pénétré sous son aisselle. Le projectile a sectionné l'artère sous-clavière et entraîné une fin présumée rapide.

Quand l'investissement de la place a commencé, le médecin-lieutenant Thomas, à Laï Chau, avait envoyé sur Diên Biên Phu les deux hélicoptères basés depuis peu dans la capitale thaï. Les appareils ont permis de ramener très vite sur l'Acm 21 les 11 victimes des sauts, ainsi que le corps du médecin-capitaine Raymond. Peu après, les Sikorsky ont aussi évacué sur l'antenne une trentaine des 41 blessés au combat; les autres, les moins atteints, ayant été soignés sur place par Rivier, le médecin du 6e Bpc. Thomas, de son côté, a ranimé les paras qui lui ont été confiés puis les a conditionnés en vue de leur transport immédiat à Hanoi par Dakota. Passant outre à la notification pourtant formelle de l'état-major adressée à tous les officiers avant le début de l'opération, qui interdit « d'user le potentiel aérien par le transport des morts », le chirurgien de l'Acm 21 a fait également procéder à la translation de la dépouille de son confrère dans la capitale du Tonkin.

Ce geste pieux ne vaudra cependant aucune sanction à Thomas. La perte de Raymond, immédiatement connue, sera ressentie comme cruelle par la plupart des médecins militaires au Tonkin. La direction du service de santé, à Hanoi, la regrettera aussi. Elle ne trouvera d'ailleurs personne pour le remplacer sur-le-champ. Et le poste qu'il assumait restera vacant jusqu'au terme de la bataille engagée ce 20 novembre. Il manquera beaucoup lorsque tous les bataillons paras seront largués en renfort à Diên Biên Phu.

Jean Raymond, une figure du service de santé au Tonkin, a contribué à recycler sur place la formation de tous les médecins parachutistes des bataillons opérationnels. C'est un peu sa patte que l'on retrouvera dans le comportement au feu des Rivier, Jourdan, Patrice de Carfort, Jean-Marie Madelaine, Jean-Louis Rondy, Pierre Rouault et Louis Staub. Dans l'altruisme que ces médecins-lieutenants manifesteront de conserve, de même que l'efficacité des interventions qu'ils pratiqueront sur les blessés au péril de leur propre vie, dans la promptitude des décisions salvatrices qu'ils seront souvent conduits à prendre.

Outre ses fonctions de médecin-chef auprès de ses bataillonnaires, Jean Raymond assurait celle de praticien tout court pour les familles logées au « camp des mariés », à Hanoi : les proches des parachutistes vietnamiens intégrés dans les sept bataillons des groupements aéroportés de l'Indochine Nord. Cette charge, comportant autant la prévention que les soins à donner aux malades, Raymond l'endossait en grommelant souvent, pour la forme. Parce qu'il trouvait rarement quelqu'un pour l'aider, parmi ses assistants mis au repos entre chaque opération. Elle souffrira aussi de sa disparition.

Durant l'après-midi du 20 novembre, tandis que Bigeard et Bréchignac entreprennent de consolider leurs positions à Diên Biên Phu, de nouvelles vagues de Dakota se présentent sur la vallée. Elles larguent sur la DZ « Natacha » un autre bataillon de parachutistes coloniaux, le 1er Bpc de Souquet, qu'accompagne le médecin-lieutenant Staub; la 1re Cepml, compagnie de mortiers lourds de la Légion étrangère, à huit tubes de 120; un groupe d'artillerie à deux batteries de canons 75 sans recul; ainsi que l'Antenne chirurgicale parachutiste n° 1, que dirige le médecin-lieutenant Rougerie.

Cette unité sanitaire, engagée depuis longtemps au combat en Indochine Nord, fatiguée, vient de Ban Na Phao, avec un bref crochet par l'hôpital Lanessan, à Hanoi, sa base. Plus réduite en personnel qu'une antenne chirurgicale mobile, huit parachutistes seulement, sa fonction consiste en principe à n'assurer que la chirurgie de l'avant, c'est-à-dire à donner des soins palliatifs qui précèdent le repli prompt des blessés sur des centres médicaux lourds, à l'arrière. Un Samu volant, en quelque sorte, plus qu'un hôpital de campagne. Ces antennes sautent sur leurs objectifs avec, chacune, 1 260 kg de matériel. A l'exception de la table d'opération, du groupe électrogène et de la tente à trois mâts qui constituent leur dotation parachutable isolément, tout le reste de leur fourniment est réparti en paniers, plus souples et plus résistants que des caisses, qui n'excèdent pas 45 kg. Une Acp peut intervenir partout, même en montagne, usant dans ce cas du portage à mulets. Le médecin-lieutenant Arrighi l'a réalisé, à la frontière de la Chine. Si la capacité de traitement – réanimation et triage – d'une Acm est de 100 personnes par vingt-quatre heures, celle d'une Acp ne dépasse pas normalement 80 blessés durant le même laps de temps.

Avec son Acp 1, Rougerie recueillera donc à Diên Biên Phu les victimes éventuelles des jours prochains. Il les fera emporter, après soins, par hélicoptères et petits avions sanitaires, des Morane, sur Laï Chau, d'où on les transportera jusqu'à Hanoi. Une mission d'urgence, prévue pour une dizaine de journées. Puis suivra une relève doublée d'une refonte profonde du système de santé.

Le samedi 21 novembre, au matin, Marcel Bigeard, conformément à la note de l'état-major proscrivant l'évacuation par air des décédés, fait enterrer ses dix morts des premiers combats. Il a revu une dernière fois les visages de ses soldats, ensevelis dans des parachutes en guise de suaire. Leurs tombes vont inaugurer le petit cimetière que les paras du 6e Bpc ont érigé à proximité du village de Diên Biên Phu. Cinq mois plus tard, la vallée tout entière sera métamorphosée en gigantesque nécropole, en charnier. Toutefois, Bigeard ne pourra mener à terme la brève cérémonie qu'il avait voulue. Le grondement d'une escadre aérienne va s'amplifiant. C'est elle qui l'interrompt.

Des Dakota, encore. Plus nombreux que ceux de la veille. Ils larguent, cette fois, les trois bataillons qui constituent le Groupe mobile n° 2. D'abord, le 8e Choc de Tourret, avec Patrice de Carfort, son médecin. Puis le 1er Étranger parachutiste du commandant Guiraud, un fin tacticien, que suit Jean-Louis Rondy, médecin-lieutenant de l'unité, Bourguignon par son père, Parisien par sa mère, qui connaît mieux que quiconque les règlements de l'armée, les tourne souvent, mais qui deviendra le praticien le plus décoré du service de santé. Ensuite, le 5e Bpvn, bataillon de parachutistes vietnamiens, surnommé « Le Bawouan », que commandent Bouvery et Leclerc, auxquels succédera bientôt André Botella, autre grand capitaine. Dans leur sillage, Pierre Rouault, médecin de ce bataillon exclusivement indochinois, qu'encadrent des Français. Le fer de lance de la jeune armée de Bao Dai, lequel dirige depuis 1949 le gouvernement du Viêt-nam, la bête noire de Hô Chi Minh.

Les paras de Bigeard et de Bréchignac, de Tourret, de Guiraud et de Souquet constatent aussi avec satisfaction que leur grand patron, le général Gilles, bandeau noir sur l'œil et en tenue de combat, a tenu à rejoindre l'ensemble de ses groupements, ce 21 novembre, en plongeant du ciel. Comme eux. Ils apprécient son geste, qui n'a pas été exécuté pour épater la galerie. Parce qu'ils sont seuls dans cette plaine, que certains nomment déjà « le cul du monde ». Peu, en revanche, savent combien ce saut en parachute a coûté à Gilles. Non pas à cause de son âge. Mais parce que sa santé est compromise. Il est devenu un homme en verre. Coronarien, il vient d'essuyer deux alertes sérieuses et rapprochées. Un mauvais signe. Les cardiologues de l'hôpital Lanessan, à Hanoi, ne lui ont pas caché la gravité de cette atteinte, lui recommandant de se ménager s'il veut retarder l'attaque vasculaire cardiaque qui le tuera. Il figure donc déjà comme malade au tableau de rapatriement, parmi ceux qui quitteront l'Extrême-Orient le 2 mars 1954. Mais Gilles n'est pas de ceux qui filent à la sauvette. Son panache aura consisté à saluer sa troupe avec cet ultime saut. Il restera auprès d'elle à Diên Biên Phu jusqu'au 8 décembre 1953, date prévue pour la fin de « Castor », sa dernière opération en Indo.

Parmi tous ceux qui sautent à Diên Biên Phu, ce 21 novembre, il en est un auquel la chance ne sourit pas : le lieutenant-colonel Pierre Langlais. Émacié, tout en muscles, l'œil enfoncé, la bouche dure, le menton carré, c'est lui qui coiffe le groupement parachutiste en cours de largage. Mais en touchant le sol, sur une rizière dure et sèche, il se donne une entorse à la cheville gauche, qui l'immobilise. Diagnostic posé, il enrage quand il apprend qu'on l'évacuera le lendemain, persuadé qu'il dira un adieu définitif à Diên Biên Phu. Sa colère volcanique n'étonne guère ceux qui le connaissent.

Creuset initial de Pierre Langlais? La Bretagne. Une province qui fait des caractères têtus, trempés. Le foyer des Langlais et des Alix, branches paternelle et maternelle du para, était à Pontivy. D'une part, des médecins; de l'autre, des marins. Des notables, qui vivaient à l'aise, avec hôtel en ville, propriété aux champs. Mais dans le devoir. Ce qui impliquait en corollaire le sacrifice avec bravoure lorsque la nation, en 1914, le demanda. Ces us faisaient tôt des orphelins, que les femmes élevaient seules, adulaient. Ainsi Madeleine Alix, veuve Langlais, gâta-t-elle Pierre, son fils, général en herbe. Il courait la campagne à moto, une Terrot, charmant ses cousines et les amies de ses sœurs. Du Maupassant. Né coiffé, voué au bonnet carré ou à la casquette à ancre, il préféra le shako à casoar de saint-cyrien. En glissant de la bourgeoisie vers l'armée, toutes deux traditionalistes, il ne changeait pas de famille. Ce fut sous le képi de lieutenant méhariste qu'il passa de l'adolescence à l'âge adulte. Du Pierre Benoit.

Langlais a parachevé en effet ses universités sur le sable, au Soudan français, le futur Mali : neuf ans de nomadisme dans le désert développent l'observation, la réflexion, la sagacité. La guerre, durant six années, en France, dès 1939, puis en Afrique – aux trousses cette fois de la Wehrmacht – en Italie, ensuite en Allemagne, l'a transformé en exceptionnel baroudeur. C'est en Indochine, lors de la reconquête entreprise après la Seconde Guerre mondiale, qu'il a rencontré l'aventure, celle qui imprime son sceau jusque dans les gènes. Deux campagnes, la première en 1946, avec un bataillon de marche de la 9e division d'infanterie coloniale, la deuxième en 1949, ont suscité chez lui un coup de cœur pour ce pays, dont il ne se départit plus. Il a connu Diên Biên Phu en novembre 1950, partant de cette base avec des commandos qui s'infiltrèrent jusqu'aux portes de la Chine. Devenu lieutenant-colonel et parachutiste, il s'est senti naturellement destiné à mener à bien cette nouvelle opération au même endroit. Qu'il fulmine, à cause de sa « patte folle » comme il dit, s'explique donc bien. Évoquant cet accident, Bigeard écrira : « Langlais râle ferme. Mais il reviendra, plus tard, pour entrer dans l'histoire. »

Plonger en parachute ici, à ce moment déjà, ne va pas sans risques.

D'autres que Langlais l'ont constaté à leurs dépens. Outre les incidents inhérents à cette pratique, le Viêt-minh est toujours présent. Dissimulés dans les abords boisés de la vallée, les réguliers de Giap tiraillent au canon léger, à la mitrailleuse, entretiennent une insécurité permanente. De plus, l'activité de l'aviation, la militaire comme la civile, dense sur la plaine, n'arrange pas les choses. Les récits des pilotes des compagnies aériennes chargés d'apporter ce jour-là du ravitaillement et du matériel aux troupes engagées l'attestent :

« L'arrivée sur l'objectif, disent-ils, s'opère par le sud. Au débouché d'un col avec un virage à droite de 90°. Puis nous entrons dans un délirant carrousel. »

Toutes leurs descriptions concordent : au contraire du manège ordonné au-dessus d'un aéroport commercial que règlent des aiguilleurs du ciel, veillant à attribuer à chaque appareil en approche une altitude d'attente, qui facilite l'écoulement du trafic, quatre opérations – reconnaissance, attaque, transports de troupes, largage de matériel – se déroulent en effet simultanément ce 21 novembre dans l'espace aérien de Diên Biên Phu. Lequel, du coup, paraît très étriqué.

Près du sol, des petits Morane 500, devenus yeux et guides pour la chasse, zigzaguent tels des bourdons en quête des positions où l'ennemi se terre. Sur leurs indications, des Hellcat du porte-avions « Arromanches », ainsi que des B 26 et quelques Privateer de la Marine, qui croisent en altitude, mitraillent et bombardent la forêt environnante. Déboulant par triplettes à 200 mètres d'altitude, entre ces appareils d'observation et ces forces d'assaut, les Dakota militaires lâchent aussi leurs paras. Dans le même temps, plus bas encore, privés de toute priorité, contraints de s'infiltrer à vue quand un trou se présente, les Dakota civils larguent les colis de tous calibres confiés à leurs bons soins par l'intendance. Ainsi, des dizaines d'avions, tous genres confondus, se croisent-ils en mille-feuille et en tous sens. Un beau méli-mélo !

A terre, précisent de même ces pilotes, le désordre semble aussi grand. Des milliers de parachutes multicolores jonchent les rizières. Les zones de largage, très nombreuses, se touchent. Et des soldats, partout. Les uns courent, sans but apparent. D'autres bondissent, de diguette en diguette. Certains s'abritent près des carcasses de buffles morts. Un point commun : ceux qui sont déjà au sol ne paraissent pas se soucier le moins du monde de ce qui se déroule au-dessus de leurs têtes, de ce qui pleut du ciel...

C'est dans ce chaudron que sautent les paras, que les camionneurs des nuées se libèrent de leurs chargements. Des caisses de vivres et des canons, des munitions, du matériel de cantonnement, des rouleaux de fil de fer barbelés, appelés « oreilles de fakir », qui pèsent 200 kg, balancés sans parachute, rebondissant haut dangereusement. Un premier bulldozer a été parachuté aussi, mais l'énorme voile censée le supporter s'étant mise en torche, il s'est écrasé. Peu après, un second bull est lancé, arrive à bon port. Une nécessité. Sans l'appui de cet engin la remise en état de la piste d'atterrissage aurait traîné. Un péril certain.

Le terrain d'aviation de Diên Biên Phu comportait dès l'origine, à l'aube de la Seconde Guerre mondiale, une bande d'envol de 1 250 m sur 40 m de large. Mais il n'était plus entretenu depuis longtemps. Le Viêt-minh, présent en ce lieu durant une année tout juste, acheva de le rendre inutilisable en le truffant d'obstacles divers, notamment des « trous de loup ». Une saleté inventée par les experts en fortifications. Des puits de forme tronconique, mesurant un mètre de profondeur, avec un diamètre de 2 mètres à l'ouverture et 80 centimètres au fond. Au centre, un fort pieu, terminé par une pointe aiguë. Des pièges destinés aux ennemis attaquant un ouvrage. Adaptés, en l'occurrence, aux avions.

Renforcés par des paras prélevés sur les unités présentes, les sapeurs de la compagnie de génie parachutée ont d'abord entrepris d'aménager une bande d'atterrissage apte à recevoir les petits appareils d'observation. Le premier Morane se pose le 22 novembre, vers 10 h 30. Le lendemain, c'est un autre avion léger, un Beaver, utilisé pour assurer des liaisons, qui atterrit; il débarque un passager, apporte des bicyclettes et repartira aussitôt, en emportant des blessés.

Surprise pour les médecins-lieutenants parachutistes déjà à l'œuvre dans la place, l'officier déposé par cet appareil est le médecin-colonel Albert Terramorsi, l'adjoint technique et opérationnel de la direction du service de santé au Nord Viêt-nam. Il vient assurer la fonction de médecin-chef. Un rôle très provisoire. Bénéficiant d'une promotion qui lui a été déjà annoncée, il devra regagner Hanoi dans quelques semaines, puisqu'il succèdera à son supérieur hiérarchique, le médecin-colonel J. Dumas, responsable du service de santé au Tonkin. Séjour réglementaire en Indochine arrivant à échéance en mars 1954, J. Dumas, comme Gilles, sera rapatrié.

Le 25 novembre, à 11 h 30, soit cinq jours après le lancement de « Castor », la piste, déblayée, dont toutes les excavations qui la lardaient sont comblées, accueille le premier Dakota. Dès lors, la garnison se sent moins exposée.

Avec 5 100 hommes, auxquels les increvables DC-3 ont déjà largué 145 tonnes de barbelés, 140 tonnes de matériel, ainsi que des dotations d'unités de feu suffisantes, c'est-à-dire des munitions permettant de tenir une bonne semaine, la base de Diên Biên Phu commence à prendre forme. Reliée convenablement à Hanoi, équipée pour évacuer ses blessés, elle pourra bientôt devenir un camp retranché acceptable, que certains présumeront inexpugnable. Une épine irritative, en tout état de cause, conçue pour entraver la stratégie du général Giap. Chacun de ceux qui s'y enterreront portera son destin attaché au cou.

2

Préludes en raids majeurs

Le médecin-général Jeansotte débarque à Diên Biên Phu le jeudi 3 décembre. De manière impromptue. Le patron du corps de santé en Extrême-Orient n'est accompagné que par le médecin-colonel J. Dumas, directeur de ce service au Tonkin. Estimant qu'il ne faut pas trop s'effrayer de ce que l'on entend avant de l'avoir vu soi-même, Jeansotte s'est décidé soudain à venir examiner la position. Ne serait-ce que pour juger mieux du soutien que pourra apporter aux troupes la médecine.

Le pilote du DC-3 militaire qui les a transportés a eu de la peine à se frayer une voie dans le carrousel aérien au-dessus de la vallée. Objet du trafic intensif : tout le fourbi de guerre indispensable aux soldats de l'Union française et des États associés. Les parachutages vont, en effet, toujours bon train, bien que les apports directs de matériel par avions cargos augmentent régulièrement. Albert Terramorsi, qui a accueilli Jeansotte et Dumas à leur descente de l'appareil guide ses supérieurs au sein d'un grand bazar : Diên Biên Phu, depuis déjà deux semaines, est en chantier.

Tout un peuple chamboule le site, qui n'avait guère changé depuis l'âge de pierre. Il y a là des pionniers d'une compagnie du génie, qu'assistent des soldats fournis par les unités présentes, comme au premier jour de l'opération « Castor », et des Pim, des prisonniers viets, internés militaires. Ils essartent, bûcheronnent, fauchent les herbes, brûlent la végétation, dénudent le sol à cru, fouaillent l'argile, creusent des tranchées. Ils parsèment aussi l'ensemble de chevaux de frise, d'un lacis labyrinthique de barbelés.

De même, au milieu des colis qui cascadent des nuées et des avions qui se posent ou décollent dans un tonnerre continu, d'autres sapeurs amendent la piste d'atterrissage. Ils la rabotent, la laminent, l'étirent de 360 mètres vers le nord. « In fine », le poumon vital de Diên Biên Phu qu'ils bichonnent mesurera 1 610 mètres. La dimension acceptable pour recevoir les camions aériens gros porteurs. Sous leurs roues, ceux-ci trouveront un terrain renforcé par un tapis de tôles métalliques. 22 800 plaques perforées maintenues par 15 000 piquets. Une cuirasse de 510 tonnes. La technique déjà utilisée à Nasan. Un aérodrome comme les apprécient les compagnies aériennes civiles; bien drainé, balisé et, si besoin est, éclairé la nuit. Les arbres, dans le sud, qui constituaient un péril possible pour les appareils en approche finale, ont été abattus. Seule subsistera une menace éventuelle au nord, par temps de brume; un sommet de 1 460 mètres. Mais il est à 12 kilomètres, ce qui laisse une marge de sécurité.

Indifférent au vacarme, à l'ocre qui crotte ses fins souliers, Jeansotte enregistre tout. C'est ensuite Gilles qu'il suit. Le général des paras, en béret rouge et bandeau noir, s'appuyant sur sa canne, lui présente le dispositif que ses groupements, métamorphosés en brasseurs de terre, commencent à mettre en place.

Il est prévu que des points d'appui coifferont toutes les collines, baptisées de prénoms féminins, qui encadrent la piste : les Dominique, Huguette, Claudine et Éliane. Dans l'axe sud de l'aérodrome, au milieu de ce réseau défensif, se dressera un puissant réduit central. Il abritera le PC, une antenne médico-chirurgicale, les dépôts de munitions, de vivres et de carburant, l'artillerie lourde. Rien de très nouveau : une réplique du camp retranché de Nasan. En plus imposant. Au nord, trois positions avancées couronneront d'autres coteaux qui dessinent un triangle – Gabrielle, à la pointe extrême, Anne-Marie et Béatrice à la base. Elles fermeront l'accès de la vallée. Au sud, à 5 kilomètres, Isabelle, autre verrou, la bouclera pareillement. Cette position constituera une reproduction en miniature du camp, dotée de canons semblables, pourvue de sa propre piste d'atterrissage, sur herbe. De la sorte, les pièces d'artillerie de la citadelle Diên Biên Phu, une structure nantie de deux cœurs, pourront mutuellement, se couvrir. Elles battront également, dans tous les axes, les pentes des montagnes qui, au loin, cernent le val.

Le médecin-général Jeansotte ne fait aucun commentaire sur l'instant. Plus tard il dira à Dumas sa surprise que ces crêtes ne soient pas tenues : « Si l'ennemi en vient à les truffer de canons, il aura Diên Biên Phu à sa botte. » Pour l'heure, il se borne à achever cette première visite par l'inspection de l'Antenne chirurgicale parachutiste n° 1 du médecin-lieutenant Rougerie. Elle campe sur l'emplacement du futur centre médico-chirurgical.

Hormis les médecins de bataillon, collés à leurs unités, qu'ils suivent partout, c'est le seul élément sanitaire en place. Thomas, dont l'antenne mobile était implantée en relais à Laï Chau, a plié bagage le 29 novembre. Le 20 décembre, Rougerie, à son tour, devra boucler son sac. Non pour souffler : ces itinérants ne traînent jamais au nid. Juste le temps de refaire le plein de leurs dotations; les états-majors ont toujours une intervention en cours quelque part. Selon le plan dressé par J. Dumas, l'Antenne mobile 29 prendra la suite à Diên Biên Phu. A elle le rôle ingrat : les premiers coups sérieux.

« Celle-là, il faudra l'enterrer profondément », insiste le médecin-général Jeansotte auprès de Terramorsi. Tourmenté par la vulnérabilité de ses unités aéroportées, le patron du service de santé ajoute : « S'il y a ici une grosse bagarre, elle sera pire, toutes proportions gardées, que celles que nous avons connues durant la Première Guerre mondiale. »

Au même moment, au nord du Tonkin, le général Giap entreprend aussi des travaux hâtifs afin d'apporter à ses troupes des moyens logistiques à la mesure de ses ambitions. Il fait construire une route entre Yen Bay et Co Noï sur l'emplacement d'une piste abandonnée depuis plusieurs années. Et pousser en direction des abords de Diên Biên Phu un réseau de larges sentes, qu'emprunteront ses artilleurs, pour dresser leurs pièces autour de la vallée que tiennent les forces françaises. Un ouvrage de Romains. Qui a exigé la mobilisation dans le pays d'une légion de coolies, 75 000 au début, puis près de 100 000. Encadrés par des réguliers, stimulés par des commissaires politiques, ils grattent la terre à la chinoise : pioche, pelle, et petits paniers pour charrier les déblais. Le Moyen Age. Revu façon Mao Tse-tung. Mais dont le rendement finit par égaler celui qu'apporte le recours aux bulldozers.

De même, ces requis assureront bientôt l'approvisionnement en vivres et munitions des cinq divisions que Giap lancera sur la base française. Pour elles, ils creuseront les tranchées d'assaut et les sapes, les abris destinés aux canons. Ils entretiendront aussi quotidiennement, sous les bombes, les abords du col des Meo qu'emprunteront les centaines de camions Molotova en provenance de la Chine, apportant sans cesse des armes et leurs dotations de tir. A la force vietminh qu'il massera sur Diên Biên Phu, quelque 140 000 hommes au total, soldats et valets d'armes mêlés, Giap promet, outre l'honneur de terrasser la France, l'accès au Haut Laos. Son dessert. Cette terre généreuse rend au centuple la graine qu'on lui confie. Elle donne trois récoltes par an. Le pays heureux du lait et du riz.

L'effervescence chez l'ennemi n'échappe pas aux observateurs de l'armée de l'Air. Notamment, les mouvements des divisions 312 et 351 qui se dirigent sur Tuan Giao; ceux de la 316, qui s'apprête à contrôler la piste Pavie reliant Laï Chau à Diên Biên Phu. Aussi, respectant à la lettre le manuel de l'École de guerre, qui conseille de riposter à un débordement par un repli élastique, Navarre et Cogny décident-ils de déclencher l'opération « Pollux », en prolongement du raid « Castor » : l'évacuation de la petite base française qui tient Laï Chau. La résolution, prévue depuis quelques semaines, figurait dans la directive du 14 novembre signée par Navarre concernant « Castor ». Elle ne visait initialement que la garnison de l'Union française dans la capitale des royaumes thaïs. En définitive, elle inclut une grande part de la population de Laï Chau. Le décrochage des troupes sur Diên Biên Phu, qui suivra celui des autorités civiles et de leurs proches, puis celui des maquis thaïs amis, décrété le 4 décembre, prend effet le 7, au matin.

La manœuvre commence en bon ordre. La première vague, que dirige le lieutenant-colonel Trancart, comporte, outre la compagnie de commandement de ce dernier, le 2e Tabor marocain et le 301e Bataillon vietnamien. Elle rejoindra Diên Biên Phu sans encombre. Un second contingent constitué par quelque 2 000 personnes, essentiellement des civils, est évacué en plusieurs rotations par des Dakota : 183 vols au total. Il débarquera pour moitié à Hanoi, l'autre partie à Diên Biên Phu. Sans difficulté. En revanche, les 2 101 maquisards thaïs laissés en arrière-garde pour protéger ces départs successifs, se feront tailler en pièce par la division viet 316, quand ils tenteront de rallier à leur tour le camp retranché. Les restes de leur corps de troupe échoueront à Muong Pon, à moins de 20 kilomètres du but. Un carnage. 185 survivants seulement : le lieutenant Ulpat, 9 sous-officiers et 175 partisans.

Pourtant, le commandement du camp, à Diên Biên Phu, a tenté une sortie afin de leur porter secours. Dans les règles. Il a d'abord chargé le 1er Parachutistes coloniaux d'effectuer des reconnaissances, au nord de la vallée. Elles se heurtent tout de suite aux compagnies de pointe de la division 316, perdent une dizaine de tués et de blessés. Ce premier test mené à terme vient le tour du 8e Choc de tâter l'adversaire. Les commandos de Pierre Tourret, rompus aux arcanes de la contre-guérilla, ont tôt fait de détecter les éléments ennemis. Mais ces derniers se dérobent. Tandis que le 8e Choc continue de nomadiser dans le fouillis montueux et raviné, le 1er Étranger parachutistes et le 5e Parachutistes vietnamiens, dit le Bawouan, tout autant aguerris, entrent aussi en action.

Comme ses confrères, Louis Staub, Patrice de Carfort et Jean-Louis Rondy, les médecins respectifs des trois premiers bataillons, le médecin-lieutenant Rouault, toubib du Bawouan, va participer sans compter à cette sortie.

Pierre Rouault s'apprêtait à fêter son 27e anniversaire, avec champagne et gâteau déjà réceptionnés, quand le commandant Bouvery lance le Bawouan sur la piste Pavie, droit au nord. Le médecin a rodé son équipe sanitaire. Chacun de ses quatre infirmiers porte, outre un brancard pliant, un sac à dos contenant des médicaments d'urgence et une trousse d'intervention. Maï, son ordonnance, secouriste aussi, qui lui est tout dévoué, a tenu, selon son habitude, à le décharger de son propre fourniment, afin qu'il soit libre de ses mouvements. Il n'emporte donc, dans la poche cuissarde gauche de son pantalon de combat, qu'un nécessaire à trachéotomie d'origine japonaise, surnommé la « trousse à Terra ». Albert Terramorsi, qui a hérité un stock de ces instruments rustiques mais très fiables datant de l'occupation des Nippons, les écoule en cadeau de bienvenue à tous les jeunes médecins venant de la métropole, lorsqu'ils se présentent au service de santé au Tonkin.

Dès les premiers kilomètres sur la Pavie, qui épouse les méandres d'une rivière serpentant entre les collines, des mortiers viets harcèlent le Bawouan. Rouault soigne quelques blessés légers, qui peuvent continuer. Toutefois, le bataillon doit désormais se hisser sur la ligne de crête, pour pouvoir progresser, appuyé sur son flanc par le 1er Étranger parachutistes. Cheminements difficultueux dans la jungle, avec taille des sentes au coupe-coupe. Une journée de piétinement s'écoule, interrompue pour un ravitaillement en eau par hélicoptère.

Le lendemain, lorsque le 1er Étranger parachutistes, le 5e Parachutistes vietnamiens, ainsi que le 8e Choc accouru au trot, se rejoignent à Muong Pon, le village n'existe plus. Les décombres fument encore. Tout indique qu'un âpre et long combat s'est déroulé. Mais la population villageoise a disparu. Pas de cadavres, non plus. Ni de traces des rares maquisards thaïs survivants, qui se sont égaillés.

Pourtant, la division 316 est présente, aux aguets. Sur la voie du retour. Elle laisse passer le 8e Choc chargé d'ouvrir la route, qui ne l'a pas flairée, bien qu'il soit le plus apte à déjouer les embuscades. Elle n'agressera pas non plus tout de suite le 1er Étranger parachutistes, qui ferme la marche en recourant au « décrochage en perroquet » : il consiste à faire progresser les compagnies par alternance; ainsi, elles se couvrent réciproquement. C'est le Bawouan, au centre, qui essuie l'assaut, lequel a pour objectif de scinder la colonne, en « l'explosant » au ventre. L'attaque débute par un déluge d'obus de mortiers, qui s'abat sur la 2e compagnie du 5e Parachutistes vietnamiens. Puis les armes automatiques lourdes et légères se mêlent au concert, sur fond assourdissant des explosions de grenades.

Rouault fonce avec ses infirmiers. L'équipe sanitaire recueille une vingtaine de blessés, qu'elle traite. Elle pose hâtivement des pansements individuels, effectue des injections de morphine. L'analgésique atténuera la montée de la souffrance, permettra aussi aux victimes de se déplacer par leurs propres moyens. Rouault les confie à un infirmier, afin qu'elles rejoignent le gros du bataillon. Celui-ci résiste bien mieux que ne s'y attendait le Viêt-minh, ce qui a pour effet d'attiédir son ardeur. Il change de tactique, ne livrera plus que des escarmouches sporadiques. Mais furieuses.

Un autre vacarme – des vrombissements, des grondements et des pétarades – tout aussi alarmant que le fracas des armes, assourdit peu après Pierre Rouault, toujours accompagné par ses infirmiers. Un incendie. Il dévore la forêt, à proximité. Une épaisse fumée les environne. Puis ils aperçoivent les flammes, dont les langues incandescentes absorbent l'herbe à éléphants, les bambous, les arbres. Cette fois, ce sont des morts que rencontre l'équipe sanitaire. Une bonne dizaine de paras. Leurs corps tressautent encore au contact du brasier. A cet instant, une longue rafale balaie les lieux. Un para qui se repliait avec sa section s'abat, renversé sur le dos, comme foudroyé.

Rouault plonge, s'aplatit à ses côtés. Il reconnaît le lieutenant Lucien Béal, son ami. Du sang coule, en bulles, de sa gorge noircie. Béal étouffe. Malgré la densité du tir viet, le médecin se dresse, à genoux, saisit son nécessaire japonais à trachéotomie. La poignée du bistouri-canule bien en main, la pointe dans l'axe de la trachée, il enfonce vivement le tout puis, d'une pression du doigt, il libère la canule mise en place. Aussitôt, la poitrine de Béal se gonfle; l'air siffle, aspiré avidement. Ce qui rassure Rouault. Il injecte peu après une morphine dans le bras de Béal, qu'ont déchiqueté les premières balles de la rafale. Puis, aidé par son ordonnance, qui le suit comme son ombre, il entreprend d'évacuer l'officier.

Apparaît à ce moment un petit para vietnamien ahanant, qui porte sur l'épaule un camarade inerte. Rouault constate que celui-ci ne respire plus. L'une de ses cuisses est quasi arrachée. Elle ne tient que par quelques lambeaux de muscles et de peau. « Arrête, dit le médecin au soldat, ton copain est " chêt roi ", tout à fait mort. » Mais le parachutiste s'entête, avance toujours, répond : « lui c'est pas chêt, lui c'est pas chêt. » Rouault sectionne les restes de tissus musculaires, à l'aide de son couteau de commando. La jambe du soldat tué tombe. Le petit para n'interrompt pas sa marche. Il trottinera jusqu'à Diên Biên Phu, plié sous le poids de son compagnon sans vie.

Le lieutenant Béal, de son côté, survivra à ses blessures, grâce à l'esprit de décision de Rouault, à la promptitude de son intervention. Le médecin sera cité, pour son courage et son dévouement. Il entrera aussi dans la légende du service de santé pour une autre raison. Ceux qui l'ont vu opérer n'ont pas remarqué qu'il avait employé l'instrument chirurgical tiré de la « trousse à Terra ». Pour tous, même pour la très officielle « Histoire de la médecine aux armées », c'est au poignard de para, utilisé comme un bistouri, que Rouault aura pratiqué cette trachéotomie au combat, sans anesthésie.

« Le 15 décembre, “ Pollux ” a vécu », constate Erwan Bergot, dans *Diên Biên Phu*, ouvrage consacré à l'épopée cruelle à laquelle il a pris part comme lieutenant, dès le début, sans discontinuer, avec la 1re Compagnie étrangère parachutiste de mortiers lourds. « Cette opération, poursuit-il, a démontré que les Viets étaient bien décidés à ne laisser aucune chance aux Franco-Vietnamiens qui ont osé les défier dans leurs montagnes du Haut Tonkin. »

De fait, le Viêt-minh ne manque pas d'exploiter les résultats de cette manœuvre, qui a nécessité l'appui de l'aviation aux trois bataillons de paras engagés, pour qu'elle puisse s'achever sans trop de casse. Ses hérauts forcent à peine la note lorsqu'ils proclament qu'au cours de ces « combats sur la piste de Laï Chau, la division 316 a mis en déroute vingt-quatre compagnies ennemies et a libéré 100 000 kilomètres carrés ainsi que leurs 100 000 habitants ». Ce ratissage du pays thaï par les troupes de Giap sera complété par la division 308, appelée à la rescousse pour participer à l'investissement de Diên Biên Phu. Avant que ce dernier ne commence, la présence de ces deux divisions de réguliers interdira désormais tout raid d'importance vers le nord à la garnison du camp retranché.

Quand les parachutistes des bataillons qui ont participé à la sortie sur Muong Pon regagnent fourbus leurs cantonnements, le nouveau chef militaire qui vient de remplacer Gilles à Diên Biên Phu, le colonel Christian de La Croix de Castries, parachève son installation et celle de l'état-major qui l'accompagne. Au demeurant, il semble apprécier le PC souterrain que lui a légué Gilles. Un ouvrage enterré, très confortable, long d'une vingtaine de mètres, que coiffe une carapace d'épaisses tôles assemblées, de l'acier cintré, à l'épreuve des obus.

Cette nomination étonne un peu ceux qui ont leurs entrées dans les coulisses de l'armée, à Hanoi comme à Saigon. Pour dire le vrai, ils attendaient un général à ce commandement. Un stratège moderne, de la trempe de Gilles. Sachant utiliser au mieux sur le terrain les capacités des troupes d'élite, et leur en imposer aussi, voire les enflammer.

Christian de Castries, âgé de cinquante et un ans, en 1953, a sa carrière derrière lui. Venu aux armes par tradition familiale, il est resté dans l'âme un brillant cavalier formé au Cadre noir. Cynique, le regard bleu glacial, il joue sans réserve d'un charme mondain et étudié, qui fit, dit-on, des ravages dans les alcôves. Certes, c'est également un guerrier. Couturé. Dix-huit fois cité. Qui méprise tout danger. Au point de ne porter ni pistolet ni casque. Seulement son calot et son stick. Toutefois il n'a encore jamais répondu d'une charge aussi lourde que celle qu'il assume au soir de son parcours actif. Ceux qui l'ont pratiqué longtemps en Indochine expriment plus crûment leurs doutes : « Pèse-t-il toujours ce qu'il paraît être? »

Par son aisance, ses insolences, ses qualités et ses défauts, sa séduction sulfureuse, même sa flagornerie adroite, de Castries avait amusé de Lattre de Tassigny, qui l'intégra à sa cour. Navarre ne paraissait pas sensible à un tel registre. A-t-il choisi de Castries parce que celui-ci servit déjà sous ses ordres, durant la Seconde Guerre mondiale, lors de la campagne d'Italie? Un fait : Navarre n'a pu ignorer que de Castries n'a pas de goût pour l'organisation. Tous ceux qui l'ont côtoyé au feu en Extrême-Orient, ou commandé, comme Cogny, savent qu'il déteste agir avec méthode. Jamais il n'a « planché » sérieusement, préférant déléguer cette besogne aride à ses subordonnés. Il cultive depuis toujours l'improvisation. En tout. Comme au poker. Ce qui le rend déroutant à ce jeu. « Pour manœuvrer bien, répète-t-il souvent en zozotant, il faut sentir le coup. » Cette faculté lui a longtemps souri. Néanmoins, les odorats subtils s'émoussent au fil du temps. Quoi qu'il en soit, le nouveau promu affiche une belle satisfaction, voire la suffisance qui caractérise ceux qui se savent nés coiffés, quand il prend la barre du porte-avions terrestre posé dans cette vallée reculée.

La base, en cette mi-décembre, ressemble davantage à un immense caravansérail. Partout, des tentes alignées au cordeau. Des popotes à l'air libre. L'enfouissement des unités n'a pas encore réellement commencé. A mesure que grandit le camp, qu'il se renforce dans son périmètre au cœur du val, ainsi que dans sa dépendance, au sud, la population locale reflue. Elle s'entasse dans les hameaux des alentours, surtout à l'ouest. Et au sud, où le village de Diên Biên Phu, déplacé, a été reconstruit. C'est le domaine où officient maintenant Paul Guidon et Paul Guerry, des missionnaires qui évangélisèrent le Haut Tonkin, qui se sont repliés avec les troupes de Laï Chau.

Cette population s'élève à quelque 9 000 personnes, adultes, enfants et vieillards mêlés. Parce qu'elle a été gonflée par la nombreuse suite de Deo Van Long, le président des trois royaumes thaïs, qui a abandonné Laï Chau. Il s'est provisoirement installé dans le nouveau Diên Biên Phu, avec son entourage, ses gardes du corps et leurs proches, ainsi qu'avec son gendre, le capitaine Bordier, un métis, lui-même assisté par ses partisans thaïs. En outre, d'autres familles de Laï Chau ont rejoint les unités du lieutenant-colonel Trancart, renouant des relations brièvement interrompues par l'évacuation. Le Tabor marocain et le 301e Bataillon vietnamien retrouvent ainsi leur bordel mobile de campagne, une vingtaine de prostituées autochtones, qui avoisine derechef leurs cantonnements. Tout ce monde commerce et trafique avec les soldats de la base, friands de folklore, de nourriture exotique et de riz gluant, qui améliorent l'ordinaire.

Le branle-bas qui secoue pour l'heure le camp militaire accroît cet étonnant remue-ménage. La nomination du colonel de Castries s'accompagne, en effet, d'une importante relève des troupes. Quatre bataillons de parachutistes, ceux de Bigeard et de Bréchignac, puis le 1er Bpc, ensuite le Bawouan, sont tour à tour ramenés sur Hanoi, en vue d'autres engagements aéroportés destinés à garantir le Laos de la convoitise du Viêt-minh. De même, le 2e Tabor marocain est transplanté dans le delta tonkinois, afin de participer à la couverture des abords de Haiphong et de la capitale. Les avions qui emportent ces unités croisent l'escadre qui amène les nouvelles forces. Des légionnaires, des tirailleurs marocains et algériens, des Thaïs; 10 bataillons. Ainsi qu'un groupe et demi d'artillerie, de génie, de l'intendance et du train. Le lieutenant-colonel Pierre Langlais, revenu à Diên Biên Phu dans le Dakota qui a conduit de Castries, a pris en charge le groupe mobile des éléments aéroportés restés dans la place; le 8e Choc de Tourret, le 1er Bataillon étranger parachutistes de Guiraud.

A cette époque, l'artillerie disposait de 24 pièces de 105 et de 20 mortiers lourds de 120. Hanoi envoie un lot supplémentaire, 4 pièces de 155, aptes à la contre-batterie, c'est-à-dire capables de museler les canons de l'ennemi. Le pilote Henri Bourdens a transporté ces monstres, démontés, dans son DC-3 de la compagnie Aigle Azur. Dans sa foulée, des Bristol, autres avions cargos, livrent dix chars M 24 à Diên Biên Phu. Des Chaffee, armés d'un canon 75 et d'une mitrailleuse. Un exploit en matière d'aérotransport, expérimenté six mois auparavant dans la plaine des Jarres. Les engins, chacun pèse 18 tonnes, parviennent en pièces détachées. Les mécaniciens assurent l'assemblage de chacun d'eux en trois journées.

Par le même canal, la flotte roulante de la compagnie du train est acheminée à Diên Biên Phu. Soit 44 Jeep, 47 Dodge, 26 GMC et 2 ambulances. Les moyens aériens propres au camp, 5 appareils légers de reconnaissance, 9 chasseurs bombardiers, 4 avions de transport, 2 hélicoptères, sont garés en bout de piste, au sud, protégés dans des alvéoles.

Les transmissions installent enfin à proximité du PC de la place forte, que tiennent maintenant 10 871 hommes bien armés, une liaison radiotéléphonique avec Hanoi d'un nouveau genre. Elle est rendue secrète par un dispositif appelé « A2-13 ». Il protège les communications par un brouillage permanent.

L'heure de la relève sonne aussi à cette date pour le service de santé dans le camp. Dumas rappelle ainsi Albert Terramorsi à ses côtés, à Hanoi, et délègue à sa place le médecin-capitaine Rives. C'est ce dernier qui, avec l'accord de Christian de Castries, consulté pour le principe, prend la charge de médecin-chef opérationnel à Diên Biên Phu. Une responsabilité d'importance. Rives devient en effet l'*Homo Proteus*. En quelque sorte, un chef d'orchestre.

Le médecin opérationnel représente la direction du corps de santé dans la place. Il assume la défense sanitaire de tous les militaires entassés dans la citadelle. Celle de l'homme du rang comme celle du patron, dans son PC. Tous les médecins engagés à Diên Biên Phu relèvent de son autorité. Il a pour mission d'assurer, de demander en tout cas, tous les approvisionnements médicaux que pourront souhaiter les médecins de bataillon, comme les chirurgiens des antennes. De réglementer en outre, l'hygiène et la prophylaxie dans le camp, de veiller à ce qu'elles soient respectées partout. Il prend en compte direct la protection de la santé du maître des lieux et de son état-major, se faisant assister, si besoin est, par des médecins de bataillon. Les demandes de renfort en personnel médical, les mutations que pourraient imposer les fluctuations de la bataille à venir sont également de son ressort. De même que l'assistance médicale aux autochtones et à la chefferie de la place. En bref, il faut à ce maestro le don d'ubiquité. Rives semble le détenir, a estimé Dumas. Celui qui lui succédera, le 20 février 1954, le placide et efficace médecin-capitaine Pierre Le Damany, un Breton de 32 ans, natif de Rennes, démontrera qu'il possède cette qualité rare.

Le 16 décembre 1953, deux Dakota d'Aigle Azur déposent également à Diên Biên Phu l'Antenne chirurgicale mobile 29, que dirige le médecin-lieutenant Thuries. Il débarque avec son matériel et son personnel : le sergent Paul Deudon, aide opérateur, un géant des Flandres; le caporal Manuel Perez, anesthésiste-réanimateur; le caporal-chef Robert Lachamp, instrumentiste et secrétaire; le sergent Abdou N'Diaye, chargé des soins pré et post-opératoires, qu'assiste le caporal Mohamed Abdou ; le caporal-chef Mohamed Kabbour, stérilisateur; les infirmiers Houssine Lahcen, Nguyen Duc Hoang, Nguyen Van Mon et Duong Van Minh. Le Dr Thuries a l'expérience de la chirurgie et de l'assistance médicale de l'avant. En octobre, il a participé avec son antenne à l'opération « Mouette », au Tonkin, dans la région de Phuly, à la frontière de l'Annam. Se limitant exclusivement, selon les recommandations du service de santé, à la réanimation et à la mise en condition d'évacuation des blessés. Ce que l'on attend encore de lui et de son unité, à Diên Biên Phu.

Le médecin-commandant Brochen, chef de la section Hygiène et Épidémiologie au Tonkin, a profité des appareils qui ont acheminé Thuries et son antenne pour effectuer une courte inspection sanitaire à Diên Biên Phu. Accompagné du sergent Albert Rerolle, attaché à son service. Il vient présenter ce dernier à Rives, le mettant à sa disposition. Rerolle, qu'une équipe rejoindra le lendemain, aura en charge l'hygiène du camp. A lui et à son escouade la désinfection, la dératisation, la responsabilité de la lutte contre les insectes; quelques anophèles, les moustiques vecteurs du paludisme, ont été en effet détectés par Brochen aux abords de la vallée, dans les hameaux qu'habite la population civile. Rerolle devra, en outre, installer une décharge à ordures et veiller à l'implantation correcte des latrines dans le camp.

L'arrivée de Thuries et de son Acm 29 libèrent également le médecin-lieutenant Rougerie, qui fait démonter son Antenne chirurgicale parachutiste n° 1. Durant ce mois qu'il vient de passer à Diên Biên Phu, il a pu œuvrer dans des conditions acceptables. Bilan : 636 cas conditionnés pour l'évacuation par air sur Hanoi. Soit 207 blessés de guerre, 75 accidentés et 354 malades. Au total, une moyenne de 20 traitements quotidiens. La limite de fonctionnement normal pour une unité comme la sienne, avant que ne pointe la saturation, au triage comme à l'hospitalisation.

Rougerie a dû effectuer cinq interventions imposées par l'urgence, au fil de son séjour. D'abord, trois trachéotomies, puis une ligature sur une artère radiale, ce vaisseau qui descend sur la face antérieure de l'avant-bras et qui gagne la gouttière du pouls, où on le palpe aisément. La dernière, un « ventre », opération lourde qu'il a menée à bien, est du genre contre-indiqué d'habitude dans les antennes. Les chirurgiens de l'arrière en connaissent les aléas. Aussi recommandent-ils l'évacuation immédiate, avec maintien d'une tension artérielle correcte, souci majeur. Une telle intervention, ajoutent-ils, ne peut se pratiquer à l'échelon avancé que sur des victimes en état de choc hémorragique. En l'occurrence, c'était réellement un choqué qui se vidait de son sang. Sa vie filait entre les doigts de Rougerie, qui a donc pris la bonne décision.

Le jeune praticien de l'Acp 1 surveille avec minutie le remballage de son matériel. Comme tous les médecins d'antenne, il en a la responsabilité, et il doit contrôler en personne son conditionnement, avant et après chaque opération aéroportée. Un rite. Les instruments chirurgicaux? Sur un lit de coton, dans leurs boîtes. Avec des tampons de liège pour protéger les pointes des bistouris, celles des aiguilles de Reverdin, qui servent à suturer. Ce qui reste de sa dotation en sutures et tubulures, en seringues, aiguilles à ponction, à injections, en médicaments, ampoules, liquides de désinfection et d'anesthésie, trouve sa place dans les casiers des caissettes de transport, en contre-plaqué, elles-mêmes incluses dans des paniers en osier. Une panière spéciale pour le précieux matériel d'anesthésie. Une autre pour les obus d'oxygène. Puis deux caisses pour le scialytique et son groupe électrogène. Deux containers de toile anglaise abritent le poupinel, qui permet de stériliser les instruments, et l'autoclave, qui sert à désinfecter le linge. Le stock de coton hydrophyle, de bandes et de gaze à panser est empaqueté dans un coffre. Les huit brancards, les trente-huit attelles de tous modèles de l'antenne sont emballés dans un autre grand container, américain celui-là. Enfin, un sac de cuir protège la table d'opération. Un barda de survie. De quoi emplir un Dakota. Avec les sept membres de l'équipe sanitaire qui accompagnent le médecin.

Tandis que Thuries prend la suite de Rougerie, en dressant son Acm 29, sous tentes encore, à proximité du PC au centre du camp, les médecins des bataillons fraîchement débarqués prennent contact avec leurs confrères du 8e Choc et du 1er Bep. Déjà des vétérans, à leurs yeux.

Ils ont pourtant le même âge ou presque que ceux dont ils se rapprochent. Ainsi, la trentaine, pour Patrice Le Nepvou de Carfort. Que rien ne distingue de ses compagnons d'armes, sous le même battle-dress, hormis peut-être une décontraction naturelle qui signe sa haute extraction. Il partage depuis deux bonnes années les tribulations aéroportées du 8e, cette phalange de commandos parachutistes que redoute tant Giap, parce qu'ils sont spécialisés dans la destruction du potentiel vietminh, sous toutes ses formes, où que ce soit, jusqu'aux frontières de la Chine. Ce sont ces paras qui, les premiers en Indochine, ont porté au combat sur leurs casques, à la façon des troupes américaines d'élite lors des opérations du Pacifique, une petite trousse comprenant des pansements individuels, une ampoule autocassable d'antiseptique, des comprimés de sel et de désinfection d'eau, à laquelle leurs médecins ont ajouté une syrette auto-injectable de morphine. C'est pour eux aussi que Tourret, leur chef depuis 1952, a fait tailler une nouvelle casquette de toile, qui portera bientôt, utilisée sur-le-champ par le patron du 6e Bpc, le nom de « casquette Bigeard ».

Carfort, qui a succédé à deux grands de la médecine militaire, les capitaines Brunet et Py, a participé avec cette unité à de nombreuses affaires dites « pointues ». 1951 : celle de Nghia Lo, durant l'automne, au pays thaï. 1952 : le raid « Denise », à Tra Cu; puis « Diplodocus » à Duc Hoa, en Cochinchine. 1953 : les opérations « Dakar », à Phan Thiet; « Artois », au Vaïco oriental; « Jura », à Xuyen Moc; ensuite, le nettoyage « Hirondelle », à Lang Son. Autant dire qu'il a souvent sauté, qu'il en a sué dans le sillage des commandos. Et qu'il a beaucoup soigné, évacué. Son bataillon comptant parmi ceux qui sont les plus exposés.

Malgré ces combats menés en tornade, qui usent les organismes des plus robustes, Patrice de Carfort n'a rien perdu de sa distinction spontanée. Il aurait pu faire une belle carrière en cabinet, à Paris; son physique de jeune premier, son regard clair, mais aussi son aisance et sa réserve héritées de la longue lignée dont il est issu, auraient suscité des ravages auprès d'une clientèle féminine de luxe. Carfort a préféré la médecine coloniale. Par goût. Sans doute aussi par atavisme. Sa famille a toujours servi. Ce choix lui permet, en outre, de se rapprocher des mers du sud et de leurs îles. Un passionné, bien plus qu'un rêveur. Et qui poursuit un but dont il ne fait pas mystère. Gagner la Polynésie et s'y incruster; elle l'attire depuis l'enfance. Il y parviendra, à force d'obstination. Malgré l'exercice périlleux pour lequel il a opté. Une détermination qu'il devra payer auparavant d'un coût bien lourd, comme beaucoup d'autres, à Diên Biên Phu.

S'il ne chasse pas le même objectif, Jean-Louis Rondy cultive en culte identique le sens du devoir. Reçu au berceau, avec ses gènes, d'une famille huguenote, au sein de laquelle on n'a jamais transigé. Claude Rondy, l'arrière-grand-père, un ouvrier tréfileur, a tiré un orgueil justifié de la médaille du travail dont on le décora en 1873. Le grand-père, un calicot, armé du certificat d'études, a préparé seul une capacité en droit; devenu clerc d'huissier, il a gravi tous les échelons qui lui ont permis d'accéder au faîte dans cette charge. Le père, un carabin de première année, mobilisé en 1915, n'a pu accéder ensuite à son souhait, la chirurgie, à cause d'une blessure à la main; mais, thèse passée durant l'entre-deux-guerres, il est devenu médecin dans la marine marchande. Mérite semblable, chez la mère; sage-femme, au temps où les accouchements restaient encore une aventure périlleuse. Issu d'un tel creuset, Jean-Louis, né en mai 1926, à Paris, était prédisposé à s'affirmer seul, sans user des complaisances.

Comme beaucoup de jeunes Français, durant la Seconde Guerre mondiale, Jean-Louis Rondy aurait pu tourner zazou, attendre que la tourmente s'efface. Il a préféré la résistance. Puis, en août 1944, s'engager dans la 2e DB de Leclerc. Sergent en 1946, il aurait bien préparé Saint-Cyr, mais, sur conseil de son père qui lui dit : « Fais donc médecine, et, de préférence, dans la Marine », il a finalement porté son sac à l'École de santé navale. Elle lui a ouvert la porte du « Pharo », à Marseille, ensuite celle de l'Indochine. Une question d'hérédité, encore, c'est probable : son oncle, Maurice Rondy, administrateur des colonies, y représenta la France en qualité de résident.

Son bon classement, à la fin de sa formation, lui a permis de choisir l'arme où il servirait comme praticien. Ses proches, qui connaissaient son goût pour l'aventure, n'ont pas été étonnés qu'il se soit prononcé pour la Légion. Pourtant, Jean-Louis Rondy a doublé la mise. C'est chez les légionnaires parachutistes qu'il a signé, dans l'une de leurs meilleures unités : le 1er Bep. Son prédécesseur à ce poste, Pierre Pédoussaud, venait de tomber aux mains du Viêt-minh; il n'avait pas voulu abandonner ses blessés. Que l'on ne s'y trompe pas : Rondy, dont on dit souvent qu'il est un médecin baroudeur, n'a jamais sous-estimé le danger. Avec la 2e DB, lors de la campagne de France et d'Allemagne, il a appris au contraire à bien le peser, à s'en défier. Ainsi, à Diên Biên Phu, tandis que la plupart des bataillons arrivés depuis peu lambinent dans l'enfouissement de leurs positions, c'est en véritable blockhaus que Rondy aménage son infirmerie. Il sait ce qu'est la guerre et s'y prépare en conséquence. Au plus fort de la bataille, lorsqu'elle se déchaînera, c'est son abri qui résistera le mieux. Même aux coups au but.

« La nécessité est une violente maîtresse d'école », a écrit Montaigne. Elle a en effet promptement formé Carfort et Rondy à faire face aux exigences sanitaires des combattants. Elle ne manquera pas davantage d'initier aussi vite l'équipe des médecins de bataillon qui ont pris pied à Diên Biên Phu, en cette mi-décembre. Parmi eux, Pierre Barraud et Guy Calvet, quelque peu rodés déjà, servent depuis quelques mois en Indochine. Aux vrais « bleus », Lucien Aubert, Gérard Aynié, Cyrille Chauveau, Jean Dechelotte, Jacques Leude, Henri Prémillieu, Sauveur Verdaguer et Léon Staerman, un médecin civil du corps des Cafaeo, il ne reste qu'une poignée de semaines pour apprendre sur le tas leur partition.

Un fait frappe : l'extrême jeunesse de l'ensemble de ces praticiens. Les Damany, Carfort et Rondy; ceux qui viennent d'arriver dans le camp; ceux qui reviendront, tels les médecins des bataillons parachutistes, provisoirement confrontés avec leurs unités à d'autres fournaises au Laos; ceux dont on complète en hâte à Hanoi comme à Saigon la formation spécifique exigée pour réduire les méfaits de la guerre et que l'on transportera ou parachutera très bientôt à Diên Biên Phu, au son du canon. En moyenne, vingt-huit ans... La trentaine pour les plus âgés.

Cela vaut d'être souligné. Cela signifie qu'ils sortent à peine de la faculté. Que certains, malgré des dons éclatants, n'ont qu'une faible expérience du difficile exercice. Que beaucoup d'entre eux, pris au débotté, quasi au pied des avions et des navires qui les ont amenés de la métropole, prendront leur premier poste au feu, dans l'enfer que cuisine Giap.

C'est une mission écrasante que d'accompagner et d'assister des soldats voués à l'étripage. De soulager la souffrance sur les champs de bataille. De tout mettre en œuvre pour tenter de sauver des vies dans des infirmeries de bataillon ou des antennes chirurgicales avancées qui, si bien agencées soient-elles, deviennent promptement des gourbis souvent infects. Dans ces abattoirs, on ne se soucie pas de la gloire. Elle ne fréquente jamais de tels lieux.

Aucun, parmi ces praticiens de Diên Biên Phu, ne va faiblir. Ils deviendront – on le leur dira – l'honneur de la médecine et du service de santé. N'auraient-ils pas moins tremblé, quand viendra l'épopée sombre, si, malgré le manque grave de médecins émérites en Indochine, l'un de leurs aînés en Extrême-Orient – un seul – était venu les guider?

3

La médecine des bouts du monde

Quand sont parvenues à Hanoi et à Saigon les annonces des réussites des opérations « Castor » et « Pollux », les états-majors se sont gardés de sabrer le champagne. L'expérience, parfois payée cher, leur a enseigné qu'ensemencer est aisé, mais moissonner plus éprouvant. Qu'en outre, nul ne peut vraiment augurer de ce que sera la récolte. Pour sa part, le médecin-général Jeansotte, directeur du service de santé des forces françaises en Extrême-Orient, ne cache pas sa circonspection.

Il a pris depuis peu à ce poste la suite des médecins-généraux Jabob et Robert, ses prédécesseurs respectifs. La chaîne des grands caciques. Jeansotte achève ici son temps actif. Un bon praticien. Rompu au noble métier par une quarantaine d'années d'exercice. Et parvenu au faîte. Paradoxe : son parcours, exemplaire, qui a débuté par un plongeon dans l'une des plus furieuses tempêtes que l'homme ait déclenchées, touchera bientôt au terme avec une immersion de même nature. La tourmente sera plus brève. Mais d'intensité équivalente.

Frais émoulu de la faculté, Jeansotte a, en effet, été soumis d'emblée au pire : médecin de bataillon, durant la Première Guerre mondiale. Quatre années de missions. Dans des postes de secours souvent mal protégés, que laminaient les obus allemands. Les cagnas, les tranchées, la boue, il sait ce que cela signifie; de même que les blessés s'amoncelant au fil de chaque assaut, les évacuations hasardeuses, les relèves incertaines et l'odeur de la mort planant, suffocante, partout.

De toute guerre, quelle que soit sa motivation, ceux qui, comme lui, ont choisi d'assister leurs semblables, ne voient jamais que la face la plus insoutenable : traumatismes, lésions, mutilations, souffrances. Une déferlante. Elle déborde parfois toutes les capacités d'intervention, telle une contagion inextinguible. Une épidémie qui égalerait alors en ravages les conséquences des fléaux infectieux les plus redoutables. Quand elle ne les supplante pas. Parce que ces derniers, la médecine parvient au moins quelquefois à les juguler. Peu de praticiens sortent intacts de l'horreur longtemps côtoyée. Ainsi, Jeansotte, que deux guerres mondiales n'ont pu blinder, appréhende-t-il les effets de la bataille qui s'engage à Diên Biên Phu. Un déluge, aussi?

Le directeur du service de santé ne pressent pas seulement que la formation qu'il commande devra jouer un rôle crucial dans ce combat. Il se demande, de même, comment elle se comportera. Depuis qu'il a pris sa fonction, pas un jour ne s'est écoulé sans qu'il se soit interrogé sur le tonus réel de l'unité. Certes, la compétence des personnels rassure. Leur tenue au feu comme à l'arrière, lors de nombreux accrochages, de sorties opérationnelles risquées, l'a démontré. Dans ces circonstances, chaque fois, également, l'organisation de la « machine » a répondu aux attentes exprimées. Pour autant, Jeansotte le sait, elle n'a encore jamais affronté une épreuve de très grande ampleur, un Trafalgar. Elle n'a que huit ans, l'âge de raison à peine, celui des pieds-tendres. Il a fallu la concevoir en hâte, la faire pousser aux hormones, sur des ruines. La première du genre, qui l'avait précédée en Indochine, celle qui était née avec la colonisation et s'était développée avec elle, jusqu'à devenir l'orgueil de la médecine militaire française, n'a pu survivre à la Seconde Guerre mondiale. Disparue, après quatre années d'un coma de plus en plus profond.

« Le service de santé, institution militaire, a pour lot initial l'assistance due aux troupes, rappellent ses adjoints aux recrues; cela, dans les limites de l'éthique médicale, la sujétion aux progrès de la médecine et à l'évolution de l'emploi des armes. Il doit donc participer à la conservation des effectifs, sauver des vies, amies ou ennemies, contribuer à l'entretien du moral des combattants, en leur apportant l'assurance qu'ils seront secourus le plus rapidement possible. Dans ce but, il prescrit les mesures d'hygiène et de prophylaxie indispensables, ramasse tous les blessés, leur donne les premiers soins, les évacue, les traite ensuite, selon des critères exclusivement médicochirurgicaux ».

Cette doctrine, un socle, l'institution française l'a toujours respectée depuis sa création à la fin du siècle dernier. En Indochine comme ailleurs. Partout.

Cependant, entre deux engagements, ou bien lorsque les canons se sont tus, muselés par la paix, elle a assumé également une autre œuvre, menée en parallèle, considérable. Dont elle tire légitimement fierté. C'est un grand ancien, le médecin-général Léon Lapeyssonnie, spécialiste de la lutte contre la méningite, reconnu dans le monde entier, qui le souligne dans son ouvrage *La Médecine coloniale*, dédié à ses pairs :

« Le corps de santé militaire a accueilli dans ses rangs quelque 5 000 médecins depuis sa fondation, presque tous polyvalents. Où qu'ils soient passés, respectant en cela leur charte, ils se sont mis aussi à la disposition de la santé publique. Chacun d'eux a servi de la sorte 150 mois outre-mer, dans sa carrière. Beaucoup sont allés bien au-delà de ces douze à treize années de service. Leur contribution globale représente à ce jour une somme de 750 000 mois de présence continue sur le terrain où, se comportant en fourmis de la médecine plus qu'en samaritains furtifs, ils ont créé 9 000 formations sanitaires dans l'Union française. »

Bilan avéré : 41 hôpitaux généraux, 593 hôpitaux secondaires, 2 000 dispensaires, 6 000 maternités. Ainsi que 2 facultés, 4 écoles de médecine, 2 écoles d'assistants médicaux et 19 écoles d'infirmières. Enfin, 14 Instituts Pasteur. Et Léon Lapeyssonnie de marteler : « Qui a fait mieux, et où ? »

Cette médecine des bouts du monde avait, durant son âge d'or, imprimé en Indochine une marque qu'elle supposait indélébile, tant elle fut riche de travaux scientifiques et de réalisations.

Des ancêtres prestigieux avaient, il est vrai, donné le branle : Albert Calmette, médecin des troupes coloniales, que Louis Pasteur envoya en Asie essaimer ses Instituts ; Alexandre Yersin, qui découvrit en Extrême-Orient le bacille spécifique de la peste. Dans leur sillage, d'autres praticiens, que les Anglais baptisèrent, non sans envie, « le bataillon des excentriques », tant ils se montraient peu conformistes bien qu'efficaces, avaient fait de ce territoire la colonie la plus développée sur le plan sanitaire. Celle dont la faculté de médecine, à Hanoi, décernait des diplômes recherchés partout, outre-mer, à parité avec les parchemins français, qui permettaient aussi d'exercer en métropole. Celle qui, en 1936, avait 597 médecins, pharmaciens et sages-femmes indochinois, et 1 765 infirmières et infirmiers originaires du pays. Celle que choisissaient en premier, avant 1940, les jeunes « Balthazars » sortant du creuset où l'institution leur dispensait son enseignement à deux casquettes, la civile en facultés classiques, la militaire à l'École de santé, à Lyon, ou bien à l'École de santé navale, à Bordeaux. Une formation qui n'avait pas changé, en 1953, pour le principe ; les matières professées étant évidemment adaptées au goût du temps.

Jeansotte, dont la réserve, la haute stature, la chevelure grisonnante, les rides, glacent quelque peu le jeune personnel, à la direction du service de santé, a connu cette épopée médicale fiévreuse et enthousiasmante en Indochine. Les noms des successeurs de Calmette et de Yersin étaient sur toutes les lèvres en Extrême-Orient durant l'entre-deux-guerres. Notamment, ceux de Noël Bernard, Hubert Marneffe, Constant Mathis et Henry Morin. Tous issus de

Santé navale. Qui combattirent le paludisme, le typhus, la lèpre, la peste, la rage, la dengue, le choléra. Qui fondèrent de grands laboratoires et portèrent au zénith la réputation des quatre Instituts Pasteur de la colonie; à Saigon, à Hanoi, à Nhatrang et à Dalat. Comme beaucoup d'autres, ensuite, Jeansotte a souffert de voir monter en ce pays le gâchis.

Parce que ce bel édifice de la santé en Extrême-Orient a explosé avec l'extension de la Seconde Guerre mondiale. A partir de 1942, coupé de la métropole, il n'a plus reçu de dotation, ni en personnel ni en moyens. Processus inévitable : rationnement, suivi par la misère. Les troupes en place n'ont, elles-mêmes, bientôt plus disposé que d'un hôpital d'évacuation motorisé, le 145e, ainsi que d'un bataillon médical, comprenant une compagnie de triage et de traitement, ainsi que trois compagnies de ramassage. Autant dire la portion congrue. Puis le délabrement a galopé, véloce comme la gangrène gazeuse, quand les Nippons ont occupé l'Indochine. Au lendemain de la capitulation du Japon, il ne restait plus rien. Ou presque.

La paix revenue en Europe, la France n'a pas voulu remobiliser lorsque l'Indochine, insensiblement, s'est embrasée. En quasi-totalité, les réservistes du corps de santé, arguant de la fin des hostilités, ont boudé le volontariat à destination de l'Extrême-Orient. Même refus de servir dans cette partie de l'Asie du Sud-Est chez le personnel d'active, colonial ou métropolitain. La majorité des officiers, des sous-officiers et des hommes de troupe du service de santé ont réclamé leurs congés de fin de campagne et postulé des affectations plus calmes. Des réactions dues à l'esprit du jour qui se développait et que certains attisaient : « Pourquoi lutter contre les résistants en Indochine? »

En septembre 1945, avant que ne débarque le Corps Expéditionnaire du général Leclerc engagé dans la reconquête de ce territoire, il ne restait plus, entre Hanoi et Saigon, que 161 médecins, presque tous détachés, c'est-à-dire au service de la santé publique, de même que 43 sous-officiers et militaires du rang. Par ailleurs, l'équipement sanitaire antérieur à 1940 s'était volatilisé. Une conséquence de l'occupation japonaise, bien entendu, à laquelle succédaient les premiers retentissements des troubles que fomentait déjà Hô Chi Minh. En clair, le service de santé devait être, de fond en comble, reconstitué.

La tâche incombe d'abord au médecin-colonel Richet, qui est arrivé dans les fourgons de Leclerc. Ensuite, elle ira au médecin-général Robert. Soit des années d'efforts. Que marqueront des remaniements logistiques fréquents, découlant des exigences sans cesse modifiées du Corps Expéditionnaire.

La première remise en cause s'impose dès octobre 1945. Le service de santé qui débarque en Cochinchine avec Leclerc apparaît sur-le-champ inadapté à la mission entreprise. Fondé sur le module des guerres européennes, il est constitué de postes lourds. Or, c'est la guérilla qu'affronteront, dans un premier temps, les troupes et les médecins qui les assisteront. Richet s'empare donc à Cholon, près de Saigon, des locaux ravagés de l'ancienne assistance médicale. Il y installe l'hôpital d'évacuation 415 qui lui a été attribué et qui s'était illustré avec la 1re armée de Jean de Lattre de Tassigny lors de la campagne de France. Mais il déploie d'urgence, en complément, un dispositif d'intervention moins encombrant, qui répondra mieux aux nécessités du moment.

Pour traiter sur place les blessés graves, éparpillés un peu partout dans le pays, il met en place des antennes chirurgicales avancées. Puis apparaissent les premières antennes parachutables. Le médecin-capitaine Gomez, chirurgien, les étrenne au combat en escortant les opérations « Ceinture » et « Ondine », en 1947 et 1948. A Bac Kan, à Cao Bang, à Vietri. Dans ce sillage, suivent les Équipes chirurgicales mobiles, avec 2 médecins réanimateurs, 25 infirmières et infirmiers, plus des brancardiers. Ainsi grandit une chaîne de relais de santé : 16 unités qui nomadisent, sautent en parachute, campent, soignent. Elles participeront à 150 sorties opérationnelles, une moyenne de 40 par an.

Dès 1949, le pays étant largement reconquis, le service de santé a pu ajouter aux missions militaires la prise en charge de la santé publique. Une partie des médecins s'est sédentarisée, d'autres font des tournées chez les civils. Cette année-là, le médecin-général Robert, qui a déjà pris la barre, entreprend une refonte générale de l'unité. Il renforce l'appui médical des troupes en campagne. A chaque bataillon, son praticien, comme dans toutes les armées modernes. Un « bleu » le plus souvent, qui prend sa première affectation en Indochine; un médecin-lieutenant, passé par l'École d'application du Val-de-Grâce, ou bien par celle du « Pharo », à Marseille, qui tire son appellation du promontoire du même nom dominant le Vieux-Port. Les nouveaux venus découvrent vite leur lot : dévouement et endurance. Ils doivent suivre les troupes dont ils répondent, partager les risques des raids, parfois participer à leur propre défense, à la carabine ou au pistolet, parce que l'ennemi, usant du terrorisme, ne tient aucun compte des fanions à croix rouge qui signalent leurs postes. Ils soignent sur le tas les soldats blessés, de même que les populations villageoises dans le voisinage de leurs cantonnements. Tous feront de la sorte la légende de ce corps.

Dans le même temps, Robert accroît l'infrastructure sanitaire lourde en Indochine. A terme, l'ensemble comprendra une quinzaine d'hôpitaux, dont six à Saigon. Autour de ce noyau graviteront des infirmeries-hôpitaux et des infirmeries de garnison. L'assistance aux populations autochtones, renforcée, dépend des directions territoriales. Les approvisionnements médicaux provenant de la métropole et des États-Unis, stockés à Saigon, alimentent les sous-dépôts des subdivisions régionales indochinoises. A mesure que se constituent également les armées du Viêt-nam du sud, du Laos et du Cambodge, Robert fait aussi former sur place leurs propres services de santé.

Pour autant, il ne néglige pas ses unités mobiles. Là encore il perfectionne, crée de nouvelles antennes parachutables, plus nombreuses, allégées et standardisées. Leurs missions consistent à donner aux blessés des soins qui les conditionnent pour supporter leur convoyage dans les meilleurs délais sur les hôpitaux de l'arrière. Sa stratégie.

L'évacuation a toujours été la hantise de Robert. Son efficacité dépend de deux critères : la promptitude, ainsi que le confort, même relatif. Un transport long et cahoteux engendre un état de choc supplémentaire sur des êtres déjà physiologiquement choqués. Des épreuves qui ne pardonnent pas quand on les additionne. Jusqu'alors, en Indochine, on n'a presque toujours convoyé les blessés qu'en ambulance, voire en camion, ou bien, quand un cours d'eau le permettait, en « crabe », ce petit cargo-carrier MC-29 américain amphibie; tous des engins qui secouent aussi fermement qu'un shaker. Robert redoute aussi les dangers qu'entraînent les escortes offertes aux victimes. Il garde en mémoire le drame de Raggia, en 1948 : 4 officiers et 56 soldats perdus dans une embuscade, alors qu'ils tentaient de sauver un blessé. Aussi étend-il le recours quasi systématique aux Morane 500, ces petits avions légers capables de se poser dans un mouchoir de poche, afin d'assurer la récupération des blessés.

Le médecin-général Robert va aller plus loin encore, dans cette voie. C'est lui, le premier, qui impose l'emploi de l'hélicoptère pour les missions de sauvegarde. Malgré le faible rayon d'action et la fragilité des appareils de l'époque. Une idée géniale. Devenus d'un coup bons à tout faire, les ventilateurs, comme les appellent les médecins, modifiés, suréquipés, feront florès bientôt dans toutes les armées modernes. Entre-temps, les antennes chirurgicales mobiles et les antennes parachutables que Robert a rénovées effectueront plus de soixante-dix sorties opérationnelles par an. Un rendement presque doublé, qui l'a récompensé.

« Bel héritage », a commenté Jeansotte, quand il a pris le relais. Toutefois, un legs dont l'efficience reste à confirmer face à un affrontement grave. Que frappe, de plus, une carence qui a immédiatement sauté aux yeux du nouveau chef. Si le service de santé semble bien pourvu pour répondre aux besoins du Corps Expéditionnaire, grâce au matériel sanitaire lourd, aux médicaments actifs nouveaux, tels les antibiotiques, aux moyens légers d'intervention, il souffre, en revanche, d'un manque de médecins. L'effectif est bien trop faible. Une « anémie » inquiétante; elle a viré à la chronicité. Ce déficit, le médecin-général Robert l'avait déjà chiffré, 15 % au minimum, sans parvenir à le réduire. Et Jeansotte ne pourra jamais non plus le combler. Même par le recours fréquent aux contractuels, des volontaires qui habitent l'Indochine ou viennent parfois de métropole, que l'on nomme les « Cafaeo » (Cadres administratifs des forces armées d'Extrême-Orient). Le service de santé leur propose des embauches renouvelables, de un à deux ans. Pour ce qui concerne les médecins, il s'agit en général de réservistes mais aussi de praticiens civils, qu'attirent les missions exaltantes des antennes mobiles.

Le mal profond, à l'évidence. En 1945? 331 médecins après l'arrivée du général Leclerc. En 1949? 307. Et 398, en 1952. Mais 384 seulement en cette fin de 1953, en dépit d'un renfort inespéré, venu de métropole six mois auparavant, et de l'apport d'une quarantaine de praticiens du corps des Cafaeo. Ce contingent reste notoirement insuffisant. Ces médecins ont en charge le sort de 235 000 combattants, qui sont engagés dans un territoire immense, à la merci d'un ennemi qui compte de plus en plus de réguliers dans ses rangs. Des soldats de mieux en mieux armés. Dont la pugnacité va grandissant.

Quand commence la bataille de Diên Biên Phu, l'effectif du service de santé s'élève à 4 434 personnes; officiers, sous-officiers, hommes de troupes et auxiliaires féminines de l'armée de terre mêlés. Le quart d'entre eux est constitué d'autochtones. 3 025 proviennent de la métropole. Soit 384 médecins, 44 pharmaciens, 29 dentistes, 70 officiers d'administration, 663 sous-officiers, 601 infirmiers, 166 secrétaires, 48 ambulancières, ainsi que 1 404 hommes de troupe. Hormis les soldats – et comme 10 % des médecins – la moitié de ce personnel appartient au corps des Cafaeo.

La pénurie en praticiens, en spécialistes divers et en employés du service de santé, que compense mal l'appel au Cafaeo, résulte pour une bonne part, c'est reconnu, de la campagne acharnée que mènent en France les progressistes, au nom de ce qu'ils appellent « la sale guerre », menée par l'État en Extrême-Orient. L'activisme que déploient ces opposants ne concourt pas seulement à tarir le recrutement du corps de santé en métropole. Les approvisionnements sanitaires du Corps Expéditionnaire subissent pareillement les contrecoups de leur propagande. A la façon de certains personnels des usines d'armement, qui s'en prennent aux munitions qu'attendent les soldats français, d'autres détériorent le matériel médical qui leur est destiné. Marc Lemaire, un jeune praticien qui a consacré sa thèse à la médecine de l'avant dans sa mission de soutien des personnels parachutés en Indochine, l'atteste dans son ouvrage présenté pour l'obtention de son doctorat :

« Le Dr Valnet, chirurgien d'antenne en 1951, signale que les groupes électrogènes, alimentant le scialytique lors des interventions, sont sabotés au départ de France par des ouvriers hostiles à la guerre. Plusieurs groupes tombent ainsi en panne au cours de ses interventions, qu'il doit terminer à la lueur de lampes tempêtes. Une panne survenue lors de l'opération d'un " ventre " coûte la vie au patient. »

Des blessés rapatriés d'Indochine endurent de la même manière les conséquences de cette hostilité entretenue avec constance. « Débarquant sur leurs brancards au port de Marseille, ils sont parfois accueillis à coups de pierres, ajoute le Dr Lemaire. Au cours de leur transport à bord des trains sanitaires à destination des hôpitaux métropolitains, des femmes parviennent à arracher leurs pansements en criant que les blessures reçues en Indochine sont méritées. »

Les idéalistes ont même poussé l'ostracisme jusqu'à exiger que le sang, collecté en France par l'Office d'hygiène sociale, en ce temps, ne puisse servir à secourir les soldats du Corps Expéditionnaire en Indochine. Ils ont exercé des pressions si fortes que le gouvernement a dû, en 1951, assurer publiquement que le précieux fluide « ne franchissait pas les frontières du pays ».

La majorité de ces croisés, comme d'ailleurs la plupart des Français à cette époque, qui profitent pourtant tous déjà largement des bienfaits de la transfusion, ignorent qu'ils les doivent pour une très grande part aux médecins militaires. Ils ont en effet contribué à mettre au point, à lancer cette technique médicale inestimable. Née en France précisément. Une pratique qui sauvera longtemps encore des millions de personnes, qui a servi de rampe de lancement à la médecine moderne.

Ils n'ont pas manqué de raisons pour foncer dans cette entreprise. Ils piétinèrent longtemps dans le traitement des lésions graves auxquelles sont exposés les soldats en campagne. Ils n'ignoraient pas que les pertes sanguines, provoquées souvent par ces blessures, deviennent vite mortelles quand elles sont massives, et n'usaient que d'une parade, la seule à leur portée, la célérité dans leurs interventions, parfois sur le champ de bataille, pour limiter les dégâts. L'un de leurs ancêtres, Dominique Larrey, médecin des armées de Napoléon, a réalisé sur un grenadier blessé une désarticulation de la cuisse en vingt-deux secondes, ligatures artérielles comprises ! Un record mesuré en 1807, à Eylau, en Prusse-Orientale. La nécessité légitima pareille acrobatie. Tout au long des conflits au XIXe siècle la pauvreté de la pharmacie ne permettait guère de faire pièce aux débâcles organiques, au choc opératoire, de soulager la souffrance des blessés. On ne leur offrait qu'une éponge imbibée de jus d'opium à sucer. Aussi, en 1914, deux mois et demi après le début de la Première Guerre mondiale, l'un de ces médecins, le Dr Lostalleau, osa-t-il sauter le pas, employer du sang, pour soigner.

Le premier don du sang de l'homme à son semblable en péril, date du 16 octobre, cette année-là. Le caporal Henri Legrain, du 45e d'infanterie, ramassé exsangue sur la ligne de feu, évacué jusqu'à l'hôpital de Biarritz, étrenna la première vraie transfusion. De bras à bras, il reçut le sang offert par Isidore Colas, un Breton, blessé à une jambe. Le Dr Lostalleau, qui effectua cet acte, ne s'était pas plus soucié que de colin-tampon de la compatibilité sanguine entre ses patients. L'urgence imposait l'essai. Heureux hasard, Colas appartenait au même groupe que Legrain.

L'idée de transporter le sang des donneurs jusqu'aux antennes sanitaires afin de secourir plus de blessés encore, s'était aussi imposée cette année-là à trois autres praticiens; Hustin, Hedon, Jeanbrau. Mais ce sang coagulait trop vite, ce qui interdisait la manipulation. Ils piétinèrent trois ans avant de surmonter la complication. En utilisant du citrate de soude. Dosé fin, celui-ci préserve la fluidité du sang, permet de le conserver, sans pour autant dénaturer ses qualités. En 1917, Jeanbrau perfusa et sauva trois blessés grâce au sang conservé. Avec ce triple jet seringué, la transfusion, sortant enfin des limbes, allait conquérir sur-le-champ une place majeure en médecine clinique.

En pleine Seconde Guerre mondiale, les besoins militaires exercèrent derechef une nouvelle stimulation novatrice. Cette fois, l'essor vint des États-Unis. En 1942, Edwin Cohn inventa le procédé qui supprime les tracas inhérents à la transfusion, lesquels proviennent souvent des globules rouges ou blancs, ou des plaquettes – les produits cellulaires du sang – dont la présence se justifie rarement dans les perfusions. Cohn, donc, fractionna le sang et garda le plasma qu'il dessécha. En poudre la substance peut se stocker durant des années. Pour qu'elle retrouve ses propriétés, il suffit de la délayer dans de l'eau stérilisée. Mais Cohn poussa plus loin sa percée magistrale. Il « cassa » le plasma et récupéra l'albumine, composant essentiel pour la stabilisation de la masse sanguine dans la circulation, ainsi que les immunoglobulines, qui stimulent préventivement la résistance naturelle contre les infections. Dotée de ces produits, la médecine militaire américaine put escorter avec plus de sérénité les GI's dans les opérations du Pacifique et en Europe. De ce moment, elle put surmonter le choc hypovolumique, qu'entraîne une trop grande perte de sang, et gommer la mauvaise compatibilité : les accidents qui tuent.

Un progrès immense. Auquel collèrent quelques rares médecins français. Ceux qui, engagés dans la France libre, bataillaient au côté des Alliés, débarqueraient avec eux, en Italie, en Provence, en Normandie. Aidés par leurs confrères américains ils se recyclèrent. Dans leurs rangs, des Algérois; Lavergne, Bisquera, ainsi que l'étonnant professeur Benhamou, qui exercerait jusqu'à quatre-vingts ans passés. Celui-ci, secondé par Stora et par Jean Julliard, organisa dès 1943 la nouvelle transfusion française. A Tunis d'abord, puis à Rabat et à Alger. Il l'implanta ensuite en métropole, à mesure que cédait le joug de l'ennemi.

Acquise, cette maîtrise a permis aux médecins militaires de s'attaquer aussitôt à l'invention d'une autre technique, la réanimation, sans prix aussi. Fondée sur la transfusion, l'emploi de médicaments, elle a pour but de rétablir les fonctions vitales momentanément compromises chez des humains en détresse, victimes de drames aigus, soit traumatiques, ou médicaux, ou chirurgicaux. Cette réanimation est née sous les tentes des hôpitaux de campagne de l'armée américaine, sous celles du service sanitaire de la 1re armée française de Jean de Lattre de Tassigny, où officiaient, entre autres, Bisquera, Pierre Hugenard et Sarlin. On peut l'affirmer, c'est sous ces frêles abris qu'a été conçue la médecine d'urgence qui, à son tour, enfanterait plus tard les Samu.

Ce constat explique que la médecine militaire française saisirait, en 1945, l'occasion de s'affranchir de la tutelle civile pour ce qui concerne le sang. Cette année-là, Jean Julliard, l'un des promoteurs de la transfusion nationale, devenu médecin-colonel, a fondé et dirigé l'Établissement central de transfusion et de réanimation de l'armée, l'Ectra, installé à l'hôpital militaire Percy, à Clamart.

Alors ont commencé dans les casernes les collectes auprès des donneurs, tous des volontaires : des militaires d'active, des soldats du contingent, mais aussi le personnel civil du ministère de la Défense. Julliard a également créé, à Clamart, un centre de fractionnement, qui extrait d'abord du plasma sec et des immunoglobulines, puis distillera du fribinogène desséché ainsi que d'autres substances utiles en médecine.

De la sorte, l'Ectra a pu, dès le début de la reconquête en Extrême-Orient, fournir au Corps Expéditionnaire les premières livraisons de plasma requis pour les soins à donner aux blessés. Cependant, la direction générale du service de santé, en France, a tenu à doter la médecine qui exerce en Indochine d'une autonomie sanguine véritable. Aussi Julliard implante-t-il à Saigon l'unité de transfusion qu'il commanda auparavant à Alger : 6 médecins, 1 médecin-auxiliaire, 1 officier d'administration, 3 sous-officiers et 9 infirmières, qui débarquent, en décembre 1945, avec leurs 14 camions et 4 camionnettes. Julliard étoffe sur l'heure cette équipe et fonde l'Office de réanimation et de transfusion, connu promptement dans toute l'Indochine. Parce que l'Ort deviendra le centre de fractionnement le mieux équipé et le plus performant de tout le Sud-Est asiatique. Simultanément, en mars 1946, Jean Julliard, que la médecine militaire va porter aux nues tant elle lui devra de reconnaissance, établit une succursale à Hanoi, qui égalera la maison-souche. Elle libérera, de même, les transfuseurs du Tonkin de toutes les sujétions.

Au nord comme au sud du territoire que contrôle le Corps Expéditionnaire, l'Ort, respectant le sacro-saint principe de la transfusion nationale, ne recrute que des donneurs. Des militaires français et vietnamiens, des civils. Quelques centaines de volontaires, au début. Bien vite, une cohorte. Elle a offert 9 246 dons du sang en 1948, à Saigon, et 1 560 à Hanoi. En 1953? 16 716 apports spontanés dans la capitale du Viêt-nam, et 27 716 dans la citadelle du Tonkin...

Cette année-là, le centre saigonnais distribuera 3 572 litres de sang conservé et 1 318 litres de plasma frais aux médecins. Pour sa part, celui de Hanoi livrera 2 830 litres de sang conservé, 2 638 litres de plasma frais. Les réserves s'accumulent, en outre, dans la soute des banques du sang, à Namdinh, à Haiphong. Le 23 novembre, le médecin-capitaine Baylet, responsable de l'Ort au Tonkin, a pu au moins rassurer Jeansotte sur un point : les hôpitaux et les antennes chirurgicales de la région sont approvisionnés. Baylet a même précisé qu'il pourrait doubler la production si, d'aventure, la campagne militaire engagée à Diên Biên Phu venait à l'imposer.

A Hanoi, on le voit, hormis dans l'entourage du général Cogny, où il est de bon ton d'affirmer sa croyance au succès de l'entreprise, pas d'enthousiasme excessif dans les sphères dites autorisées. La direction régionale du service de santé, que commande encore le médecin-colonel J. Dumas, attristée par la mort du médecin-capitaine Jean Raymond, tué lors du premier assaut, ne cache pas sa morosité. Telle est en tout cas l'attitude du médecin-colonel Claude Chippaux, chirurgien consultant. Le chirurgien-chef des forces terrestres en Extrême-Orient, en quelque sorte. Un gagneur, pourtant. Mais perspicace. Et qui abhorre les manières courtisanes. De sa place, on ne mesure l'âpreté des engagements du Corps Expéditionnaire qu'à la cadence du défilement des victimes au bloc chirurgical. Or, il en a vu beaucoup, dans les trois salles d'opération de son service, à l'hôpital Lanessan.

Tous ceux qui ont approché Claude Chippaux en Indochine, comme Pierre Huguenard, par exemple, l'un des futurs créateurs des Samu à Paris, ont loué sa valeur professionnelle. Il doit à son talent, sûr, sa nomination à ce poste, auquel il a succédé à d'autres grands de la chirurgie – les Ouary, Letac, Favre et Boron. « Des doigts d'or », disent ceux, nombreux, qu'il a sauvés. De même, ceux qui l'ont côtoyé durant la Seconde Guerre mondiale, alors qu'il servait comme médecin dans la résistance, avec sa femme, médecin aussi, ont apprécié son courage physique, sa détermination à suivre les combattants de l'ombre. Les terribles cicatrices qui balafrent ses traits, ainsi qu'un œil perdu, en témoignent. Blessé, la moitié du visage emporté, il a été sauvé par son épouse qui l'a ramassé, sanglant, et conduit jusqu'aux lignes américaines. On le crut perdu. Au moins, pour l'exercice de son art. Sa force morale lui a permis de surmonter les handicaps, de retrouver son adresse et sa finesse opératoires. Et de prendre la route de l'Indochine, avec sa compagne, Mme Chippaux-Mathis devenue elle-même médecin-capitaine. Chirurgien des Forces aéroportées en Extrême-Orient, en 1948, puis créateur du service de chirurgie réparatrice, à Dalat et au cap Saint-Jacques, il a gravi les échelons par son seul travail jusqu'à l'obtention de sa charge présente. Ce qu'il appelle son « bistouri de maréchal ».

Claude Chippaux pourrait ne plus tenir le fer. Cependant, il opère toujours, à Lanessan. Et il appelle fréquemment sa femme, médecin-chef du service de chirurgie à l'hôpital Calbairac, à Hanoi, à venir le seconder dans ses interventions, lui rendant d'ailleurs la pareille. Par nécessité. Parce que le service de santé en Indochine, qui souffre, on l'a noté, d'une insuffisance de médecins, pâtit d'un manque aigu identique en chirurgiens. « Nous devrions être quatre-vingt-sept », a dit Chippaux au nouveau patron du corps de santé, en cette fin de 1953. Ils ne seront jamais plus de soixante-dix. Dans toute l'Indochine. La déficience sous-entend, pour chacun d'eux, un surcroît d'abnégation dans les blocs surchargés, quand monte brutalement l'afflux des blessés évacués. Elle interdit parfois de fignoler l'ouvrage. Ces aléas poussent Chippaux à redouter, comme Jeansotte, les conséquences de l'offensive qui commence à Diên Biên Phu.

Lors de la préparation de cette opération, le général Cogny a demandé au service de santé au Tonkin d'élaborer un plan d'hospitalisation sur place et d'évacuation, fondé sur le bilan d'une expérience de l'an précédent, celle du camp retranché de Nasan, où Gilles tint tête à Giap. Une mission qui a échu à Albert Terramorsi, encore adjoint technique et opérationnel du médecin-colonel Dumas. « Terra », surnom que lui donnent ses proches, a donc pris en compte les données sanitaires de l'époque, au moment de la phase active des attaques du Viêt-minh : 600 blessés en cinq journées, traités dans une seule antenne chirurgicale et trois infirmeries de bataillon, puis évacués peu après. Soit 1 % de pertes quotidiennes, sur un effectif de 12 000 hommes. Pensant calculer large, « Terra » a prévu 3 % de mises hors combat journalières pour l'opération de Diên Biên Phu, misant, en outre, sur une évacuation obligatoire similaire. Si cette ébauche a paru satisfaire l'état-major militaire, elle a modérément convaincu les briscards du service de santé.

Claude Chippaux a gardé un souvenir éprouvant de l'épisode Nasan. Ainsi, le 24 novembre 1952, 196 blessés défilèrent d'un coup dans les trois blocs de l'hôpital Lanessan. Outre les immobilisations plâtrées et les soins palliatifs donnés aux « thoraciques » et aux « crâniens » en vue de les faire attendre jusqu'au lendemain, 57 opérations lourdes, sans discontinuer. Rude empoignade. Sur la première table? 20 interventions, dont 5 « ventres », pour Chippaux qu'assistait son épouse. Sur la deuxième? 20 opérations, dont 6 « ventres », à l'actif du médecin-capitaine Lapalle, aidé par le médecin-lieutenant Chartier. Et 17 dans le troisième bloc, au crédit du médecin-commandant Borjeix, qu'épaulaient Delarue et Le Hur. Le tout, en dix-huit heures. Comment Claude Chippaux resterait-il indifférent à ce que pourrait apporter Diên Biên Phu? Trois questions le préoccupent : les capacités de l'hôpital Lanessan suffiront-elles... Faudra-t-il envoyer des blessés en surplus à Saigon, à 1 200 kilomètres... Et le Viêt-minh laissera-t-il évacuer les victimes de la vallée de Diên Biên Phu...

Peu de chirurgiens ont remarqué, comme lui, combien la logistique et la stratégie de l'ennemi ont évolué. Un constat qui s'est dégagé d'une étude qu'il a consacrée aux plaies de guerre, aux traumas et agressions diverses subis par les troupes du Corps Expéditionnaire en Extrême-Orient. Parmi toutes ses communications publiées, ce document exhaustif atteste de la progression de l'efficacité meurtrière manifestée sur le terrain par les troupes régulières de Giap.

Cette efficience a toujours été redoutable, dès le début des hostilités. Toutefois, à cette époque, mal équipé, l'adversaire ne fit surtout usage que d'armes individuelles. Il développa il est vrai, en complément, une « défense passive » pernicieuse, usant d'une ingéniosité consommée, pour protéger ses dépôts et ses axes de ravitaillement. Les anciens du Corps Expéditionnaire affrontèrent alors ce qu'ils appelèrent la guerre des mines. Sournoise, cruelle. Avec des pièges explosifs, ou à armes blanches, ou en bambou, volontairement souillés, quelquefois empoisonnés.

Les armes à feu utilisées à ce moment par les troupes territoriales du Viêt-minh, exclusivement des fusils et des engins de poing, étaient usagées ou de fabrication artisanale. Donc peu précises. Néanmoins, si l'usure, voire l'absence de rayures dans les canons les privait de précision, ces défauts augmentaient leur puissance destructive. N'ayant plus d'assurance au long de leur trajectoire, les projectiles tirés, quelquefois systématiquement déformés afin d'accroître les ravages lorsqu'ils touchaient au but, se comportaient à la façon d'un éclat et causaient des blessures dangereuses.

De même, les projectiles de jet – les grenades – souvent bricolés par les ateliers locaux, provoquaient, à courte distance, des lésions très graves quand ils ne tuaient pas. Les charges de poudre, parfois trop bourrées par des mains encore inexpérimentées, foiraient quelque peu à l'explosion, en effet dit fusant. Mais les débris de fonte projetés produisaient, dans un rayon d'une dizaine de mètres, des lésions vulnérantes très grandes.

Les mines furent le cauchemar des vétérans de ce temps. Le Viêtminh les disposait le long des diguettes dans la rizière et des sentiers dans la jungle, les camouflait dans tous les lieux qui appelaient une fouille. Elles entraînaient des effets d'arrachement et de délabrement, ou tuaient par effet de souffle.

La plus généralisée était la grenade moustique, dite « Min muoi ». Elle explosait avec un léger retard et n'intéressait, si l'on peut dire, que celui qui la déclenchait. Les éclats, à deux ou trois mètres, occasionnaient des larges plaies. S'ils cisaillaient un gros vaisseau aux jambes, comme l'artère poplitée ou bien la fémorale, c'était la mort par anémie aiguë. Autre délicatesse viet, la mine ananas, ou « Dia loi ». Piégée comme la Min muoi, ses éclats fauchaient jusqu'à une dizaine de mètres. La mine bambou, son nom l'indique, était constituée par un tronçon de cette tige ligneuse entre deux nœuds cloisonnants. Bourrée de clous, de pierres, de morceaux de verre, de ferraille, elle faisait de sérieux dégâts autour du point d'explosion. Suivit aussi la cartouche piégée, appelée « Dap loi »; une cartouche de fusil : celui qui marchait sur sa pointe provoquait l'explosion; cela libérait la balle, qui lui déchirait la jambe ou le ventre.

Cependant, un armement moderne a graduellement succédé au matériel de combat hétéroclite des premiers temps chez le Viêt-minh. Équipées par la Chine à partir de 1950, les unités régulières ont perçu des pistolets-mitrailleurs, puis des fusils d'assaut performants, ensuite des mitrailleuses. L'artillerie, enfin, a fait son apparition. Bientôt de plus en plus présente. Sous forme de mortiers, de canons 75 sans recul. D'autres encore. Au début de 1953, Giap est parvenu à aligner un corps de bataille dont la puissance de feu ne le cède en rien à celle des Français. Seule l'aviation manque, dans son arsenal.

Cette évolution n'a pas manqué de préoccuper les stratèges du Corps Expéditionnaire, contraints de revoir leur tactique. Elle a aussi tracassé le service de santé. Les médecins ont observé et commencé à traiter chez les victimes des blessures qui ressemblaient, de plus en plus, à celles dont souffrirent les troupes durant la Seconde Guerre mondiale. Les méfaits des balles explosives et des obus, de leurs éclats; ceux du souffle très violent accompagnant les explosions. Une action vulnérante grave. Qu'ils soient fusants, percutants ou à effet retard, les projectiles modernes et leurs débris ont un pouvoir dilacérant et délabrant considérable. Ils peuvent broyer un membre et provoquer des atteintes viscérales, splanchniques, disent les médecins, au-dessus de toute thérapeutique.

Claude Chippaux a étudié avec minutie, ainsi, les conséquences de deux récents engagements. Celui de l'opération « Artois », dans la région de Thai Binh, en janvier 1953. Celui du raid « Hautes-Alpes », du côté de Ninh Binh et de Phat Diem, de mars à mai 1953. Des opérations qui ont imposé la participation de trois antennes chirurgicales et le recours aux hélicoptères ainsi qu'aux avions, pour les évacuations. Quelque 400 blessés, au total, chez le Corps Expéditionnaire. La moitié des plaies par balles. L'autre moitié par éclats d'obus, de mortiers, de bazookas, de grenades. Pour la première fois, également, Claude Chippaux a remarqué que la proportion de « polyblessures » n'avait jamais été aussi grande : 35 %.

Les « polyblessés » souffrent d'une accumulation de lésions. Elles touchent à la fois les viscères et les os, et se compliquent des effets de souffle. Un tableau souvent gravissime, du genre de celui que l'on constate chez les « polytraumatisés », dans les graves accidents consécutifs aux drames aériens, du rail ou de la route. Un mélange de lésions par choc direct, par plicature de la colonne vertébrale, par choc brutal des viscères dans leurs cavités. De tels effets mixés sont considérés comme hors de portée thérapeutique pour les antennes chirurgicales mobiles, les antennes chirurgicales parachutables. Ils imposent, après réanimation, l'évacuation immédiate sur les hôpitaux, à l'arrière. La nécessité impérieuse. C'est cela que le médecin-colonel Claude Chippaux appréhende, avec Diên Biên Phu.

4

« Nous y laisserons la peau et les os »

Dès le début de 1954, ce sont les effets de l'artillerie que les jeunes médecins de bataillon et leurs confrères des antennes, implantés dans le camp retranché, appréhendent le plus. Même si aucun d'eux n'a encore affronté cette arme des plus meurtrières. On leur a cependant enseigné en cours intensifs à l'école d'application de l'armée, au Pharo, à Marseille, ou au Val-de-Grâce, à Paris, que les obus ou leurs éclats provoquent des lésions profondes, étendues, souvent multiples. Qu'ils peuvent décimer des unités entières. Éclairés par des aînés rescapés de la Seconde Guerre mondiale, ils n'ignorent pas que les explosions, même quand elles ne frappent pas directement, finissent par saper aussi la résistance physique et nerveuse des pilonnés. Qu'elles terrassent de la sorte tous les individus, même les plus aguerris. Qu'en outre, les bombardements entraînent parfois d'autres conséquences non moins effroyables : l'écrasement, l'étouffement ; des contrecoups de l'effondrement des fortifications censées constituer une parade aux projectiles.

A l'évidence, ce que les jeunes médecins savent en ce domaine est connu de l'état-major français en Extrême-Orient. Même si le Viêt-minh n'avait pu, jusqu'alors, user largement des canons. Pourtant, cette haute autorité a paru sous-estimer ce péril. Alors que tout donnait à penser que ce serait justement sur ce moyen que miserait Giap pour mener l'investissement de Diên Biên Phu.

Sur le terrain, avant que ne s'aggrave l'épreuve amorcée, Christian de Castries, de même que son état-major particulier, n'ont-ils pas fait montre également de légèreté en la matière? Ils paraîtront sous-évaluer, entre autres, des signes de danger cependant explicites et des renseignements moissonnés par leurs unités durant cette période, dont profite l'ennemi pour installer à pied d'œuvre son corps de bataille.

Ainsi, une longue reconnaissance poussée vers le Haut Laos par

Pierre Langlais, à la tête du 8e Choc et du 1er Bep, avec retour difficultueux sur le camp par des lignes de crêtes, a montré que le Viêtminh, après avoir fermé le nord de la vallée, a bouclé aussi les pistes au sud de Diên Biên Phu. Malgré la précision du rapport de Langlais, ni de Castries, ni ses proches n'ont paru s'émouvoir de cet encerclement.

D'autres explorations, une dizaine au moins, menées peu après aux alentours du val par le 8e Choc, toujours sur la brèche depuis son arrivée au camp, appuyé alternativement par des tirailleurs ou des légionnaires, n'ont pas seulement indiqué que l'ennemi grouille, partout, mais qu'il met aussi en place une artillerie imposante.

L'une des sorties, le 6 février, a été motivée par un harcèlement singulier du camp : tous les deux jours, un canon viet tire quelques obus, jamais au même endroit. « Vraisemblablement un 77 de montagne d'origine japonaise », ont avancé les artilleurs du camp, en examinant les éclats. Erwan Bergot et les autres officiers qui commandent les mortiers de la base, déduisent de cette régularité de tir que le « canon jap » – tous lui donnent ce surnom – ne tape pas au petit bonheur. Ses servants doivent cadrer des objectifs, jalonner toute la vallée; ce qui annonce des jours noirs. De plus, cette pièce, dissimulée sur les crêtes, à l'est, a échappé à toutes les tentatives précédentes de localisation. Le 6 février, donc, une nouvelle expédition a été lancée, à l'instigation de Langlais.

Payant de sa personne, il la dirige. Elle mobilise tout un groupement opérationnel : le 1/4e Tirailleurs marocains, réputé comme « ouvreur de route », l'increvable 8e Choc, une section du génie dotée de lance-flammes, le bataillon thaï n° 2. Les médecins des trois unités sont de la partie : Henri Prémillieu, avec les tirailleurs, Patrice de Carfort, au 8e Choc, Pierre Barraud suivant ses Thaïs. Objectif : la cote 781, au nord-est du camp, à six kilomètres; découvrir les canons ennemis et les clouer, si possible. Départ à 5 heures du matin, avec un intervalle de trente minutes entre les bataillons.

A 11 h 45, le 1/4e Rtm occupe le but. Non sans avoir livré un furieux combat contre les Viets. Le sergent Vaugiraud l'atteste : « Le bataillon a été constamment élément de pointe, aussi bien durant la marche d'approche qu'au moment de la conquête de cette cote. Parvenus sur la position, nous avons alors entendu, venant de l'est, bien en dessous de nous, les coups de départ du fameux canon viet de montagne, qui poursuivait sans se soucier de rien ses tirs de harcèlement sur le camp retranché. Il visait en particulier la piste du terrain d'aviation ce jour-là, semblait nous narguer. » Ensuite, décrochage ardu, sous couverture assurée par le 8e Choc. Le chef de bataillon Nicolas commandant le 1/4e Rtm a même dû demander l'appui de l'artillerie de la base et le soutien des chasseurs bombardiers, qui ont « napalmé » les environs, manquant de peu son unité.

Une opération qui a coûté fort cher. Le médecin-lieutenant Prémillieu en a témoigné. Un tué, l'adjudant Pierron. Cinq disparus. Il a aussi récupéré et soigné sur place cinquante blessés. Parmi lesquels le capitaine Louis Fassi, un Corse, qui avait combattu les Allemands en 1940. Fassi avait mené l'assaut avec, à ses côtés, le lieutenant Perrin. Lors du repli, un éclat de 105 français l'a atteint grièvement, lui arrachant le flanc gauche. Prémillieu l'a fait évacuer par hélicoptère. La plupart des autres victimes ont d'abord été dégagées sur civières, avant que les deux ventilateurs de la base ne puissent relayer les porteurs. Le jour suivant, vingt-sept seront transportés sur Dakota à Hanoi. Louis Fassi mourra de ses blessures, le 11 février, à l'hôpital Lanessan.

Cependant, cette reconnaissance a permis de vérifier que, contrairement aux prévisions de l'état-major, et au mépris de ce que conseillent les manuels occidentaux, l'adversaire ne cache pas son artillerie sur les contre-pentes des crêtes. Il l'incruste sur les pentes qui dominent Diên Biên Phu.

D'autres raids du même genre vont confirmer cette information. Ils révéleront que l'ennemi implante toutes ses pièces face au camp retranché. Des 75, nombreux, et, sans doute aussi, des 105. Sous plusieurs mètres de terre. Dans des casemates semblables à celles qu'édifièrent les Chinois durant la guerre de Corée. Dans des trous, aux alentours de la base. De Castries, impavide, lira ces constats sans sembler tenir compte des indications révélatrices.

Le commandant en chef fait confiance à son maître artilleur, le lieutenant-colonel Piroth. Celui-ci lui a donné l'assurance que les Viets seront contraints de sortir le museau des canons de leurs niches afin de pouvoir les utiliser. Qu'il verra alors la flamme à la bouche des tubes, lorsqu'ils tireront. Et qu'une pièce repérée sera une pièce ratatinée. De Castries croit son canonnier. Un homme vaillant, par ailleurs. Qui fut déjà l'un de ses adjoints lorsqu'il commandait dans le delta tonkinois, avant que de venir régner à Diên Biên Phu. Piroth, un rescapé de la Seconde Guerre mondiale, amputé du bras gauche, est aussi un ancien de Navarre, à l'époque où ce dernier appartenait à l'état-major interallié de Fontainebleau.

Personne ne sait d'où Piroth tire cette belle présomption. Mais il ne devrait rien ignorer des ruses dont sont capables les Viets. Ni de l'appui qu'ils reçoivent des pays communistes.

Des faits. Les artilleurs français ne verront presque jamais les flammes des pièces lourdes du Viêt-minh. Parce qu'elles tireront depuis le fond des casemates ou des alvéoles qui les abritent. En revanche, les feux que les Français apercevront, sur lesquels ils concentreront leurs tirs de contre-batterie, seront des leurres allumés par l'ennemi, à proximité de ses positions.

De même, les photos aériennes ont permis de détecter un régiment de DCA chez les Viets, équipé de canons de 37 soviétiques, provenant de Chine. Des officiers américains, qui ont affronté cette artillerie en Corée, sont venus à Diên Biên Phu communiquer à de Castries les renseignements la concernant. Elle se révèle très efficace dans un rayon de 2 000 à 2 500 mètres. Dangereuse comme toutes les DCA, autant pour les avions que pour l'appui au sol. Elle se déplace très facilement. Les artilleurs français détruiront bien plusieurs de ces pièces. Toutefois, ne manquant pas de réserves dissimulées dans leurs arrières, les Viets les remplaceront. De Castries, comme Piroth, oublient-ils que la Chine, que l'Union soviétique participent réellement à cette guerre?

Autre remarque, tout aussi confondante : même si de Castries n'a pas circulé beaucoup dans le camp, il n'a pas pu ne pas relever que l'enfouissement des unités traîne trop, que les fortifications édifiées ne correspondent parfois que de très loin aux gabarits de sécurité qu'indiquent les manuels.

Vu dans son ensemble, le réseau des tranchées rassurerait par sa densité. Néanmoins, leurs caractéristiques sont très inégales. « Chez les légionnaires, souligne l'historien Pierre Rocolle, dans *Pourquoi Diên Biên Phu?*, elles reflètent leurs qualités traditionnelles de travail. Réalisées par des tirailleurs nord-africains ou, pis encore, par des Thaïs, elles ont souvent une profondeur insuffisante, et présentent de surcroît des alignements rectilignes contraires à toutes les règles. »

Dans ces boyaux-là, trop étroits également, les combattants européens devront évoluer à croupetons durant la bataille. Impossible, en outre, d'y circuler avec des brancards, pour évacuer les blessés sur les antennes chirurgicales.

Certains centres de résistance ont été bien conçus. Tel Isabelle. La qualité des agencements témoigne en miroir des connaissances du chef commandant les unités qui les aménagent. Les experts l'ont constaté sur Anne-Marie 4, avant la bataille. Le capitaine Michel Désiré tient ce point d'appui. Fils d'un méhariste qui connut le général François Laperrine et le père Charles de Foucault au Sahara, méhariste lui-même, il a organisé sa taupinière de façon exemplaire. Comme il le faisait sur les pitons africains avec son goum. Or, il a obtenu ce résultat de sa 9e compagnie, qui appartient à l'un de ces corps des plus décriés par l'état-major à Diên Biên Phu : le 3e Thaï. Une place forte en étoile, la plus belle du camp. La preuve, s'il le fallait, que ce sont les bons veneurs qui font les bonnes meutes.

Il n'en est pas allé partout ainsi. Quand le bataillon de Bigeard reviendra à Diên Biên Phu et se verra attribuer le piton Eliane 4, qui domine d'une cinquantaine de mètres la rivière Nam Youm et la position centrale, ses officiers se plaindront, à juste titre, de nombreuses malfaçons : « Une tranchée circulaire le délimite, reliant les emplacements de combat et les positions d'armes lourdes. Des réseaux de barbelés plus ou moins astucieusement construits constituent les défenses extérieures. Mais impossible de tenir la crête militaire (c'est-à-dire la ligne d'où l'on peut voir le pied de la pente). De même, le cloisonnement est inconnu. En outre, les matériaux les plus hétéroclites couvrent les accès en projet ou en pointillé, ainsi que les emplacements importants. »

« Le défaut le plus sensible de cette fortification de campagne, précise Rocolle, était la protection insuffisante donnée aux abris, et cette faute allait avoir de funestes conséquences dans les premières journées de la bataille de Diên Biên Phu. »

C'est durant toute la bataille que les troupes du camp retranché paieront en ricochet dramatique les insuffisances de ces défenses. Le nombre croissant des victimes, en courbe exponentielle, l'aspect des blessures, multiples, de plus en plus horribles, en témoigneront.

Pourtant, dès la fin décembre toutes les unités présentes ont reçu une note du colonel Legendre, commandant le génie au Tonkin. Elle conseillait de concevoir les cagnas avec des rondins, de la terre, des pierres ou de la tôle empilés en millefeuille sur près de deux mètres, seul moyen d'offrir une parade valable aux coups des 105. Elle précisait que les bois devaient avoir un diamètre de 0,15 mètre au minimum, que les portées entre chaque appui ne devaient pas dépasser 2 mètres. Or, certaines unités n'ont employé que des grosses branches, même des bambous, voire des planches arrachées aux caisses de ravitaillement. Elles ont aussi souvent remplacé la couche d'éclatement par de simples sacs de terre ou, pis, par de la terre tassée.

Pour sa part, le médecin-lieutenant Thuries a fait respecter ces « normes Legendre » au cœur de son Antenne chirurgicale 29, installée à une quarantaine de mètres du PC. Le service de santé lui a livré, il est vrai, les matériaux appropriés. Des éléments de tôles cintrées, des madriers, des planches, des équarris, des profilés, même des pointes : 25, 350 tonnes au total. Il a obtenu également un labeur sérieux des légionnaires, des sapeurs très spécialisés dans les travaux de terrassement. Qui servent superbement quand on sait l'imposer.

Une tranchée donne accès aux trois salles de travail, disposées en trèfle. A droite, le bloc opératoire. Enterré sous un bouclier de deux bons mètres d'épaisseur. Une quinzaine de mètres carrés de superficie. Le plafond, formé par des bastings accolés, que soutiennent deux très gros piliers, ainsi que les parois, sont tendus de toile blanche, des voilures de parachutes. Plusieurs couches de sacs de jute isolent le sol. Au centre de la pièce, la table d'opération, parée de sa toile cirée immaculée, qu'éclairent, aux extrémités, deux scialytiques américains à parabole orientable. Contre les murs, des tables pliantes supportent les diverses boîtes à chirurgie; celles qui servent pour les interventions sur l'abdomen, le crâne, les os, les parties molles. D'autres coffrets contiennent les bistouris, les seringues, les pinces et différents accessoires. Près de la table, le matériel d'anesthésie. Avec son obus à oxygène, les flacons métalliques d'éther, le penthotal, les ampoules de morphine, adrénaline, syncortyl et coramine, soit tout l'arsenal destiné à protéger l'opérer de l'agression que constitue l'intervention. Dans un angle, d'autres médicaments et instruments, ainsi que les tambours de linge.

A gauche, la salle de réanimation, vaste rectangle d'une quarantaine de mètres carrés, est protégée de manière identique et tapissée de lamelles de bambou tressé. Le long de l'une des parois, quinze lits de toile, dont dix superposés, tous équipés d'obus à oxygène munis de leurs mano-détendeurs. Près de l'entrée, deux caisses isothermes : la réserve de sang, dans sa glace renouvelée chaque matin, apportée par avion. En face, une longue table. Elle porte tout l'équipement et les boîtes des diverses substances pharmaceutiques qu'impose la mise en condition de survie.

Le troisième local, au fond, celui de la radiologie, le plus petit, abrite un Picker gros modèle, appareil de radioscopie d'origine américaine, moderne et aisé à manipuler. Il provient du centre médical de Laï Chau; le médecin-colonel Dumas l'a fait transporter à Diên Biên Phu par avion, dès le début de décembre. Là, encore, des caisses, des paniers le long des parois; des réserves de matériel et de médicaments.

Si Thuries a obtenu des sapeurs qu'ils protègent convenablement cet ensemble médical, il n'a pas assez insisté, en revanche, pour qu'ils préservent de la même manière les dépendances de son antenne.

La tranchée sur laquelle débouchent le bloc opératoire et ses satellites est à ciel ouvert. Certes, elle est profonde : un peu plus de 2 mètres; et large : un bon mètre. Mais il s'agit d'un couloir essentiel. Long de 40 mètres, il dessert des chambres d'hospitalisation; 4 tanières souterraines, en fait, mesurant 4 mètres sur 2, pourvues d'une quarantaine de lits, au total. A proximité, le logement du chirurgien. La sortie nord de cette tranchée exposée mène à une vaste plate-forme en quart de cercle. De nombreux locaux sur ce forum : le cabinet du dentiste, Eugène Riccardi, un Niçois qui appartient au corps des Cafaeo; le magasin général des réserves de l'antenne, le réduit réservé aux trois groupes électrogènes, l'antre du stérilisateur, la popote, le réfectoire du personnel, son dortoir. En bout de l'esplanade se trouve le centre de triage où arrivent les blessés. Lui aussi est offert aux coups de l'ennemi... C'est une longue cavité, 100 mètres carrés, à l'air libre, que surmonte une tente. Un dérisoire parapluie.

Christian de Castries et ses adjoints avaient en charge de veiller à ce que le camp soit fortifié de façon appropriée pour les soldats. Ainsi que l'antenne. Et chacune des infirmeries de bataillon. Ces services sanitaires devaient tous être aussi solides que le blockhaus qu'avait spontanément édifié Jean-Louis Rondy, pour ses légionnaires du 1er Bep. Le camp de Diên Biên Phu subira un siège. L'un des plus âpres depuis que l'homme cultive les moyens de massacrer en gros.

Durant cette période que l'historien Rocolle a baptisée « l'attente stratégique » – elle rappelle celle que d'autres exégètes appelèrent la « drôle de guerre », en France, en 1939 et 1940, pendant laquelle l'armée cantonna, l'arme au pied, tandis que le général allemand Heinz Guderian préparait le rush de ses chars, principale force offensive de la Wehrmacht – Diên Biên Phu devient, il est vrai, l'endroit le plus visité d'Indochine. Chaque jour, ou presque, des Dakota qui se posent sur la piste débarquent des personnalités venues de France ou des États-Unis. Elles viennent se rendre compte de l'état d'avancement des travaux, ou de la conception du système défensif.

« Cela ressemble à un circuit organisé, écrira Erwan Bergot dans *Les 170 Jours de Diên Biên Phu*. Dès la descente de l'appareil, au pied duquel un piquet d'honneur, généralement légionnaire, présente les armes, les VIP sont conduites au PC du colonel de Castries qui, sur une vaste carte punaisée en bleu, rouge et jaune, leur fait un exposé de la situation. Puis en convoi, trois ou quatre Jeep parcourent les pistes et escaladent les collines. (...) Ensuite, vers 4 heures de l'après-midi, les avions repartent et Diên Biên Phu retourne à sa solitude et à ses préoccupations. »

Ces VIP? Des ministres, tel Marc Jacquet, secrétaire d'État chargé des relations avec les États associés, ou René Pleven, ministre de la Défense nationale. Des députés et des sénateurs. Quelques généraux chenus mais influents. Des officiers américains. Le lieutenant-colonel Jules Gaucher, un briscard de la Légion, qui s'est déjà battu ici en 1945 contre les Japonais et qui commande à présent le Groupe mobile n° 9, les guide sur ordre, avec un agacement grandissant. Lassé par leurs propos, sempiternels : « La France compte sur vous »; « Croyez-vous que ça tiendra? » Les plus paisibles? Les Yankees; ils approuvent la présentation en silence mais mesurent avec un bâton l'épaisseur de la terre recouvrant certains abris.

A jouer, de son côté, le maître du château avec ses hôtes illustres, les manches de sa chemise relevées, le col ouvert sur son foulard de soie rouge, comment de Castries ne serait-il pas grisé? Il ressent un formidable sentiment de puissance et rayonne. A tous, il assure avec un aplomb qui a dû finir par le convaincre lui-même qu'il tient une place forte imprenable.

A deux reprises au moins, Navarre, qui multiplie les tournées à Diên Biên Phu et ne cèle pas son inquiétude, sera tenté de faire évacuer le camp. Cogny et de Castries l'en dissuaderont. Il reviendra à la charge et proposera alors de renforcer la garnison, avec trois bataillons d'élite. Mais de Castries, décidément très sûr de lui, refusera cet appoint pourtant vital, arguant qu'il insérerait avec peine ces unités supplémentaires dans son dispositif déjà fort ramassé. « Ce sera dur, mon général, ajoutera-t-il, mais il n'est pas question qu'on ne tienne pas. »

Pas très logique, en l'occurrence, la raison invoquée par de Castries. Parce qu'une envie le démange : se débarrasser justement de trois unités. Qui auraient pu ainsi être avantageusement remplacées. Usant du prétexte que des soldats déserteurs du 301e Bataillon vietnamien, celui qui avait été évacué de Laï Chau sur Diên Biên Phu, ont dû passer au Viêt-minh et le renseigner, il obtient de Cogny que cette troupe soit transférée à Muong Saï, au Haut Laos, à 125 kilomètres à vol d'oiseau, dans le sud-ouest. Il aurait volontiers étendu la purge aux deux bataillons thaïs qui ont été intégrés dans le Groupe mobile 9, puisqu'il doute de leur valeur au combat. Mais Cogny refuse, bien qu'il partage cet avis, comme d'ailleurs beaucoup d'autres officiers. Parce que Diên Biên Phu est en pays thaï, il tient à ce que ces autochtones participent au combat, ne serait-ce que de façon symbolique... Ce que certains feront d'une manière hautement exemplaire, avec une rage qui égalera celle des unités les plus éprouvées !

Une autre décision de l'état-major témoigne de cette prise en considération inédite de la population locale : encore un acte d'expulsion. Mais qui concerne, cette fois, Deo Van Long et ses proches. Le président des trois royaumes thaïs est évacué dare-dare en avion à Hanoi, avec sa suite. Parce qu'il se montre fort encombrant à Diên Biên Phu, depuis son repli de Laï Chau. Ne s'est-il pas avisé que, depuis 1952, la population du cru n'avait plus payé d'impôts puisqu'elle était passée sous le contrôle du Viêt-minh? Il a donc voulu rétablir la dîme, suscitant une vive opposition.

L'exil de Deo Van Long et de ses gens contribue à restaurer la sérénité dans la vallée. Un calme très illusoire, cependant. Autant que ces efforts tardifs et vains déployés par le haut commandement auprès d'une communauté déjà passée au Viêt-minh. Cela se mesure au fait qu'elle ne renseigne plus les quelques spécialistes du SR français. Elle doit en dire en revanche beaucoup plus à l'ennemi que ne purent probablement le faire les déserteurs du 301e.

Durant ce répit qu'accorde encore Giap aux assiégés, pour mieux préparer ses propres divisions, Rives, le médecin-chef opérationnel de Diên Biên Phu, a entrepris de parfaire l'organisation sanitaire du camp.

Première urgence : résoudre la question de l'eau, primordiale pour une troupe aussi importante. Elle ne peut provenir que de la Nam Youm, la rivière qui irrigue la plaine, qu'utilisent les autochtones pour tous emplois, depuis la nuit des temps. Rives a donc fait installer deux stations d'épuration dites diatomites, avec moto-pompes enterrées, en interdisant en amont les baignades et le lavage. La première, située à 200 mètres à l'est du PC, à l'intérieur des défenses du noyau central, assure un débit de 50 000 litres/jour. La seconde, au sud, intégrée au réseau défensif du point d'appui Isabelle, offre un débit de 15 000 litres. Une eau potable, cataloguée « assez bonne » selon l'échelle dite de Vincent, puisqu'elle contient moins de 20 coliformes par litre. De quoi satisfaire les besoins primaires de toutes les unités. Des citernes et des jerrycans sur les points d'appui permettent le stockage : deux journées d'autonomie pour chaque compagnie. En outre, un petit affluent de la Nam Youm, un ruisseau pérenne qui alimente le village de Ban Comy, à 3 kilomètres au sud-ouest du réduit central, et qui rejoint la rivière à 400 mètres au sud du PC, sert de point d'eau secondaire.

L'abondance des insectes et rongeurs de toutes sortes qui fourmillent à Diên Biên Phu, une conséquence de la configuration géographique et climatique de la vallée, éminemment favorable à leur reproduction et à leur multiplication, a constitué aussi un casse-tête pour le médecin-chef opérationnel.

Au cours de ses tournées dans le camp et ses alentours, Rives avait bien constaté que les rats pullulaient dans les hameaux thaïs, devenus de ce fait des réservoirs à virus. Il avait pareillement observé que les moustiques abondaient, notamment des anophèles. La menace du paludisme était manifeste. En conséquence, il avait alerté les médecins et les chefs des bataillons. Pourtant, la majorité des unités ont continué à bouder la moustiquaire, à négliger la propreté dans le voisinage de leurs cantonnements. Cela a valu à Rives une remarque sèche du médecin-colonel Le Gac, épidémiologiste-consultant en Indochine, au terme d'une inspection au dépourvu. Il a encaissé puis tanné en retour le sergent Rerolle, spécialiste de la désinfection. Depuis lors, celui-ci, malgré les protestations de certains, disperse partout sa chimie *larga manu* : le DDT et le néocide, le crésyl et le chlorure de chaux. Il déverse ses cocktails assisté par un légionnaire et quatre coolies, des prisonniers internés militaires, des Viets, prélevés sur le contingent de ces 2 000 Pim intégrés à la garnison afin de participer aux travaux et corvées du camp. Les effets bénéfiques de cet assainissement commencent à se faire sentir. Les médecins de bataillon signalent un recul net des maladies qui découlent du manque d'hygiène et de prophylaxie.

De même, Rives a dû se préoccuper de la capacité hospitalière de l'ensemble du camp. Chacune des dix infirmeries de bataillons est à présent dotée de dix brancards, suspendus aux parois des abris, afin que les médecins et leurs aides puissent circuler dans les cagnas. Sur réquisition, malgré les protestations des lieutenants-colonels Keller et Guth, adjoints du colonel de Castries, une dizaine des terriers fortifiés du Groupement de commandos mixtes aéroportés, implanté à proximité de l'antenne chirurgicale, ont été aménagés en locaux sanitaires complémentaires, aptes à recevoir cent blessés. Au total, les lits d'hospitalisation de l'antenne compris, la garnison pourra compter sur 243 places couchées. Ce quantum semble encore faible à Rives, qui le signale par note, à Hanoi : « Les infirmeries et l'antenne seraient saturées en cas d'attaque massive si, d'aventure, la piste d'atterrissage venait à être bloquée pendant quelques journées. »

Tirant parti de ce sursis inespéré mais bienvenu que prolonge Giap, le service de santé procède à un remaniement d'effectifs. Ainsi, Rives, rappelé à Hanoi, s'apprête à léguer son poste de médecin-chef opérationnel de Diên Biên Phu à Pierre Le Damany. Guy Calvet succédera à ce dernier comme médecin-chef du point d'appui Isabelle, au sud de la vallée. Émile Pons prend la suite de Calvet comme médecin de bataillon du 2e Tirailleurs algériens à Isabelle. Defayolle, muté, regagne la capitale du Tonkin, remplacé par Lucien Aubert au 3e Tirailleurs algériens. Thuries, malade, envoyé au repos à l'arrière, confiera provisoirement son Antenne chirurgicale 29 à Paul Grauwin.

Le médecin-commandant Grauwin, la quarantaine sonnée, ne fait cependant pas son âge. Parce qu'il soigne sa prestance, lissé, le crâne rasé, la coquetterie des chauves précoces. Il porte l'uniforme, mais savamment coupé. Le chic, à l'anglaise. Même ses lunettes sont dans le ton, montures ultrafines, la vogue à l'époque. Un hédoniste, disent ses confrères. Au demeurant, c'est un chirurgien confirmé. Il appartient au Cafaeo. Tel le médecin Staerman, déjà à Diên Biên Phu, et d'autres qui exercent ailleurs. Volontaires. A souligner encore. Sans lesquels la médecine militaire en Indochine ne pourrait assumer la totalité de ses missions.

Lors de la Seconde Guerre mondiale, Grauwin a servi dans la résistance. Comme beaucoup d'officiers du Corps Expéditionnaire; ceux de l'active, ou des réservistes, ou bien des assimilés – son cas. En l'occurrence il s'agissait d'un réseau britannique, qui recrutait dans le nord de la France, sa région natale. Achevant son internat à Lille, en 1943, il soignait subrepticement les combattants de l'ombre, des réfractaires du travail obligatoire, ainsi que des aviateurs alliés abattus. Ensuite, thèse passée et spécialisé en chirurgie, il n'a pratiquement plus travaillé que pour l'armée, multipliant les contrats en Indochine, à partir de 1947. Dans son dernier poste, à Nam Dinh, qu'il vient de quitter, il a côtoyé le médecin-lieutenant Pierre Barraud, qu'il retrouvera à Diên Biên Phu. En fait, Grauwin connaît beaucoup de gens, partout, notamment au Tonkin. Autant des militaires de tous grades que des praticiens du rang et de l'état-major. Son temps achevé au début de février, envoyé en demi-repos à l'hôpital de Haiphong, il attendait le bateau qui devait le conduire en métropole. Date prévue pour l'embarquement : 13 mars 1954. Un samedi. Qu'il n'oubliera plus, sa vie durant.

Le 8 février, mû par la curiosité, il avait pu survoler Diên Biên Phu à bord d'un avion cargo Packett effectuant un parachutage de matériel. Un privilège obtenu grâce à l'intervention du médecin-capitaine Vittori, médecin-chef de la base aérienne de Cat Bi, lequel l'avait recommandé au patron de cet aérodrome. Grauwin a gardé une impression désagréable, sinistre même, de ce bref passage au-dessus de la vallée barricadée. Pourtant, le 16, ce mois-là, quand le même Vittori lui signale que Dumas, directeur du service de santé au Tonkin, est en quête d'un volontaire pour relever momentanément Thuries, le temps que ce dernier puisse se rétablir, il ne se défile pas. Parce qu'il s'ennuie à Haiphong. La vacation ne devrait pas dépasser quinze à vingt journées, a précisé Dumas. Accord passé, Grauwin embarque le lendemain pour le camp retranché. Hélas ! l'homme et le sort ont souvent des projets différents ! Thuries, en effet, ne pourra reprendre sa place à temps. Et son remplaçant ne sortira de Diên Biên Phu que le 1er juin, terme de son voyage impromptu aux frontières du néant.

Le 18 février, tandis que Grauwin parachève son installation présumée provisoire, le médecin-général Jeansotte fait sa troisième tournée à Diên Biên Phu, accompagné, cette fois, par Albert Terramorsi. Les rapports du chirurgien-consultant Claude Chippaux, qui est aussi venu à deux reprises examiner la position, n'ont guère rasséréné le patron du service de santé. Le camp retranché a fait ses comptes : depuis le début de l'opération « Castor », les forces de Diên Biên Phu ont déjà perdu l'équivalent d'un bataillon, et les cadres de deux bataillons, au cours des patrouilles sur les pourtours du val. Soit 520 blessés de guerre, 397 malades et accidentés, tous évacués. En outre, hormis les soldats tués au combat, une bonne soixantaine, 12 autres sont morts de leurs blessures à l'antenne, et ont été inhumés dans le cimetière de la base. Tous les médecins augurent de la violence des escarmouches que la bataille montera vite en puissance : « Nous y laisserons la peau et les os. »

Jeansotte consacre son inspection à l'antenne et s'étonne auprès de Rives, occupé à passer les consignes à Le Damany, que la longue tranchée de desserte, ainsi que le centre de triage des blessés ne soient pas encore couverts. Il conseille de hâter les travaux, de presser le génie. « Nous devons tout envisager, insiste-t-il. En cas de blocage momentané des évacuations les médecins connaîtraient de sérieuses difficultés. Par conséquent, renforçons déjà le dispositif chirurgical. Une autre antenne sera transportée, dans deux jours. Il faudra la coupler avec celle-ci, afin de doubler la capacité de traitement présente. Mais je n'ose penser à ce qu'il adviendrait, si l'ennemi parvenait à nous interdire totalement l'usage de la piste d'atterrissage... » L'évidence, pourtant : la citadelle connaîtrait peu à peu l'engorgement sous la masse des blessés et des morts, ce qui asphyxierait sans rémission, jusqu'à les paralyser, les survivants.

Ponctuelle, l'Antenne chirurgicale mobile 44, une unité nouvellement créée et affectée aux forces vietnamiennes, débarque le 20 février, à 10 heures. Avec son matériel et son personnel au complet. Tous vêtus de neuf, du battle-dress au chapeau de brousse : le médecin-lieutenant Jacques Gindrey, le sergent-major Robert Levasseur, son anesthésiste, apprécié par tout le service au Tonkin pour sa compétence, le caporal-chef Marcel Bacus, le 2e classe Philippe Bescond, les caporaux Vu Van Thon et Nguyen Van Thanh, le 1re classe Doan Hoat; enfin, Kuat Duy Thiem, un 2e classe.

Gindrey, mince, blond, des lunettes, la moustache en brosse, fêtera son 27e anniversaire dans trois jours. Son berceau? Thorey-sous-Charny, en Côte-d'Or. Il compte dans sa famille une longue lignée de tailleurs de pierre. Beau métier. Que son père dut cependant abandonner pour cause de récession, se résignant à faire l'éclusier sur le canal de Bourgogne, pour les Ponts-et-Chaussées. Ce dernier, souhaitant un autre destin pour son fils, le confia tôt à l'armée, laquelle forge parfois, dès l'adolescence, des carrières sûres. Mais Jacques abandonna l'école militaire d'Autun, avec une escouade de condisciples, choisissant une aventure bien plus exaltante, la résistance, dans les maquis de l'Ain. A dix-sept ans. A la libération, le jeune Bourguignon regagna le bercail à galons, afin d'édifier sa vie. Navale? Saint-Cyr? Des voies royales, mais il ne pouvait y songer. Parce qu'il était myope. Et daltonien, de surcroît. Une découverte tardive : quand il peignait, l'herbe des prés était rouge et les cieux violets. Restait la médecine. L'armée a perdu un dynamiteur d'élite. Le service de santé allait gagner un remarquable chirurgien.

Études effectuées à l'école de santé à Lyon, Jacques Gindrey est devenu médecin en 1952. Dès la troisième année, lors du stage de chirurgie, ses maîtres, remarquant qu'il avait « une bonne main », l'ont encouragé à préparer cette spécialité. Diplôme en poche, même écho chez les professeurs au Pharo, l'école d'application de l'armée, durant les cours de dissection. En 1953, breveté parachutiste, reçu parmi les premiers de sa promotion, Gindrey a donc choisi à la fois la chirurgie et l'Indochine. Marié peu avant son départ, il n'a pas été séparé de son épouse : infirmière, Élisabeth s'était engagée également. Leur lune de miel n'a duré que le temps du voyage. Douze mille kilomètres, balisés par des sensations olfactives; le crottin de cheval au Moyen-Orient, la bouse de vache en Inde, les excréments humains en Asie. Parce que, sitôt arrivé à Saigon, Gindrey, happé par le service de santé de la place, plonge en stage intensif de préparation à la chirurgie de guerre.

Ils sont une dizaine, comme lui, qui reçoivent des cours accélérés, à l'hôpital Le Flem et à l'hôpital Grall. Sous la férule de précepteurs exigeants, tel le médecin-commandant Fabre. Une forte personnalité, doublée d'un grand talent. Fabre ne dispense qu'un enseignement pratique, puisqu'en trois mois il faut transformer en chirurgiens d'antenne opérationnels ces bleus. On les modèle, on les pétrit en séances continues, jusqu'à ce qu'ils acquièrent la même conception tactique et technique du traitement de l'urgence. Jusqu'à ce qu'ils usent des mêmes gestes thérapeutiques rapides, appropriés aux cataclysmes organiques qu'ils rencontreront.

Les thèmes abordés le plus souvent sont les drames vasculaires, les amputations. Ce qui sera fréquemment leur lot quotidien dans les postes sanitaires de l'avant. Comme les chirurgiens confirmés, qui participent aussi à ce « drill » pour perfectionner toujours plus leurs réflexes, les pieds-tendres planchent à tour de rôle à la fin de chaque conférence, l'équivalent des « colles » en faculté. On ne leur accorde qu'une demi-heure de réflexion avant qu'ils ne présentent leurs exposés, qu'ils expliquent comment ils agiront en antenne, qu'ils justifient les décisions qu'ils prendront, en fonction des cas cliniques qu'ils auront à traiter, et des moyens d'évacuation dont ils disposeront.

Un matraquage profitable pour Gindrey, doué. Quatre mois après son débarquement à Saigon, jugé bon pour l'exercice, on l'expédie à l'hôpital Lanessan, à Hanoi, avec mission de créer la 44, la première antenne chirurgicale mobile des forces vietnamiennes. Il n'a pas eu le temps de souffler, de visiter même la capitale du Tonkin. On vient de le déposer à Diên Biên Phu, à la tête de cet « outil » qu'il a engendré. Dans leur petit appartement, à Cholon, Élisabeth, enceinte jusqu'aux cheveux, selon l'expression consacrée pour signifier qu'elle va accoucher bientôt, attend leur premier enfant.

Tandis que Gindrey installe sa 44 dans le camp retranché, la mixant à l'antenne que dirige maintenant Grauwin, un autre jeune médecin est déposé quasi au même moment à Muong Saï, au Haut Laos : Ernest Hantz. Avec son Antenne chirurgicale parachutiste n° 5. Il doit assurer l'appui médical des troupes aéroportées envoyées dans la région par Navarre et Cogny, en vue de barrer la route de Luang Prabang à Giap.

Mince, élancé, regard aiguisé, Hantz, né à Chalon-sur-Saône en 1925, a de la race et du caractère. Le fruit de ces éducations qui misent plus sur la culture que sur le frein et l'éperon, qui polissent les générations, leur permettent de sauter les siècles. Bourgeoisie terrienne, du côté maternel. Intellectuelle, du côté du père. Celui-ci, professeur de mathématiques, désirait que ses enfants se vouent aussi à l'enseignement. Sa fille a comblé ses vœux puisqu'elle a professé à Mâcon. Mais Ernest a préféré la médecine. Dès l'enfance. En particulier, la chirurgie. Très réaliste, il s'est engagé en médecine militaire après avoir passé son bac, persuadé qu'en début de carrière le creuset de l'armée favorise le mieux et le plus vite la pratique du noble exercice.

Études à Lyon, donc, comme Gindrey. Ils se sont d'ailleurs connus dans les locaux de l'école de santé de l'époque, en bien mauvais état, où régnait encore l'ombre du tortionnaire nazi Klaus Barbie, qui avait installé là son quartier général, durant l'occupation de la capitale des Gaules. Ils ont participé aux mêmes chahuts, en bourgeron blanc. En treillis de saut, ils ont passé ensemble le brevet militaire parachutiste. Avec un an d'avance, puisqu'il est un peu plus âgé que Gindrey, Hantz a précédé celui-ci partout. Pour présenter sa thèse, entrer à l'école d'application du Val-de-Grâce, choisir la chirurgie et l'Indochine, subir l'entraînement forcené imposé aux recrues par « le père Fabre », et diriger une antenne. Pour se marier. Pour procréer, même. Son épouse l'a accompagné, pareillement, en Extrême-Orient; elle a cependant laissé leurs deux premiers enfants en métropole, dans sa propre famille. A cette particularité près, des destins parallèles. Qui se rejoindront à Diên Biên Phu. Qui s'égaleront en dévouement et s'épauleront, lorsque viendra le temps des terribles épreuves.

Si Hantz est à Muong Saï, après avoir pris part à une opération militaire au Cambodge avec son Acp 5, ce n'est pas seulement pour suivre les unités parachutistes qui crapahutent au Haut Laos. Le service de santé au Tonkin a prévu que son antenne servira aussi de relais d'évacuation des blessés de Diên Biên Phu, dans le cas où la voie aérienne reliant le camp retranché à Hanoi viendrait à être coupée.

Deux autres jeunes chirurgiens d'antenne, dont le parcours est identique à celui de Hantz et de Gindrey, Jean Vidal, originaire de Menton, et André Résillot, autre Bourguignon, moins de trente ans eux aussi, s'apprêtent, de même, à l'arrière, pour le grand saut sur Diên Biên Phu. Voués à la même odyssée médicale. Lorsqu'ils seront tous réunis dans la vallée tragique, ils vont constituer un quatuor mordant, polyphonique, dont l'interprétation fera longtemps pièce aux effets des armes.

En ce mois de février, un autre personnage porte son sac à Diên Biên Phu. Michel Trinquand, un Parisien, natif de Cambrai, trente-neuf ans. Les militaires connaissent bien ce nom. Son père, général, a combattu avec de Lattre. Ses deux frères sont des saint-cyriens. L'un commande une compagnie saharienne à Tombouctou; l'autre se bat en Indochine. Lui-même, élève aspirant en 1939, a été réformé. A cause des séquelles d'un accident, qui lui avait démoli la jambe gauche, deux ans auparavant. Alors, il est entré au séminaire. Pour peu de temps : l'occupation venue, sa conscience l'a poussé à passer au maquis, dans le Limousin. Il y a guerroyé contre la milice, contre les reîtres de l'armée Vlassov. Cette province libérée, il s'est senti rappelé par la religion. Son foyer. Prêtrise au diocèse de Meaux, après ordination le 31 mars 1945.

Chez les Trinquand, on ne cesse jamais de se consacrer aux autres. Par devoir. Surtout quand un danger menace, où que ce soit. L'accroissement irréversible des risques pesant sur les Français en Extrême-Orient a miné le prêtre, dans la quiétude de sa paisible cure. A la fin de 1953, il est parvenu non sans difficulté à arracher à son évêque l'autorisation de s'engager comme aumônier. En revanche, obtenir de Mgr Badré, responsable de l'aumônerie militaire, son ticket pour l'Indochine, s'est fait sans peine : à l'image du corps de santé en Asie très pauvre en médecins, l'Église souffrait d'une crise de recrutement aussi forte dans l'aumônerie que dans les diocèses. Il lui fallait cent cinquante candidats pour assurer partout sa présence auprès des soldats; elle en avait moins de cent. Dès l'arrivée de ce postulant déterminé à Hanoi, en 1954, le père Pascal, un franciscain, l'a sur-le-champ expédié à Diên Biên Phu.

Affecté à la Légion, la 13e demi-brigade, Michel Trinquand fait son tour réglementaire de présentation : dans l'ordre, le colonel de Castries, le commandant Vadot, chef de l'unité à laquelle il est attaché, le père Yan Heinrich, aumônier principal du camp, les pères Guidon et Guerry, ses confrères. Puis, de sa propre initiative, il passe chez les médecins. En commençant par Le Damany, médecin-chef opérationnel. C'est à leur côté, estime-t-il, qu'un aumônier peut être le plus utile; à tout moment, ils affrontent le malheur.

A la fin du mois de février 1954, l'atmosphère change insensiblement à Diên Biên Phu. D'abord, les avions ne conduisent plus de visiteurs au camp retranché. Au centre médico-chirurgical, on enregistre beaucoup moins d'entrées pour cause de maladies. En revanche, le nombre des blessés de guerre croît sans cesse. Ce qui dénote une accélération des activités militaires. Pour sa part, le service de santé a fait parvenir une dotation supplémentaire de deux cents brancards.

A l'antenne médico-chirurgicale, qui tourne maintenant à plein régime, Grauwin et Gindrey se sont réparti les tâches.

Le premier, expérimenté, assure le rôle de trieur. Se faisant assister par une partie du personnel de l'Antenne mobile 44 : le caporal Bescond, les infirmiers Thon, Thanh, Hoat et Thiem. Une fonction capitale. Quand les victimes sont brancardées sous la tente où une quarantaine de lits ont été dressés, c'est à Grauwin de jauger sur l'instant la gravité des lésions et de programmer les urgences, sous forme de secours médical ou chirurgical, de décider quelles atteintes imposent l'évacuation ou bien l'intervention immédiate. De dresser en outre le planning des soins généraux. Une lourde responsabilité.

A Gindrey, le « bistouri », défenseur de la vie des blessés, qui ne quitte pratiquement plus le bloc, la charge d'assumer l'ouvrage, de se battre contre la montre et l'échec. Il doit lancer et surveiller les réanimations, conditionner ceux qui seront évacués, opérer si l'état alarmant de certains patients l'impose, traiter les blessures de ceux qui pourront rejoindre leurs unités, et mener à terme toutes ces interventions dans le minimum de temps. Robert Levasseur l'assiste à l'anesthésie. Le sergent Paul Deudon assure la charge d'aide-opérateur, place des ligatures sur les petits vaisseaux, écarte les tissus coupés pour laisser apparaître les tissus sous-jacents. Marcel Bacus lui passe les instruments appropriés à ses gestes opératoires. Et le caporal-chef Kabbour s'occupe de la stérilisation de son matériel, du linge nécessaire. Évidemment, le trieur et le chirurgien s'aident mutuellement quand le besoin l'implique. Une coopération de tous les instants. Essentielle.

Les médecins de bataillon sont également en alerte au sein des unités auxquelles le corps de santé les a affectés.

Au nord du camp, Cyrille Chauveau sert chez les tirailleurs algériens du 5/7e, au point d'appui Gabrielle. Jacques Leude, à Béatrice, est avec le 3/13e Dble. Sauveur Verdaguer? Au 3e Thaï, sur les collines Anne Marie.

Au centre, près du PC, Le Damany, médecin-chef opérationnel, cantonne avec le commandement du Groupe mobile 9. Lucien Aubert est attaché au 3/3e Tirailleurs algériens, qui tient les Dominique. Jean Dechelotte et le 1/2e Rei campent sur les Huguette. Henri Prémillieu a aménagé son poste sur Eliane 2, avec le 1/4e Tirailleurs marocains. Sur les Claudine, Léon Staerman et le 1/13e Dble. Deux unités protègent le PC et l'antenne chirurgicale : le 8e Choc, avec Patrice de Carfort, et le 1er Bep, avec Jean-Louis Rondy. A proximité, Pierre Barraud, avec le 2e Thaï.

Au sud, Guy Calvet giberne près du PC du lieutenant-colonel Lalande, patron à Isabelle. A ses côtés, Gérard Aynié, au 3/3e Rei, et Emile Pons, le nouveau médecin du 2/1er Tirailleurs algériens.

S'il fallait une preuve que la veillée d'armes s'achève, les patrouilles qui se risquent aux alentours du camp la découvriraient dans les hameaux. La population locale a disparu. Probablement avertie par le Viêt-minh. Elle s'est volatilisée, en emportant sa basse-cour, ses porcs noirs, son cheptel, ses instruments aratoires, ses provisions. Dans les paillotes, désertes, ni nattes ni ustensiles, les coffres à riz sont vides. Le néant. Par myriades, des puces affamées ont assailli les soldats.

5

La pression monte à Diên Biên Phu

Pendant les deux premiers mois de 1954, les événements ont démontré que Giap l'a emporté sur Navarre, en stratégie. Il l'a manœuvré, en effet. Tout en encerclant Diên Biên Phu de manière pressante, le général viet a envoyé un élément lourd de son corps de bataille, la division 308, randonner au Haut Laos. Une façon de signifier qu'il pouvait à son gré tourner le verrou français planté en Haute Région. Ce qui a contraint le commandant en chef du Corps Expéditionnaire à expédier en hâte des troupes aéroportées au-devant de cette unité, pour la stopper sur la route de Luang Prabang. Giap voulait-il percer vraiment, s'emparer du Laos à ce moment ? Nul ne le sait. En tout état de cause, il a promptement rameuté ses réguliers autour du camp retranché, au début de mars. Annonçant de la sorte à Navarre qu'il menait toujours le jeu. Qu'on ne lui referait pas la farce d'une évacuation surprise comme à Nasan. Que son but consistait à en découdre là. A son heure. Et que cela ne tarderait plus. Les occupants de Diên Biên Phu l'ont compris à leurs dépens, durant les dernières journées du sursis de moins en moins trompeur qu'il leur a concédé.

Ainsi, le 5, de Castries a cru possible de programmer une nouvelle sortie. Elle a mobilisé deux bataillons de parachutistes, le 8ᵉ Choc et le 1ᵉʳ Bep, confiés à Pierre Langlais. Objectif : tâter l'adversaire sur les crêtes, à l'est, chercher à l'occasion le canon jap, qui poursuit son harcèlement périodique. La veille, l'aviation a traité au napalm les montagnes concernées. Puis, la nuit venue, les artilleurs de Diên Biên Phu ont effectué une préparation des plus classiques sur ces mêmes mamelons : des salves toutes les demi-heures. Toutefois, ni l'essence plombée au sodium ni les obus n'ont paru affecter les Viets qui occupaient le site. Enterrés profondément, beaucoup plus nombreux que ne l'escomptait de Castries, ils ont attendu les paras. Matraqués au mortier, grenadés à profusion, ce sont ces derniers qui ont dû décrocher ; l'enjeu ne valant pas encore le sacrifice.

L'ultime opération extérieure de la garnison cernée, car il n'y en aura plus, a fait long feu. Elle a montré que ces abords du val sont également truffés de casemates. Une confirmation payée cher : 13 morts et 98 blessés. L'hélicoptère en a recueilli 12, gravement atteints. Parmi eux le capitaine Cabiro, du 1er Bep, le légendaire « Cab », officier de la Légion d'honneur à 27 ans. Le médecin Jean-Louis Rondy, qui a accompagné son bataillon, a épinglé un carton jaune sur le battle-dress du blessé ; la fiche réglementaire d'évacuation de l'avant : « Fractures ouvertes aux deux jambes par grenade. Morphine. Pénicilline, 500 000 unités. »

Rondy s'est gardé de poser des garrots ; il a employé des pansements compressifs. Les praticiens des urgences n'ignorent pas que ces liens improvisés sont inefficaces sur les segments de membre à deux os, l'avant-bras ou la jambe, ce qui empêche la striction suffisante. Ils se méfient en outre de ces tourniquets, dont l'usage ne s'impose que pour arrêter des hémorragies artérielles, mais que l'on doit desserrer obligatoirement toutes les heures, et ne jamais laisser en place plus de six heures, sous peine de provoquer des dommages irréparables. Or, les victimes ne peuvent pas toujours être escortées jusqu'à l'hôpital ou, en l'occurrence, une antenne, par des initiés sachant respecter ces impératifs.

Tandis que Gindrey, aidé par son équipe, prend en charge les soins qu'exigent les blessures de la plus grande partie des traumatisés, Paul Grauwin, qui a connu Cabiro en 1947, au temps où celui-ci était sous-lieutenant à Nam Dinh, a tenu à s'occuper du jeune officier.

« Cab » a perdu beaucoup de sang. Son pouls, accéléré, est très mal frappé, difficile à prendre. Sa tension, très pincée, baisse point après point. Elle s'effondre. Les lèvres du jeune officier sont décolorées. Des signes qui indiquent qu'il glisse en état de choc, ce qui traduit la montée d'une détresse circulatoire aiguë. Un cas qui impose la réanimation.

Grauwin commence l'action de secours par l'injection d'un mélange de Phénergan et de Dolosal, afin d'apaiser la souffrance du blessé, de susciter un relâchement des tissus contractés. Puis il passe au « remplissage », destiné à compenser la perte sanguine. Il fait perfuser du plasma liquide, une poche à chacun des bras !

Pendant ce temps, les infirmiers préparent la transfusion qui suivra : du sang conservé. Qu'il faut réchauffer au préalable, puisqu'il sort de la glace. Trop froid, l'apport sanguin entraînerait des complications respiratoires secondaires. Des digitaliques, des vasodilatateurs, des adrénergiques, la chimie de la survie, sont également injectés, suivis par du sérum antigangréneux et par des antibiotiques.

Tension toujours très basse. Malgré ces parades, elle ne décolle pas. Grauwin s'inquiète, presse l'allure. Le recours au sang, maintenant à bonne température, suffira-t-il? Deux flacons, réglés à deux gouttes seconde. Cabiro s'agite, murmure, se croit encore au combat. Le médecin fait injecter une autre dose de Phénergan-Dolosal pour le calmer. Au troisième flacon de sang, seulement, la tension commence à remonter. Très lentement. D'autres indices, perceptibles au stéthoscope, montrent que l'organisme du jeune blessé réagit enfin. Cela se voit aussi aux lèvres qui se colorent, aux pommettes qui rosissent. La première manche semble gagnée. Rassuré, Grauwin peut, dès lors, passer à l'examen des lésions aux jambes.

Deux pauvres choses, dilacérées par des éclats, des pieds jusqu'aux genoux. Les tibias, les péronés paraissent brisés en plusieurs endroits. Heureusement, le sang qui suinte est veineux; des vaisseaux artériels lésés auraient imposé l'intervention, en urgence.

Redoutant un autre choc secondaire, irréversible, en mobilisant les fractures, Grauwin se borne à poser des pansements solides avec d'infinies précautions. Ensuite, il enserre les membres dans deux attelles, dites de Boeckel; des jambières postérieures et plantaires que réunissent des écrous. Aux chirurgiens de l'hôpital Lanessan de prendre la suite, à Hanoi. En attendant l'évacuation, il reste à stabiliser mieux la tension de Cabiro, avec du sérum glucosé perfusé, des tonicardiaques injectés. Et à prévenir, par le recours aux antibiotiques, un flamboiement infectieux, toujours possible avec des blessures souillées.

De leur côté, Gindrey et Levasseur, son assistant anesthésiste, décidement polyvalent, ont conditionné les autres blessés graves. A 18 heures, le 5 mars, ces douze rescapés de l'ultime sortie sont véhiculés jusqu'à la piste. Une demi-heure plus tard, on les installe dans un Dakota qui s'apprête à regagner la capitale du Tonkin. La convoyeuse de l'air les prend en charge. Elle emporte aussi leurs dossiers médicaux, hâtivement rédigés par le secrétaire de l'antenne, destinés aux médecins de Lanessan. Pour ces militaires, au moins, l'aventure à Diên Biên Phu a pris fin.

Durant une bonne partie de la nuit qui suit, Gindrey et ses gens apprêtent trente-deux des autres blessés de l'affaire des crêtes, en vue de leur évacuation le lendemain. Le Damany, qui organise ces « enlevés » vitaux, a, peu avant et par note à Hanoi, loué la compétence des gens de l'antenne. Ainsi que leur abnégation. Ils ont œuvré pendant vingt heures. Sans dételer.

Cependant, Le Damany fait aussi savoir à Terramorsi – lequel succède déjà à Dumas, à la direction du service de santé – qu'il faudrait envisager un renfort chirurgical. Deux antennes, au moins, pour le centre de résistance, au cœur du camp. De la sorte, les chirurgiens se relaieraient en continu, assureraient des gardes de huit heures, à tour de rôle. Comme les ouvriers dans les usines. En cas de bataille rangée, les trois ateliers chirurgicaux servis simultanément permettraient également de tripler le rendement.

Le médecin-chef opérationnel suggère en outre à Terramorsi de pourvoir Isabelle d'une antenne particulière. Ce point d'appui, qui est quasi isolé au sud, bénéficierait ainsi d'une autonomie médicale. Justifiée par l'effectif de la garnison tenant cette petite forteresse : quelque 2 000 hommes. De même, l'évacuation de ses blessés devrait pouvoir se faire directement sur Hanoi, avec un relais à Muong Saï. Pour l'heure, elle est dans l'obligation de les envoyer sur le centre de résistance à Diên Biên Phu. Ce qui implique, chaque fois, une ouverture de la route avec protection militaire. Des contraintes préjudiciables pour tous.

La semaine suivante, la pression monte à Diên Biên Phu. Le débit du pont aérien croît sans cesse. Avec posés d'appareils et parachutages. Cela, en dépit des tirs de la DCA viet, qui, maintenant, se manifeste.

Quand le plafond est par trop bouché, le personnel de la base fait grimper du sol un ballon météo rouge jusqu'au-dessus des nuages. Lorsque les ravitailleurs du ciel l'aperçoivent, ils font larguer leur cargaison à 200 mètres sur sa droite. L'astuce fait sourire Henri Bourdens, l'un des aviateurs de la compagnie Aigle Azur, qui participe au rodéo des nuées; c'est la copie conforme de celle qu'il avait suggérée, quinze jours plus tôt. Les autres pilotes, qui doivent nécessairement atterrir, croisent aux alentours, en attendant la moindre trouée dans la ouate qui facilitera la percée. Malgré la pagaille sur la piste.

Un avion cargo Fairchild-Packett, qui appartient à l'escadrille des « Tigres volants » de Chenault, un ancien général américain reconverti dans les affaires, en particulier celles où les risques abondent et se paient en conséquence, s'est posé avec un moteur en feu. Un « Nord 1000 » de l'armée, train d'atterrissage fauché, l'a manqué d'un cheveu, terminant sa course par un « cheval de bois », une volte avec planté d'une aile dans la terre. Peu après, c'est un chasseur de l'Aéronavale, touché à son tour par la DCA, qui a achevé sa glissade hors de la piste par une mise en « pylône », dressé comme un arbre. Pour les aviateurs, il ne fait plus bon fréquenter trop le camp retranché. Certains, notamment parmi les pilotes civils, commencent à manifester un malaise caractéristique, que les médecins de leurs compagnies appellent le « syndrome Diên Biên Phu ».

Ainsi, le 11 mars, le canon jap, qui a continué à donner de la voix avec régularité, dans le concert des 37 mm antiaériens soviétiques, s'offre une cible de choix. Deux obus dans le Fairchild-Packett de la compagnie Chenault, immobilisé en bout du terrain d'atterrissage. Il s'embrase et brûlera durant plusieurs heures. La preuve, s'il en était besoin, que la pièce de montagne viet tire avec discernement. Et qu'aucun appareil, à présent, n'est hors de portée de l'artillerie ennemie en ce lieu présumé invincible.

D'autres nouvelles inquiétantes parviennent au PC, le même jour. Les légionnaires qui tiennent le point d'appui Béatrice confirment que les Viets poussent à grande vitesse des tranchées en direction de leur fortification. Impossible de les arrêter. Les patrouilles tentent bien de reboucher ces boyaux. Or ils sont ouverts de nouveau, peu après, aussitôt prolongés par d'autres tentacules. Les Viets protègent avec des mitrailleuses lourdes ce réseau envahissant, à mesure qu'il approche de la position. Déjà il entame les pentes à l'est et au nord. Le commandant de Mecquenem, qui tient Gabrielle avec ses tirailleurs algériens, signale simultanément que les abords de ses collines subissent un traitement identique.

Un autre « coup de chauffe » mobilise le centre médico-chirurgical du camp, le 12 mars. L'hélicoptère dépose 5 morts et 12 blessés graves. Les victimes d'une tentative de dégagement menée par une compagnie du 8e Choc, appuyée par deux chars, sur un mamelon qui surplombe Béatrice, où les Viets avaient concentré du monde. Les décédés sont portés à la morgue, qui avoisine l'antenne. Gindrey conditionne en hâte les rescapés pour l'évacuation, effectuée le jour même. Depuis le 1er mars, le jeune médecin bourguignon a traité 273 blessés et mené à bien 3 amputations. 242 d'entre eux ont été évacués. Les autres ont regagné leurs unités. Il sait maintenant ce qu'est le lot du toubib d'antenne. Il découvrira bientôt ce que put ressentir Dominique Larrey, le grand ancêtre du service de santé de Napoléon, devant sa méchante table d'opération en bois ruisselante de sang, à Eylau.

Nouvel impact en bordure de la piste, régulièrement pilonnée désormais. Cette fois, c'est un Curtiss-Commando que les artilleurs viets démolissent. Il appartenait depuis peu à la compagnie Aigle Azur, qui venait d'acquérir la flotte de la société Air Maroc. Le plus gros des bimoteurs de l'époque, deux Wright, délivrant 2 000 CV à chaque hélice. Une machine énorme. Capable d'arracher jusqu'à cinq tonnes de fret. La contenance de deux Dakota. Cet appareil avait pris part à l'histoire; il emmena Mohammed V, sultan du Maroc, de Rabat en Corse, lorsque la France déposa ce souverain, en 1953. Il stationnait à Diên Biên Phu depuis trois semaines, un moteur grillé. Enfin réparé, il s'apprêtait à décoller. Deux obus l'ont encadré de près et le troisième l'a détruit. Le personnel de bord a pu filer à temps. L'épave, en bordure de la piste, servira, pour peu de temps encore, de balise aux autres pilotes.

Le 13 mars, à 10 heures, un autre appareil d'Aigle Azur dépose des vivres pour le camp, ainsi qu'une vingtaine de paniers destinés à l'antenne; des médicaments, du matériel médical. Un lot provenant de l'intendance sanitaire, complété par des brancards et quarante cercueils. Ces bières sont périodiquement livrées depuis la Noël 1953, date du premier apport du genre. On les entrepose à la morgue, le vaste trou carré, à ciel ouvert, qui domine la pente menant à la rivière. Elles n'y traînent guère. En revanche, le cimetière, à proximité, s'agrandit. L'envoi du 13 mars est le plus important, à ce jour. Sans doute un apport jugé indispensable, à Hanoi. La date de livraison paraît cependant déplacée à certains dans le camp, à cause de la concomitance : c'est précisément ce samedi que Giap a choisi pour déclencher la bataille. Nul ne l'ignore à Diên Biên Phu. Ni ailleurs, dans les sphères autorisées. Même le moment est connu de tous : 17 heures.

Au contraire des journées précédentes, personne ne circule plus sans raison précise à Diên Biên Phu. Les unités sont en alerte. A l'antenne, Gindrey et Grauwin achèvent de conditionner au plus vite une quinzaine de blessés, atteints la veille; les uns à proximité de la piste, les autres sur les points d'appui du nord; ceux-là en état gravissime. Les ambulances les conduiront jusqu'au terrain où un Dakota, dont les moteurs chauffent, s'apprêtent à décoller. Il filera quelques minutes avant l'instant que tous redoutent et attendent. Un sentiment paradoxal, auquel sont habitués les vétérans.

Sur le point d'appui Béatrice, Jacques Leude, le médecin du 3e Bataillon de la 13e demi-brigade de la Légion étrangère, n'est pas encore aguerri. Ses infirmiers, cinq briscards, le mesurent au fait qu'il extériorise son impatience. Il a vérifié à plusieurs reprises sa dotation en médicaments et en brancards dans l'infirmerie, que jouxte son propre abri.

Leude vient d'avoir vingt-huit ans. Un Girondin mince, élancé. Il est né à Arcachon, où son père exerçait le métier de cheminot. Mais le berceau de la famille est à Bordeaux, où son grand-père était maître de chai. C'est probablement de cet aïeul que lui vient son goût spontané pour l'œnologie, une science dont il sait beaucoup de choses. Pourtant, il a préféré la médecine, autre penchant cultivé dès l'adolescence. S'il a choisi de la pratiquer dans l'armée, c'était pour apaiser, du moins il l'escomptait, sa troisième inclination, les voyages. Il ne fera pas de sitôt ces périples voués à l'altruisme, dont il a rêvé. Études à l'école de santé à Lyon, thèse soutenue en 1952, cours d'application au Val-de-Grâce, à Paris en 1953, il a opté pour la Légion cette année-là. Et s'est retrouvé au Tonkin, juste à temps pour participer à l'opération « Mouette », dans le delta, du 17 octobre au 7 novembre, avec la 13e. Son baptême médical, doublé de son baptême du feu. Un mois plus tard, on l'a aérotransporté à Diên Biên Phu.

Alors qu'approche le terme de cet après-midi du 13 mars, Leude se rend au PC du bataillon, contigu à son poste de secours. Le besoin instinctif de se rapprocher de ceux qui savent ce qu'est la guerre ; le commandant Pégot et son adjoint, le capitaine Pardi. Ils sont, parmi d'autres, les successeurs de ceux qui firent Narvik et Bir Hakeim avec la 13e, durant la Seconde Guerre mondiale ; la mémoire de cette célèbre demi-brigade, que dirigeait alors le général Magrin-Vernerey, dit Monclar. Ces officiers ne manifestent aucune angoisse. « Le premier choc sera pour nous, peut-être en même temps pour Gabrielle, avertit Pardi, qui grille ses cigarettes à la chaîne. Les tranchées viets l'indiquent. Et ça sera saignant. »

Pardi n'en précise pas la raison. Elle semble évidente. Le journal de marche du bataillon en témoigne, par ailleurs. Ce 13 mars, l'effectif de l'unité est des plus réduits : 450 hommes, seulement, aux emplacements de combat. Une section, soit un officier et 20 hommes, a été détachée au PC : la garde personnelle du colonel de Castries. Et le peloton d'instruction – une cinquantaine d'autres légionnaires – cantonne également dans le camp central. En face ? Deux régiments de la 312e division de Giap : le 141e et le 209e. Soit dix fois plus de monde, au bas mot. Ils ont quitté l'abri de la forêt. Pardi les montre à Leude. Les Viets, en uniformes verts et casques plats, s'engagent en fourmis dans les boyaux qui enserrent le point d'appui.

Soudain, à 17 h 15, tout s'embrase à Diên Biên Phu. Alors que beaucoup se rassuraient, presque convaincus que les augures s'étaient trompés.

« Une préparation d'artillerie d'une intensité inouïe, dira Erwan Bergot, d'autant plus terrifiante que rien, jusqu'ici, ne laissait présager sa démesure, écrase le camp retranché. Tous les canons de la division lourde 351 ont déclenché le feu, en même temps. Depuis des semaines, les observateurs viets avaient étudié leurs objectifs. Souvent, aussi, les pièces directrices de chacune de leurs batteries, avaient dû mêler leurs tirs à ceux du canon jap, accrochant ainsi des éléments de repérage. En un instant, Diên Biên Phu est écrasé sous les obus. Rien ni personne n'est épargné. Sont visés en priorité les alvéoles des canons de notre artillerie, les fouilles de nos mortiers lourds et le PC central et les PC des unités, reconnaissables de loin à cause de leurs antennes de radio. De même, le terrain d'atterrissage, les abris des chasseurs Bearcat alignés en bout de piste. Le bombardement constitue pour la plupart des hommes une effroyable et mortelle nouveauté. Dans leurs abris recouverts d'une mince couche de terre, les fantassins se tassent, assommés de stupeur. »

La position des mortiers lourds de Bergot, accrochée sur le flanc de Dominique 2, a été démantelée dès le début de ce déluge. Le caporal Drescher, les légionnaires Zaplotny, Kanderski, Runde et Schoch sont les premiers morts de la bataille. D'autres suivent immédiatement. Car une torpille viet pénètre dans une soute et fait exploser les 5 000 obus de mortiers qui y étaient entreposés. Un séisme secoue la colline, la décalotte littéralement. En une poignée de secondes, la moitié de l'effectif a été anéantie : 12 tués. Trois mortiers de 120 ont été également détruits. La moitié de sa dotation. Et les survivants continuent à subir l'infernal concassage.

Cette unité n'avait pas de médecin, seulement un infirmier diplômé, le légionnaire Voth, caporal-chef, qui se disait autrichien et possédait par chance de réelles connaissances médicales. Il commencera par envoyer ses blessés, pansés, sur l'antenne chirurgicale. Puis il assurera sur place le rôle de médecin trieur, de praticien tout court. Comme un professionnel. Manifestant de surcroît une compassion dont se souviendront ceux qui le virent assister jusqu'à la mort le caporal-chef Eckell. Il opérera même, dans la fournaise, réalisant une amputation dans les règles, ce qui sauvera la vie au légionnaire Gimber-Rous, un Espagnol. Lequel, à peine rétabli, continuera à servir dans la section de Bergot, lorsqu'elle sera reconstituée, au pied du point d'appui Éliane 1.

Ce 13 mars, à 17 h 30, Paul Grauwin, qui a passé la tête au-dehors, compte les obus qui pleuvent sur l'environnement immédiat du centre médico-chirurgical. Soixante par minute... Une densité comparable à celle des tirs d'artillerie qu'il connut lors des grandes attaques de 1944 en Normandie. Mais il cesse vite de s'intéresser aux événements qui se déroulent sur la plaine et sur les points d'appui en feu. De ce moment, en effet, son téléphone ne cessera plus de sonner.

Le premier appel émane de Carfort, un voisin, tout proche. Le médecin du 8e Choc indique que son unité, particulièrement exposée puisqu'elle est coincée au milieu d'objectifs que recherchent les Viets, a de nombreux blessés. Il annonce l'envoi de cinq victimes gravement atteintes. Puis c'est Rondy qui signale qu'il a douze blessés très sérieusement touchés au 1er Bep. Ensuite, Prémillieu. Et Barraud, Et Staerman. Et Aubert. Et Dechelotte. Et Chauveau. Enfin, Calvet, à Isabelle, au loin. Tous appellent, dans l'incapacité de contenir l'afflux des victimes qui débordent leurs infirmeries, déjà pleines. Réponse laconique et stéréotypée de Grauwin, à ceux qui sont dans les environs : « Envoyez ! Avec vos brancardiers. » Ne pouvant évidemment demander à Le Damany de faire sortir l'hélicoptère dans cette tourmente, il réserve les deux ambulances, qui tournent en noria, pour les positions les plus écartées.

Sur Béatrice, au début, Jacques Leude a observé sans ciller, comme hypnotisé, les retentissements du laminage qu'a réservé l'ennemi au site qu'il occupe. Le plus dense, ce jour-là. Ce qui montre bien que les Viets ont choisi les trois pitons du point d'appui comme premier objectif. Un cataclysme. Aux 105 et aux 75, qui martèlent comme ailleurs, se mêlent, en effet, les tirs tendus des canons d'infanterie des deux régiments de la 312e division. Sous les impacts, la terre se soulève, les tranchées s'effondrent, les parapets se volatilisent, les abris s'écrasent. Pourtant, les légionnaires, stoïques, ne bronchent pas. Ils attendent l'assaut.

Ce sont les appels des infirmiers qui interrompent la fascination qui subjuguait le jeune médecin. Il regagne l'infirmerie où les blessés, là aussi, se pressent. Il panse, il injecte des antibiotiques, de la morphine, à la chaîne. Bientôt, la marée des entrants emplit ses locaux, qui résistent encore. Elle s'épand dans les tranchées attenantes. Impossible d'évacuer qui que ce soit.

Absorbé par sa tâche, Leude n'a pu voir le drame qui se produit à ce moment au PC. Dont le bataillon pâtira. Un obus a percé le toit du poste de commandement puis a explosé à l'intérieur. Quand on conduit Leude sur les lieux, le médecin ne peut que constater la mort de Pardi. Pégot succombe peu après. Le 3/13e n'a plus de chef. Il ne peut non plus communiquer avec le camp; les postes de radio ont été pulvérisés. Impossible, désormais, de régler le tir de contre-batterie du centre de résistance sur les abords du point d'appui. Les artilleurs de Diên Biên Phu devront répliquer sporadiquement et au hasard. Faute de ce soutien capital à cet instant, ensuite lorsque les Viets jailliront de leurs tranchées, les légionnaires seront condamnés.

Sur les deux autres pitons de Béatrice, que domine celui du PC, la situation n'est pas meilleure, non plus. Là encore la plupart des officiers ont été tués, pareillement ensevelis dans leurs abris. Il n'en reste que quatre pour l'ensemble du bataillon, du moins ce qu'il en subsiste : le capitaine Nicolas, qui a pris le commandement, le lieutenant Madelain, le lieutenant Étienne Turpin, blessé, un coude éclaté, une lésion à la tempe, et Leude, dans son infirmerie où se serrent les moribonds. Où il continue à soulager, faute de pouvoir sauver.

Simultanément, une tragédie identique à celle qui a décapité le 3/13e s'est déroulée au cœur du camp. Un obus a pénétré par une ouverture d'éclairage dans la cagna qu'occupaient le lieutenant-colonel Gaucher et son état-major. Jules Gaucher, le thorax ouvert, bras et jambes fracassés, hors de portée de tout recours thérapeutique, est mort au terme de son transport à l'antenne chirurgicale. Deux lieutenants, Bailly et Bretteville, ont été tués sur place. Le commandant Martinelli est sérieusement atteint. Seul le commandant Vadot est indemne, bien qu'une gerbe de petits éclats l'ait touché à la poitrine. Cette fois, c'est le Groupe mobile 9, c'est-à-dire l'ensemble des forces du nord et du centre de Diên Biên Phu, qui n'a plus de responsable. De Castries confie sur-le-champ la charge à Pierre Langlais. Mais celui-ci n'a pas été davantage épargné : sa tanière présentait aussi un vice de construction; comme beaucoup d'autres, elle s'est effondrée.

Dès le début de l'attaque, Grauwin s'est efforcé de canaliser l'affluence des blessés au centre médico-chirurgical. Méthodique, il a d'abord fait emplir les chambres d'hospitalisation. Puis son propre logement et celui de Gindrey. Mais cela n'a pas suffi. Il a ensuite bourré la popote, et le réfectoire, et le dortoir du personnel. Même le local du dentiste. A son corps défendant, il a finalement dû se résigner à laisser installer les arrivants dans le centre de triage, – bien qu'il soit très exposé –, dont la tente a été lacérée par les éclats. Il n'a plus la moindre place. En revanche, ni lui ni Gindrey n'ont accepté de transiger à propos de la tranchée centrale, l'épine dorsale du dispositif médical : « Surtout, personne dans ce couloir ! » Une précaution, car le conduit est toujours à ciel ouvert. En outre, on doit pouvoir y circuler, y brancarder ceux qui doivent être acheminés d'urgence vers la réanimation, sur la salle d'opération.

Les entrants sont au moins 150. Tassés. Agglutinés. Leur nombre dépasse et de beaucoup la capacité normale de l'antenne. Les uns, étrangement apathiques, paraissent anéantis. D'autres geignent. D'autres s'agitent et crient. Deux équipes d'infirmiers, l'une menée par N'Diaye et l'autre par Bacus, passent d'abri en abri, enjambent les corps. Elles administrent à chacun des éprouvés l'injection de Phénergan-Dolosal, la potion magique qui calme la douleur, qui détend. « Dix piqûres par minute, une sorte de record », dira Grauwin.

D'un œil exercé, celui-ci a, pour sa part, mené le triage à bien à mesure que les brancardiers ont déposé à ses pieds leurs charges révulsées ou inanimées. Lachamp, le secrétaire, ne l'a pas quitté d'une semelle, durant l'exécution de cette sélection. Sans cesse dans ses pas. Emplissant avec conscience – sur ses indications – les fiches médicales qu'il a attachées sur les vareuses des patients. Des réflexes bien assimilés, encore respectés à la lettre. A chacun sa carte signalétique. A chacun son diagnostic. A chacun l'énumération des médicaments déjà reçus, celle des médications à venir et, le plus important, la décision prise. Pour beaucoup, l'intervention chirurgicale. Un acte que déconseillaient pourtant en antenne les caciques, lorsqu'ils ont établi les normes du comportement du médecin de l'avant, dans la quiétude de leurs services à Hanoi ou à Saigon ; des bouts du monde, au regard de la réalité qui naît à Diên Biên Phu. Des règles certes appropriées aux conséquences des affrontements sauvages mais limités, qui constituaient jusqu'alors le pain du soldat du Corps Expéditionnaire en Indochine ; inadaptées à l'horreur qui pointe à présent, dans ce val écarté en Haute Région.

Après les soins requis par l'état de leurs lésions, 70 de ces blessés des premiers instants de la bataille de Diên Biên Phu, seront en mesure de regagner les infirmeries de leurs bataillons, a jugé Grauwin ; leurs médecins respectifs les prendront en charge. Quelque 80 devront, en revanche, recevoir des traitements plus lourds, suivis d'une évacuation. Quand les Dakota parviendront à se poser... Une cinquantaine, au moins, seront à opérer au préalable. Grauwin a déjà repéré une dizaine d'abdomens, autant de thorax ouverts, deux crâniens, une quinzaine de fracas de membres. Les autres sont des polyblessés, dont le sort relève également du bistouri, car ils sont devenus aussi vulnérables que s'ils étaient en porcelaine. Le grand ch'timi a déjà envoyé à Gindrey, qui s'affaire avec Levasseur au bloc chirurgical, trois blessés au ventre et dix garrottés. Ces derniers devant passer en priorité, afin que diminue le risque qui les menace, la gangrène, et qu'on puisse éventuellement sauver leurs bras, leurs jambes.

Avant de plonger en salle d'opération, aux côtés de Gindrey, Grauwin risque un regard au-dehors. Le temps de fumer une cigarette. L'intensité de la canonnade viet baisse quelque peu sur la plaine. En revanche, son tonnerre roule toujours sur Béatrice, au nord. Les pitons du point d'appui, très visibles malgré la nuit, sont couronnés par un embrasement pourpre. Des fusées parachutées, larguées en continu par le Dakota baptisé « luciole », qui tourne au-dessus de la mêlée que l'on devine là-bas, illuminent la vallée comme au néon. Des fusées éclairantes, tirées sur Gabrielle, sur les Claudine, sur les Dominique, participent au brasier artificier, de même que, par intermittence, les flammes des pièces lourdes françaises pointées au septentrion, des dards éblouissants.

Cette fulguration débusque des détails que Grauwin remarquerait moins, peut-être, au jour plein. Ainsi à la morgue. Elle a aussi reçu sa provende en ce soir du 13 mars. Des corps amoncelés, emmêlés. Les uns enveloppés dans des voilures de parachute, d'autres ficelés dans des toiles de tente, d'autres dans des suaires gris fournis par l'intendance, d'autres dans leurs tenues de combat, figés en poses bizarres, tragiques. Plus d'une centaine. Le grand trou regorge, bondé.

Le téléphone, encore, arrache Grauwin à sa contemplation. Le Damany signale que Cyrille Chauveau, toubib du point d'appui Gabrielle, vient d'être blessé, qu'il le fait évacuer sur l'antenne, et qu'il l'a remplacé par Dechelotte, déjà en route pour prendre sa place auprès du 5/7e Tirailleurs algériens, très exposé sur ses pitons. Quelques instants plus tard, Chauveau est ramené par l'ambulance. Gindrey et Grauwin l'examinent ensemble, le premier très affecté, car le jeune médecin, un Vendéen originaire de Sallertaine, est un camarade de promotion; ils ont suivi les mêmes cours, participé aux mêmes dégagements, à Lyon. Chauveau a été atteint par un éclat au ventre. Le projectile a lacéré la paroi abdominale et, heureusement, ne l'a pas perforée. En revanche, d'autres impacts l'ont frappé à l'avant-bras droit, provoquant une fracture ouverte, bien vilaine. Pansé, perfusé, ce bras droit maintenu dans une attelle, Chauveau est inscrit sur le tableau de ceux qui doivent être évacués sur Hanoi.

Succédant lui-même provisoirement à Dechelotte auprès du bataillon de légionnaires qui tiennent les Huguette, assisté par Staerman, Le Damany se demande non sans angoisse ce que devient Leude, dans l'orage qui secoue Béatrice.

« L'enfer » est un mot souvent galvaudé. En l'occurrence, il sonne juste. Les quelques rescapés de ce point d'appui, des bérets kaki émérites, qui en ont beaucoup vu depuis qu'ils combattent en Indochine, en conviendront en chœur. L'assaut des Viets a commencé peu après 19 h 30. Et il se prolongera longtemps. Les deux régiments de la 312e division chargés de l'opération vont charger à la chinoise, sans paraître se soucier de ceux qui tomberont dans leurs rangs, les piétinant, avançant toujours. Ils fonceront concentrés sur deux secteurs, le nord et l'est, jusqu'à y faire éclater la résistance, visant à pénétrer dans le dispositif, afin de le pulvériser de l'intérieur. Les légionnaires contiendront d'abord ces torrents. Puis ils reculeront jusqu'au piton du PC, où ils tenteront de s'enterrer encore. Ils ne céderont qu'à 2 heures du matin largement sonnées, le 14 mars. Ils perdront de nombreux morts, plus d'une centaine. Conduits par le sergent-chef Bleyer, 65 survivants, dont la plupart fort mal en point, parviendront à se replier sur les lignes françaises. Les Viets captureront quelque 150 hommes, plus ou moins valides, ainsi que le médecin-lieutenant Leude, cueilli au milieu de ses blessés. Une centaine au bas mot. Parmi eux, le lieutenant Turpin, déjà frappé au bras et à la tempe, on l'a vu. Atteint une deuxième fois. Au visage.

Les Viets relâchent le jeune officier, deux heures plus tard. Porteur d'un message destiné à de Castries, autorisant les Français à venir récupérer des tués et des blessés, dans quelques heures. Il parvient à rejoindre le camp retranché par ses propres moyens, repéré au passage par les guetteurs de Dominique. Puis il se présente au commandant Vadot, son supérieur hiérarchique à ses yeux, depuis la disparition de Gaucher, et lui remet le pli destiné au colonel. Ensuite, seulement, il gagne l'antenne médicale et se confie aux chirurgiens.

Tandis que Gindrey et Grauwin soignent Turpin, l'état-major, à Hanoi, où la proposition de trêve est connue dès 7 heures, ne cache pas son trouble. Nul ne peut joindre le général Navarre. Cogny se méfie; jamais il n'a vu jusqu'alors le Viêt-minh user de mansuétude. Les rares suspensions d'armes antérieures pour cause humanitaire furent toutes précédées de tractations interminables, qui n'aboutirent exclusivement qu'à des échanges de combattants, dans des proportions toujours défavorables à la France : un soldat contre une compagnie. Cette offre sans contrepartie, au lendemain de la prise d'une position, lui paraît suspecte; il préférerait plutôt que de Castries lance une contre-offensive. Finalement, le général Gambiez endossera la responsabilité d'accepter l'étrange cadeau caritatif.

Peu après 9 heures, le 14 mars, Le Damany, qui a coiffé son képi de médecin-capitaine, prend donc la tête d'un petit détachement d'une dizaine d'hommes sans armes, tous des rescapés de la 3/13e demi-brigade, embarqués dans deux Dogde 6 x 6, arborant un pavillon blanc frappé d'une croix rouge. L'aumônier de cette unité, Michel Trinquand, s'est joint à eux. Il a reçu les derniers mots de Jules Gaucher, mourant, à l'antenne chirurgicale. Il tient à participer à cette relève; une affaire qui ne concerne que la Légion. Roulant au pas, les véhicules atteignent les abords de Béatrice à 10 heures. Un officier viet accueille l'escouade, la guide jusqu'au piton de commandement. Un voyage étrange dans un univers lunaire, bouleversé. Pas un soldat viet n'occupe la position. Ils ont dû travailler toute la fin de la nuit pour évacuer les morts et les blessés des deux camps, pour récupérer les armes et le matériel. Car il ne reste plus rien sur ce qui fut, il y a peu, un champ de bataille. Rien. Seulement des ruines, nettoyées, ratissées, qui paraissent attendre des archéologues. Le Damany en reste abasourdi. Au hasard d'un boyau, quand même, des cadavres oubliés, aux trois quarts ensevelis, dont celui du lieutenant Carrière. Les légionnaires les recouvrent. A 11 heures, une petite colonne viet sort de la forêt, au loin, et progresse avec lenteur. Au centre de la file verte, des porteurs de brancards. Le don des Viets : 3 morts et 12 blessés, très sommairement pansés, la plupart dans un état désespéré. Une poignée de misère.

Certains historiens, bien plus tard, débattront à propos de cette surprenante trêve. Une certitude; elle n'aurait jamais pu se dérouler sans l'assentiment de Giap; il a certainement commandé un stratagème de ce calibre, confiant à ses subordonnés le soin de l'organiser. Pierre Rocolle avancera une hypothèse des plus vraisemblables : le désir de Giap d'impressionner l'adversaire, en lui montrant un centre de résistance conquis en quelques heures; mais une bravade doublée d'une crainte, celle d'une contre-attaque; il en aurait évité le déclenchement par cette manœuvre, ce qui, de plus, lui donnait le temps de préparer un autre assaut, très prochain, car il lui fallait ramener une bonne part de son artillerie à proximité de son nouveau but. Gabrielle.

Séduisante, l'explication. Hautement probable. Le déroulement des faits qui suivront semblant la confirmer.

Quoi qu'il en soit, le 14 mars, le lieutenant Turpin a été évacué sur Hanoi. Vers 8 heures, donc bien avant que le détachement de Le Damany ne parte vers Béatrice, un petit bimoteur Siebel, piloté par le commandant Devoucoux, chef de l'escadrille de liaison n° 53, s'est posé, en effet, à Diên Biên Phu. Le premier atterrissage, depuis que la bataille a commencé. Un test de piste, en quelque sorte. Devoucoux n'est pas venu les mains vides : six litres de sang conservé et de la glace. Il repart peu après. Il a embarqué Turpin, pansé de tout frais, deux autres blessés, dont un Africain du 3/10 Rac, et Paule Bourgeade, la secrétaire du colonel de Castries.

Les douze blessés relâchés par les Viets viennent grossir le contingent des éprouvés à l'antenne chirurgicale, où Gindrey continue de s'affairer, rivé au bloc, ne tenant qu'au café parfois corsé de quelques gouttes de rhum. Il taille et tranche et coud, multipliant les interventions. Grauwin s'agite, demandant à Le Damany qu'il insiste, qu'il obtienne que l'on fasse enfin couvrir la tranchée centrale, le centre de triage.

Sur la piste, que rapetasse le génie, profitant de l'accalmie que semblent respecter les Viets, probablement occupés à concentrer leurs forces aux abords du point d'appui Gabrielle, un Dakota civil effectue un parachutage quasi réservé à l'antenne chirurgicale. Des paniers et des caisses. Contenant du plasma, du sang frais encore, des appareils à transfusion, des obus d'oxygène, des ampoules pour les scialytiques, de l'alcool et des boîtes à chirurgie, des pansements, du coton hydrophile et cardé, des attelles de Kramer et des attelles Thomas Lardenois, des antibiotiques, des pyjamas, des couvertures, des autoclaves pour le linge, des Poupinel pour stériliser à la chaleur sèche les instruments. Et quarante cercueils de plus, démontés, avec suaires confectionnés. Personne, cette fois, n'en contestera l'utilité.

Tandis que des infirmiers rangent ce matériel dans leurs soutes, d'autres conseillent les Pim. Ils aménagent à la hâte en chambres d'hospitalisation quelques-uns des abris du secteur voisin de l'antenne, celui qu'occupe le Groupement des commandos mixtes aéroportés. Des locaux qui furent déjà réquisitionnés par Rives, le prédécesseur de Le Damany, comme médecin-chef opérationnel, mais que les familles des commandos thaïs avaient réoccupés.

Au tout début de l'après-midi, ce 14 mars, d'autres Dakota survolent la vallée. Des appareils militaires, sur lesquels la DCA viet déchaîne aussitôt ses 37 mm. Ils transportent le Bawouan, le 5e Bpvn, qui revient à Diên Biên Phu, commandé cette fois par André Botella. Le renfort qu'escomptait de Castries.

La flotte se présente par vagues serrées. Des triplettes, qui se suivent de près. A l'aplomb de la zone de saut, délimitée à l'ouest de la piste, elle va larguer 588 parachutistes, accompagnés par leur médecin, Pierre Rouault. Botella a imposé une altitude des plus basses, 150 mètres, afin que sa troupe ne soit pas exposée trop longtemps au feu ennemi. Autant dire qu'à cette hauteur le parachute ventral qui équipe chacun des paras ne sert que de réconfort moral; si, d'aventure, leur dorsal à ouverture automatique se met en torche, aucun n'aura le temps d'utiliser la toile de secours. Les plus endurcis des casse-cou redoutent toujours ces plongeons en rase-mottes. Ils comptent parmi ceux qui font le plus d'accidents lors du contact avec le sol. Les coupoles, par faute d'espace pour se gonfler pleinement, freinent tout juste la chute. La brièveté de la descente ne permet guère non plus de préparer la réception au sol.

En franchissant la porte du Dakota, Pierre Rouault regrette en éclair de n'avoir pas mis ses lourdes chaussures réglementaires de saut; il a gardé aux pieds ses bottines de fantaisie, cuir très fin, sur mesures, destinées aux sorties à Hanoi. Elles tiennent, pourtant. Comme ses chevilles. En revanche, autour de lui, les petits paras vietnamiens, bien plus légers et empêtrés dans leur barda, sont à la peine; le vent les traîne à terre. Des proies pour les artilleurs ennemis. Victime d'une mise en torche, son sergent infirmier est mort, à quelques mètres. Les autres appellent : deux tués et une trentaine d'accidentés, de blessés par éclats. Rouault les fait dégager sur les tranchées voisines du point d'appui Huguette, que tiennent les légionnaires, puis transporter jusqu'à l'antenne chirurgicale. Il ne rejoindra que le soir le domaine assigné par de Castries à son bataillon : Éliane 4. Une colline sans boyaux ni abris, entièrement dénudée. A chacun de creuser son trou, au plus vite. Car l'artillerie viet a déclenché sur le camp retranché une préparation d'une intensité identique à celle de la veille. A la même heure. En sus, une pluie fine et pénétrante s'est mise à tomber.

6

Adieu Gabrielle... Adieu Anne-Marie...

Le médecin-lieutenant Rouault est parvenu à dormir sous la formidable canonnade viet, la nuit du 14 mars, à Diên Biên Phu. Un sommeil de gisant. *Perinde ac cadaver*, comme un cadavre. Au point qu'il en a ébahi l'un de ses compagnons, sur Eliane 4, le lieutenant Jean Armandi, chef du service des transmissions du Bawouan, qui se trouvait non loin de lui.

Pas une seule fois Rouault ne s'est réveillé, n'a bougé. Recroquevillé dans une fosse qui, à peu de choses près, tenait plus de la tombe que d'un abri. Une cavité étroite au-dessus de laquelle il avait érigé un mince toit de terre, étayé par quelques planchettes qu'il avait arrachées aux caisses de sa dotation en médicaments.

Quand Armandi l'a secoué, afin de le tirer de son anéantissement, le 15 mars, à 4 heures du matin, Rouault s'est alors rendu compte que son précaire bouclier avait été volatilisé. Par l'explosion d'une torpille de mortier de 60. Une ailette du projectile, retrouvée fichée dans un débris de bois, à moins d'un mètre à l'aplomb de l'endroit où se trouvait sa tête, a témoigné du calibre. Et il n'a rien entendu.

Pierre Rouault a bien dû être le seul du bataillon à pouvoir couler et s'abstraire de la sorte. Le propre des heureuses natures, en général. Parisien solide, ce médecin, dont les gestes quand il soigne surprennent tant ils paraissent apaisants et précis, est, au demeurant, coriace et ardent comme semblent l'être tous les roux. Depuis son affectation au 5e Bpvn, il a accompagné partout son unité et n'a jamais fléchi, ni lors des entraînements les plus durs, ni au combat. Au repos, à l'arrière, on ne l'a jamais vu non plus manquer une seule des fêtes les plus échevelées. Cependant, il avait, malgré sa robustesse, de bonnes raisons d'être vanné, ce soir-là.

Un saut en parachute lors d'une opération de guerre équivaut, par le stress qu'il engendre, à un effort physique des plus intenses qui se prolongerait pendant six heures. Tous les hommes du Bawouan ont ressenti cet effet. Tous, Rouault y compris, ont aussi creusé leurs propres taupinières, dans un sol caillouteux que la pluie n'avait pas encore détrempé.

Toutefois, le médecin s'est beaucoup plus prodigué que ses compagnons, auparavant. Il a rassemblé les blessés de son unité, donné à certains des premiers soins, puis les a tous fait prendre en charge par l'antenne médicale. En outre, le soir, il n'a absorbé qu'une demi-ration de survie, trop las pour éprouver le moindre appétit devant des aliments concentrés. Ce chipotage, son unique consommation de nourriture depuis l'aube du 14, n'a guère compensé ses dépenses physiques. Il n'avait également que très peu dormi durant les deux nuits qui ont précédé son retour à Diên Biên Phu. Il n'était donc pas surprenant qu'à ce régime son tonus ait fondu. C'est parce qu'il avait atteint le seuil du surmenage que Rouault a pu, malgré les fracas des canons emplissant la vallée encerclée, sombrer comme une souche, cette nuit-là.

Les physiologistes, spécialisés en explorations fonctionnelles, ont établi que l'organisme ne se régénère bien que durant un stade du sommeil, appelé lent ou profond. Un état qui se manifeste trois à quatre fois par nuit, entrecoupé par les cycles des rêves. Lors de ces phases, dont la durée varie, allant en s'amenuisant au fil de la nuit, pendant lesquelles le corps récupère de ses épuisements, le cerveau – qui ne se repose jamais – relance un bon nombre d'activités hormonales indispensables à la vie. Des modifications chimiques multiples. Le processus vaut pour l'homme, les mammifères, probablement pour toutes les espèces. Au cours de ces périodes caractérisées par des remous métaboliques intenses, l'organisme paraît plongé paradoxalement en léthargie. Insensible à la lumière, indifférent au bruit, toute vigilance déconnectée. Une atonie physique qui se mesure : à ce moment le rythme cardiaque ralentit, la tension artérielle s'abaisse, l'amplitude respiratoire aussi. Chez certains, très fatigués, l'inertie peut ressembler à un coma. Homère dut le remarquer; il écrivit dans *l'Iliade* : « Le sommeil est le frère jumeau de la mort. » Le cas de Rouault, sans doute. Cela a impressionné le lieutenant Armandi.

Au contraire de Rouault, à peu près reposé quand Armandi l'a extirpé de si bon matin de son trou, les autres hommes du Bawouan, qui eux n'ont pratiquement pu dormir à cause de l'assourdissant mitraillage, sont éreintés. Or, Armandi vient de le confirmer au jeune médecin, c'est ce bataillon rendu et quasi hors d'état de combattre, qui ne déjeunera que d'un peu de Nescafé tiédasse, que l'état-major de Diên Biên Phu a désigné, contre toute logique, pour prendre part, dès 5 heures, ce 15 mars, à une contre-attaque sur Gabrielle, où la situation est devenue des plus critiques.

Les événements se sont précipités effectivement depuis le parachutage du 5e Bpvn. Les canonniers viets ont commencé par détruire six des chasseurs Bearcat qui stationnaient encore dans leurs alvéoles au sud de la piste. Trois des appareils ont pu leur échapper, en décollant en catastrophe sous le feu. Un exploit à porter au crédit du lieutenant Parisot, des sergents Bruand et Fouché. Mais, de ce moment, Diên Biên Phu n'a plus eu d'aviation tactique dans la place. La tour de contrôle, ainsi que le radiophare servant à guider les avions au-dessus du camp, ont été également anéantis. Puis, les artilleurs viets s'en sont systématiquement pris aux divers PC de la base, aux pièces lourdes françaises : deux canons démantelés, deux autres endommagés. Ensuite, à partir de 17 heures, c'est un tir roulant de destruction et de neutralisation qu'ils ont déchaîné. Tous azimuts sur le camp retranché. En particulier, sur Gabrielle. La préparation à une attaque d'envergure contre ce point d'appui.

Cette position paraissait des plus impressionnantes. Certains l'appelaient « le torpilleur », à cause de ses défenses. Le 5e bataillon du 7e Rta qui l'avait aménagée, qui la tenait fermement, avait gagné la Légion d'honneur, pour sa bravoure, durant la campagne d'Italie, en 1944. Son chef, en 1954, le commandant Roland de Mecquenem, « Von Meckenheim », disaient sous cape ses sous-lieutenants, tant il les traitait avec sévérité, connaissait son affaire. L'effectif de l'unité, au contraire de celui de Béatrice la veille, était presque au complet : 877 présents, dont 14 officiers et 68 sous-officiers.

Comme la veille, le pilonnage massif et général du camp par des pièces lourdes viets s'est prolongé pendant deux heures quarante-cinq minutes. Jusqu'à la nuit bien installée. Puis d'autres artilleurs de la division 351 de Vu Hien, dotés, eux, de 75 sans recul et de mortiers chinois, ont entrepris de traiter à leur façon Gabrielle. L'arrosant au nord, à l'est et à l'ouest, simultanément. Une nasse d'acier en fusion.

Quand les réguliers appartenant au régiment 88, de la 308e division, ont jailli de leurs tranchées enserrant la belle forteresse, celle-ci ressemblait déjà à une épave. Ils ont chargé par vagues ininterrompues, sur un secteur unique, comme le pratiquèrent alternativement les Allemands et les Français en Argonne en 1914, comme le firent les Chinois en Corée. Un entêtement halluciné. En coups de boutoir insensés. Encouragés, poussés par des commissaires politiques fanatiques. Les tirailleurs algériens ont cependant résisté. La furie verte, empêtrée dans les buissons acérés des barbelés, s'est brisée sur leur barrage de mitraille, sur les jets phosphorescents des lance-flammes. Cela à moins d'une dizaine de mètres de leurs boyaux. Ce sont les Viets du 88e qui ont alors reflué, emportant cependant tous leurs morts, estimés à 1 300, au moins, et, sans doute, deux fois plus de blessés.

Durant le répit inespéré, Mecquenem a pu faire reconstituer les dotations en munitions du 5/7e Rta. Les brancardiers du bataillon ont descendu jusqu'au bas de la pente sud du point d'appui leurs soldats hors de combat, que les ambulances et des camions du camp retranché ont conduits ensuite jusqu'à l'antenne médicale.

Parmi les évacués, le médecin-lieutenant Dechelotte, atteint par des éclats à la tête, dont les jours ne sont pas en danger, mais qui est inapte désormais. Or Le Damany n'a plus de praticien disponible pour le relever. Tous s'emploient, s'occupent dans leurs propres unités des victimes du bombardement viet initial. Le médecin-chef opérationnel a donc décidé de remplacer Dechelotte par un sergent-chef de la Légion, Soldati, un Autrichien, ex-étudiant en médecine, volontaire pour assumer cette responsabilité. Soldati a rallié sur-le-champ l'infirmerie du bataillon de tirailleurs, sur Gabrielle, où de nouvelles victimes attendent son secours, déjà massées.

De son côté, en effet, le général Giap, qui a retiré du champ de bataille le régiment 88, trop éprouvé, a confié au 165e de la division 312, celle qui a vaincu les légionnaires sur Béatrice la veille, la mission d'emporter la décision. Mais il a fait commencer, au préalable, une deuxième et massive préparation d'artillerie.

A l'état-major du camp retranché, on a suivi avec appréhension la reprise du combat. La contre-batterie de Diên Biên Phu, d'abord efficace, répliquant coup par coup aux Viets, n'a bientôt plus soutenu que par intermittence les tirailleurs de Gabrielle. En revanche, les mortiers de 120 de l'ennemi, les plus redoutables de ses pièces, à ce moment, ont accéléré le déversement de leur déluge sur le point d'appui. Les flammes énormes des départs à la bouche de ces obusiers, parfaitement visibles de loin, le montraient.

La crainte des autorités du camp a vite mué en inquiétude, à mesure que sont parvenues les nouvelles de l'aggravation de la situation. Le commandant de Mecquenem et le commandant Kha ont été gravement atteints dans leur abri effondré; une réplique du désastre de Béatrice. De même, parmi d'autres calamités semblables, l'infirmerie a été pulvérisée, ce qui a entraîné la mort de Soldati, de tous les blessés qu'il soignait, et privé la garnison du réduit de tout recours sanitaire individuel. En prenant le commandement à son tour, le capitaine Gendre a signalé que la plupart des fortifications étaient démantelées. Un monceau de ruines. Que les fantassins viets lançaient un nouvel assaut. C'est alors seulement que l'état-major du camp a décidé de prescrire une contre-attaque. Une tentative de riposte des plus classiques. D'abord une première charge, confiée à deux compagnies du 1er Bep, appuyée par les chars du capitaine Hervouët. Ensuite, le Bawouan rejoindrait. Un choix des plus malheureux; ce bataillon ne paraissait pas encore en mesure de manifester un réel mordant.

La contre-offensive, amorcée à 5 heures du matin, le 15 mars, échoue à 8 heures. Le 5/7e Rta est en voie d'engloutissement. Les légionnaires se replient, convoyant quelque 100 rescapés de ce bataillon. Les chars ramènent des blessés, une cinquantaine, sur leurs plages arrière. Ils rencontrent le Bawouan, qui n'a pu dépasser le radier de Ban Khe Phaï, à mi-route entre le camp et Gabrielle. Poursuivis par des éléments du régiment 165, tout ce monde regagne le centre de résistance. Mais c'est au Bawouan et à lui seul que l'histoire fera endosser l'avortement de cette opération, par ailleurs insuffisamment préparée.

Hormis ses 114 blessés évacués auparavant sur l'antenne, le 5/7 Rta a laissé 263 morts et disparus dans l'affrontement, ainsi que 350 survivants, faits prisonniers, presque tous hors de combat, tel le commandant de Mecquenem. Les pertes du Viêt-minh, connues plus tard, feront état de 1 500 morts pour la division 308, de 540 morts à la 312. De même que de 7 000 blessés.

Durant les assauts ultimes sur Gabrielle, un drame, qui paraîtra effacé comparé aux tragédies qui vont s'enclencher à Diên Biên Phu, s'est déroulé dans l'un des PC du camp retranché. Le lieutenant-colonel Piroth, l'un des adjoints de Christian de Castries, le chef de l'artillerie, s'est suicidé.

On l'avait vu errer la veille, confiant aux rares oreilles compatissantes qu'il avait pu trouver, qu'il ne comprenait pas, qu'il avait jusqu'alors été de tous les sales coups mais qu'il n'avait pas su prévoir celui-ci. Nul, au fond, ne s'était inquiété vraiment de cette détresse. Trop de tracas et trop de désordre dans bien des âmes. Devant le nouvel échec qui s'amorçait, dont il se sentait responsable en partie, Piroth ne l'a plus supporté. Il a regagné l'abri de repos qu'il partageait avec son assistant, le commandant Le Gurun, s'est couché sur son lit et, de sa main unique, il a dégoupillé une grenade calée contre sa poitrine.

C'est Le Gurun qui a découvert son corps, peu après. Puis Le Damany, alerté, qui a constaté ce que les médecins appellent une « autolyse ». De Castries a décidé qu'il convenait de ne pas ébruiter les circonstances du décès. Le corps de Piroth a donc été enseveli discrètement, sous son lit. Ensuite, l'abri a été muré.

La nouvelle s'est pourtant répandue, malgré les consignes de silence imposées à ceux qui savaient, sans susciter l'émoi que redoutait le commandant en chef. Erwan Bergot, qui l'a commentée avec un jeune aspirant du 5e Bpvn, rapporte les propos désabusés que tint alors ce jeune officier; une sombre épitaphe : « Si tous les gens qui sont responsables de ce qui nous arrive depuis deux jours décident de se tuer, ça va faire un sacré vide, de Diên Biên Phu à Paris. »

Dès le début de la préparation d'artillerie décidée par Giap, avant qu'il n'ordonne le premier des assauts contre Gabrielle, au soir du 14 mars, la situation est devenue par exemple des plus préoccupantes à l'antenne chirurgicale. Les effets de la densité des tirs viets, plus forte que celle de la veille, s'y sont immédiatement manifestés de la façon la plus accablante. Elle deviendra l'un de ces lieux hallucinants où se mesurent les malheurs que peut engendrer la guerre.

Ainsi, en corollaire de la cataracte de projectiles qui s'abat sur le camp retranché, les blessés affluent évidemment, ce soir-là. D'abord, ceux qui viennent des infirmeries de bataillons, normalement annoncés par les médecins, certains déjà en voie de conditionnement, tous recueillis et acheminés par les ambulances et par des véhicules de tous genres. Ensuite entrent ceux qui sont parvenus jusque-là directement, de leur propre chef, sans avoir été filtrés auparavant par les praticiens des unités, brancardés par des compagnons d'infortune moins atteints qu'eux, ou se traînant par leurs propres moyens. Pitoyables, affolés. Ils s'effondrent, ils attendent des soulagements, que l'antenne, hélas!, n'est plus en mesure d'assurer pour l'instant. Des légionnaires, des paras, des artilleurs, des tirailleurs, des vietnamiens, des Thaïs, des coolies Pim. Et l'entassement a commencé.

Comme le soir du 13 mars, les abris d'hospitalisation, déjà occupés pourtant, s'emplissent davantage. Puis les logements de Gindrey et de Grauwin et ceux de leur personnel, à peine dégagés du rush précédent. Ensuite, la cavité de triage, même la grande tranchée centrale, cette fois offerte aux arrivants. Devant l'affluence, qui ne tarit pas tandis que les obus continuent de tomber à cadence accélérée, Gindrey et Grauwin décident de faire bourrer la salle de radiologie et la salle de réanimation. Enfin, le bloc lui-même, où le travail opératoire a dû être interrompu. La priorité commande d'abriter les affligés, de les soustraire à l'ouragan des éclats.

A refus! L'antenne est pleine à refus durant le temps que dure la préparation d'artillerie! La voici métamorphosée en refuge bondé, à la façon de certaines stations du métro londonien, durant le blitz lors de la Seconde Guerre mondiale, quand la Luftwaffe bombarda la capitale de l'Angleterre. Une différence, cependant : on ne soignait pas dans les gares du tube-railway britannique; le centre médico-chirurgical de Diên Biên Phu, lui, n'a été conçu que pour recevoir et pour traiter une soixantaine de blessés.

N'aurait-il pas fallu voir plus grand et plus solide... En mars 1954, il convient de le souligner encore, l'effectif de la base retranchée s'élevait à quelque 12 000 hommes, y compris les Pim secondant les soldats, près de 2 000 pour leur part. L'équivalent d'une division. Les autorités du camp n'étaient pas seules responsables. L'état-major du Corps Expéditionnaire, à Saigon, à Hanoi, savait que cette troupe serait assiégée. A la merci d'une rupture provisoire ou définitive de son pont aérien. Sa légèreté en la matière se mesurera notamment, à dater de ce 14 mars, dans les locaux sanitaires inadaptés et vulnérables de Diên Biên Phu. Néanmoins, elle ne se paiera que par les militaires de l'Union française embarqués dans la galère.

Lorsque s'est apaisé enfin le deuxième pilonnage du camp, tandis que les tirailleurs algériens de Mecquenem s'apprêtaient à subir sur leurs pitons les affres du premier assaut des fantassins viets, Grauwin, assisté par quelques coolies, s'est efforcé de dégager les salles médicales, de caser dans les alentours le peuple des malheureux qui les avait envahis. Gindrey, de son côté, a repris son œuvre d'assistance, appuyé par ses infirmiers toujours aussi vigilants et attentifs, qui abattent une besogne souvent bien rebutante mais primordiale.

Certains blessés présentent des lésions comme en virent peu, jusqu'alors, les médecins en Indochine. Des jambes arrachées, des thorax déchirés qui soufflent, des bras et des épaules fracassés, des ventres ouverts perdant leurs viscères, des visages sans mâchoire inférieure, d'autres sans calotte crânienne. Partout du sang. D'autres, moins touchés apparemment, inquiètent tout autant à cause de leurs prostrations. De tous côtés des regards éperdus ou terrifiés. Et des gémissements, des pleurs, des cris. Après un premier triage, Gindrey pratique une cinquantaine de réanimations. Puis il entame des interventions vitales, dans un bloc où n'existe plus l'aseptie la plus élémentaire. Lui aussi à ce moment éprouvera un sentiment d'impuissance, d'incapacité à faire front.

Le prodige, il s'en produira beaucoup d'autres de même nature à Diên Biên Phu, c'est que la monstruosité s'ordonne. Grâce à Pierre Le Damany, venu à la rescousse offrir quelques places disponibles dans les popotes du Groupe mobile 9, Grauwin a pu faire transporter dans ces abris inespérés les plâtrés de frais des membres supérieurs et inférieurs, les blessés du thorax dont Gindrey a suturé les plaies, ceux dont il a soigné les lésions superficielles. Grauwin est parvenu de la sorte à libérer le centre de triage. Au bon moment. Car les premiers blessés de Gabrielle déboulent à leur tour.

Et redouble la désolation, l'étouffant amoncellement. Cette fois, ni la réanimation ni le bloc ne peuvent servir d'asile, la reprise des soins vitaux l'interdit. En revanche, la salle de radiologie, les chambres d'hospitalisation, la cavité de triage et le grand couloir de desserte sont de nouveau emplis. Des cagnas et des boyaux surpeuplés monte une puanteur terrifiante. Elle s'accroît au voisinage de la morgue, dantesque, où les cadavres sont maintenant jetés sans ménagement, les droits et les besoins extrêmes des survivants primant sur les marques extérieures du respect normalement dû aux morts.

L'homme s'éprouve au creuset du malheur. Ainsi, Gindrey. Il sera comme assommé par une triste nouvelle, une lettre de sa femme Élisabeth, parvenue par courrier parachuté, lui apprendra qu'elle a accouché. Qu'elle se porte bien. Qu'en revanche, leur fils n'a pas survécu. La peine qui le sonnera l'escortera longtemps. Il ne le manifestera pas mais, lorsque les blessés se mettront à défiler sur sa table d'opération, il aura peur. Peur de réagir mal, sous l'effet de son chagrin, devant les souffrances des autres. Or, il se dédoublera sur-le-champ. Le médecin prenant le pas sur l'homme meurtri. Dès lors, également, la précipitation des événements ne lui laissera guère le loisir de s'apitoyer ni sur Élisabeth, ni sur lui-même.

Venant confirmer ce dédoublement professionnel, des questions ne cesseront de le hanter au fil des jours qui suivront à propos des exigences prenantes de son exercice : prend-il les bonnes décisions médicales en préparant encore les blessés pour des évacuations très aléatoires sur Hanoi... Ne faudrait-il pas plutôt pratiquer plus systématiquement des traitements plus lourds... Qu'ils lui sembleront lointains les rassurants cours intensifs de chirurgie de guerre, à Saigon, au long desquels les professeurs martelaient à leurs élèves les impérieuses injonctions édictées par le « père Fabre »!

Un credo : « Vous devez vous imprégner de ces règles; le rôle du chirurgien d'antenne consiste à ne faire que du triage, très exceptionnellement des interventions complètes. Vous devez mettre vos blessés en condition d'évacuation, en effectuant des immobilisations provisoires mais efficaces des fractures, en donnant des soins de première urgence, en réanimant. Faites la chasse aux garrots; la plupart sont inutiles, presque tous sont mal placés par les combattants. Aucun tourniquet n'égale la pince hémostatique judicieusement posée sur une artère. Ne pratiquez les amputations qu'en urgence. Fermez provisoirement un thorax ouvert. Et c'est tout! »

Les observations que le médecin-commandant Fabre avait accumulées depuis 1950, avant de se résoudre à pondre ces dogmes, au cours de l'année 1953, mirent en évidence, en effet, de nombreuses anomalies.

Un catalogue quelque peu alarmant. Bien réel. Fabre avait noté que beaucoup de blessés fracturés arrivaient à Hanoi comme à Saigon sans immobilisations sérieuses. Que certains patients, dont l'état n'inspirait pas d'inquiétude, qui auraient pu fort bien attendre deux jours pour être opérés dans de bonnes conditions à l'arrière, avaient subi des interventions trop hâtives, presque bâclées en antenne. Remarque identique, avec des polyblessés, pourtant d'une fragilité extrême; ils furent pareillement traités sans grand ménagement à l'avant, et durent souvent être opérés de nouveau dans les hôpitaux de la base, après l'évacuation. Fabre avait vu aussi des plaies articulaires trop précocement refermées, alors que les projectiles qui les avaient causées étaient toujours en place; ces lésions avaient été insuffisamment sondées, une bévue qu'expliquait, sans pour autant la pardonner, l'absence de radio de repérage. Des fissures osseuses, passées inaperçues pour la même raison, ne furent en revanche pas traitées.

« Nous avons même reçu des patients qui se trouvaient encore en pleine inconscience anesthésique! avait également relevé Fabre. Ils avaient été blessés dans la matinée, opérés peu après puis évacués dans l'après-midi. Dans quel état! Il aurait mieux valu les évacuer dans la matinée, nous les aurions opérés l'après-midi, à l'hôpital. Ils s'en seraient sortis sans peine. »

Certes, ces constats amers expliquent la véhémence du médecin-commandant. Toutefois, il aurait peut-être pu assortir de circonstances atténuantes la sévérité de ses jugements. La dotation en matériel des premiers chirurgiens d'antenne ne fut pas, on le sait, des plus riches, en Indochine. Ils disposèrent rarement, en particulier, de postes de radioscopie, difficilement parachutables à l'époque. Leurs installations, en brousse ou en zones montagneuses, furent fréquemment des plus précaires. Ils ne purent non plus faire preuve du don d'ubiquité au voisinage des combats, tenir à la fois les rôles de trieur, de médecin traitant, d'opérateur d'urgence et de médecin évacuateur. En ces premiers temps, les chirurgiens les moins qualifiés durent ainsi pratiquer en Extrême-Orient la chirurgie la plus rebutante, dans les plus mauvaises conditions.

Le chirurgien consultant Claude Chippaux l'avait bien compris, au cours de l'année 1952. Relevant, cette année-là, que les « écarts » signalés par Fabre devenaient de plus en plus rares, que la qualité des médecins d'antenne, donc, par contrecoup, celle des évacuations, s'était nettement améliorée.

Chippaux savait, d'expérience, que lorsque ces évacuations deviennent difficiles ou « gèlent », c'est toujours aux chirurgiens d'antenne qu'il revient d'aviser. Ils sont seuls, doivent décider quand même de la conduite de leur exercice. Les blessés s'entassent. De plus, les échéances que laissent certaines lésions et l'état plus ou moins défaillant des organismes, s'amenuisent vite, jusqu'à devenir parfois dramatiques.

Quand des vaisseaux majeurs ont été lésés, le praticien n'a que deux heures pour intervenir. Ce délai ne peut dépasser quatre heures, en cas de fracture ouverte. Il ne doit pas se prolonger au-delà de six heures, avec une détresse causée par des blessures à l'abdomen. L'antenne doit alors souvent élargir ses indications opératoires et se transformer en formation de traitement.

Que les amputations soient devenues plus fréquentes en médecine de l'avant n'a pas choqué Chippaux. Il les a recommandées, même, lorsque l'urgence les imposait. Mais à la condition qu'une thérapeutique médicamenteuse permettant d'éviter les complications infectieuses et l'état de choc les accompagne toujours. Détermination identique avec les abdomens, en cas de nécessité. « Après avoir réséqué (c'est-à-dire coupé) une partie de l'estomac ou de l'intestin grêle, il convient de bien suturer, a alors conseillé le chirurgien consultant, et d'aboucher le côlon à la peau, la continuité avec le segment d'aval étant effectuée par la suite, dans les formations hospitalières de l'arrière. »

La doctrine d'emploi des antennes chirurgicales, on le voit, a évolué. Cependant, à Diên Biên Phu, le 15 mars, Gindrey ne se sent pas rassuré pour autant. Une visite de Le Damany le convainc de s'en tenir encore à la préparation des blessés pour l'évacuation. Le médecin-chef opérationnel lui annonce en effet que la direction du service de santé a obtenu de l'aviation l'envoi d'une escadrille d'hélicoptères à Muong Saï, également organisé en camp retranché. Les pilotes des ventilateurs tenteront d'assurer le dégagement des victimes de Diên Biên Phu sur ce bourg. Le médecin-lieutenant Ernest Hantz les réceptionnera et consolidera leur mise en condition, dans son Antenne chirurgicale n° 5. Ils seront ensuite transportés par Dakota jusqu'à Hanoi.

Au matin du mardi 16 mars, Diên Biên Phu présente un aspect étrange. Le paysage est bouleversé. Truffé de cratères. Une pellicule brunâtre recouvre la vallée, des résidus de poudre que le crachin dilue lentement. Alors apparaissent des débris hétéroclites, les poutres des abris éventrés, les douilles des obus tirés par l'artillerie du camp, les restes des réseaux de barbelés aplatis, hachés. Des cadavres épars, également, et des fragments humains, ensanglantés. Aussi accablant que ce fantastique désordre, l'écrasant silence témoigne de la catastrophe. Puis des hommes sortent de terre, les uns après les autres, en guenilles, hagards. Des groupes s'organisent. Filets de fumée, tintements d'ustensiles, raclements de pelles. La vie renaît, mais végétative.

Comment en irait-il autrement. A navire rompu, les vents sont tous contraires. Groggy, les soldats de Diên Biên Phu. Ils n'ont pas fait seulement pour leur plus grande part la découverte de la puissance de destruction des canons lourds. Ils ont aussi constaté qu'au PC central les nerfs de bien des chefs ont lâché. Le moral de la troupe a faibli, puisqu'il s'est auparavant effrité chez des princes. Délitée, en effet, la caste. Qu'elle n'ait point su faire front sous l'orage avait déçu de Castries. Incrédule, il a ensuite observé dans ses rangs la montée d'un grand abattement, conséquence imprévue de la dureté de la bataille. Un comportement détestable, à ses yeux.

Le commandant en chef voit bien que les plantons ne respectent plus, bousculent même comme à plaisir, son chef d'état-major, lequel n'ose plus sortir de l'abri, restant prostré dans un coin, casque vissé sur la tête. Mais il se garde d'intervenir. Il ne défend pas ceux qui craquent. Se bornant à enregistrer avec dédain les plaintes de plus en plus pressantes dans son entourage des flagorneurs qui ne flattent plus, des matamores qui transpirent d'angoisse, des obséquieux qui perdent tout vernis. Sa cour le lâche. Elle s'affole de la lenteur précautionneuse avec laquelle le génie entreprend le déblayage de la piste d'atterrissage, de la prudence manifestée par les aviateurs qui ne posent plus leurs Dakota. Elle se découvre des obligations impérieuses, d'innombrables excuses pour regagner Saigon et ses confortables hôtels. S'il pouvait lui ouvrir la voie du ciel, elle le piétinerait, filerait.

Seul Langlais tranche, masque dur, regard furieux, menton relevé. Il enrage devant cette décomposition. Lui, au moins, n'exige que des apports massifs d'armes et de munitions. Et des renforts. Si possible des paras, des légionnaires. Lui ne veut que sa revanche. Se battre.

Bien que Langlais n'ait jamais été du clan, il en revigorerait presque le commandant en chef, isolé à présent, qui n'a plus grand-chose à perdre. Le colonel de Castries sait que ce Breton est bon officier. Mais sa raideur et ses entêtements, cette confiance un peu trop exclusive qu'il n'accorde qu'aux seuls corps d'élite, l'avaient heurté. De plus, il s'était permis d'afficher une humeur massacrante depuis décembre, prétextant que le camp retranché n'était pas organisé dans les règles. Néanmoins, il a du caractère, et cette détermination qui manque à beaucoup de ses gens. Aussi, de Castries sent-il soudain qu'il pourra compter sur lui. Sa légendaire inspiration... En tout état de cause, il l'écoute, demande des renforts à Cogny. La situation impose de reprendre en main la garnison.

De fait, le premier apport arrive le jour même, dans l'après-midi, vers 16 heures. 42 Dakota larguent le 6ᵉ Bpc de Bigeard soit 613 hommes, dont le médecin-lieutenant Rivier, ainsi que 100 parachutistes destinés à compléter le 8ᵉ Choc de Tourret et le 1ᵉʳ Bep de Guiraud; la « maintenance », en jargon militaire. Avec eux, le père Pierre Tissot, un aumônier protestant. Tous ont sauté sur l'ancienne dropping zone baptisée « Simone », à mi-chemin entre le camp central et le point d'appui Isabelle, où se posa le bataillon de Jean Bréchignac, lors de l'opération « Castor ».

Dès le début du largage, l'artillerie viet a donné de la voix. Et c'est sous une grêle d'obus de canons et de mortiers que ce secours a repris contact avec Diên Biên Phu. Trois parachutistes du 6ᵉ Bpc sont tués. douze autres ont été blessés ou accidentés. Parmi ces derniers, Bigeard lui-même, très légèrement atteint. Lors d'un saut précédent à Seno, au Laos, il s'était froissé un muscle au mollet droit. Cette fois c'est sa cheville à la même jambe qui a cédé : foulure. Rien de très méchant.

Pourtant, l'infirmité passagère l'agace. En réalité, son irritation a un autre objet. Il n'ignore rien de l'accablement qui règne à l'état-major du camp retranché. Le général Cogny l'a averti avant le départ, en concluant : « Il va vous falloir jouer serré »; il se demande comment il parviendra à s'intégrer dans une hiérarchie au sein de laquelle il redoute de ne pouvoir assumer qu'un rôle d'exécutant.

Crainte vaine. De Castries déléguera son pouvoir aux nouveaux collaborateurs que la fortune des armes lui impose. Une quasi carte blanche. Il fera même à Langlais et à Bigeard, qui se partageront pratiquement la responsabilité du commandement, son coup de l'affection. Les appelant : « Mes agneaux ». Langlais est le supérieur hiérarchique de Bigeard. En principe. En réalité, les deux paras, après s'être flairés, même affrontés, deviendront des amis. Des complices, qui revivifieront et exalteront la garnison. La parcourant en tous sens en béret rouge. Le premier chantant « la Marseillaise », le second accommodant ses ripostes meurtrières au grand dam des Viets.

Avec son sens inné de la guerre, son goût pour le panache, son esprit d'indépendance, son talent pour attirer les journalistes qui ne parlent que de sa « boutique », Bigeard a fait des jaloux dans l'armée. En revanche, tous le reconnaissent, ce bataillon tourne bien. Son rendement le prouve. L'un des meilleurs du Corps Expéditionnaire. Jamais encore il n'a été battu sur le terrain, même lorsqu'il s'est mesuré à des adversaires nombreux, aguerris. Comme à Tu Lê, où il a berné deux divisions acharnées à sa perte. Toujours Bigeard a su trouver la faille dans la tactique de l'ennemi et ramener ses « petits gars ». Pour les autres paras de cette base, pour tous les militaires valeureux présents en ce lieu – légionnaires, tirailleurs, tankistes, artilleurs, aviateurs, train, génie – la présence du 6e Bpc crée un effet de choc. Un esprit nouveau naît dans ce val assiégé, où l'on ne baissera plus la tête sous les coups reçus. Il soufflera sur tous les participants de cette tragédie, quels que soient leurs grades, la couleur des écussons, leurs origines, les fonctions. Il les liguera. Un monde à part, clos. Qui détonnera sur le reste de l'armée française. Qui témoignera des terribles épreuves endurées. « Ceux de Diên Biên Phu ».

Moins guerrier celui-là, un autre renfort a été cependant aussi apprécié, ce 16 mars, par tous les médecins présents dans le camp retranché. L'arrivée de l'Antenne chirurgicale parachutiste no 3, du médecin-lieutenant André Résillot.

Le Dakota qui transporte cette unité médicale s'est présenté en fin d'après-midi au-dessus de la vallée et le largage a commencé, à 200 mètres, à l'aplomb du centre de résistance. D'abord le jeune chirurgien bourguignon. Puis Jean Chaumette, son sergent-major. Et Marie Pietri, sergent-chef; Jean Chassier et Samba Babacar, sergents, Jean Guyollot, caporal-chef, Jean Segalen, quartier-maître de 1re classe, enfin le 1re classe Le Van Dang. Virage sur l'aile, seconde passe, et le largage de leur matériel a suivi. Comme à l'exercice. Les paniers, les caisses et le vrac en tas, au bon endroit. Des volontaires du 1er Bep et des Pim ont rassemblé les précieux impédimenta devant l'abri de Le Damany, au Groupe mobile 9.

Le médecin-chef opérationnel ne cèle pas son soulagement. Il va envoyer Résillot et son équipe le soir même sur Isabelle, où le Dr Calvet, déjà alerté, prépare son cantonnement. Cet appoint, des plus bénéfiques, devenait indispensable. Pour décharger l'antenne centrale, engorgée jusqu'à l'asphyxie. Pour assurer aux unités du lieutenant-colonel Lalande l'autonomie médicale dont elles avaient besoin. Et faciliter les tentatives d'évacuation des blessés du camp sur Muong Saï. La priorité, maintenant. Deux camions, encadrés par une escorte armée, partent aussitôt en direction du sud, transportant l'Acp 3.

Tout le monde, à Diên Biên Phu, redoutait un troisième pilonnage de la vallée, au soir du 16 mars. Il n'aura pas lieu. En revanche, un officier viet, précédé par un soldat portant un drapeau blanc, se présente devant l'un des pitons, au nord du point d'appui Anne-Marie. Il annonce, pour le lendemain matin, vers 10 heures, la restitution de plusieurs dizaines de blessés du 5/7e Rta, faits prisonniers, la veille, sur Gabrielle... Ils seront brancardés jusqu'au pied d'un petit mamelon, situé à 600 mètres au nord d'Anne-Marie, où les médecins du camp pourront les récupérer. Cette proposition, formulée sans demande de contrepartie, communiquée sur-le-champ au PC central, provoque un trouble compréhensible. Échaudés par une manœuvre identique du Viêt-minh, quarante-huit heures plus tôt, sur Béatrice, de Castries, Langlais, Le Damany se demandent ce que l'ennemi a cette fois bien pu mitonner.

A l'heure dite, le médecin-chef opérationnel de Diên Biên Phu est au lieu du rendez-vous, avec deux camions, escorté par une escouade sans armes. De fait, une longue colonne sort de la forêt, approche en trottinant. Elle brancarde 86 tirailleurs et gradés. Tous, en piteux état, devront rester alités longtemps. La gravité des lésions, chez certains, justifierait l'évacuation immédiate. Le transfert des victimes s'est opéré en silence. Les Viets laissent même au médecin breton le temps de faire venir des véhicules supplémentaires pour les transporter jusqu'à l'antenne centrale, où elles viennent gonfler le contingent des invalides.

Soucieux, Le Damany. Préoccupé, Gindrey. Et tourmenté, Grauwin. Ils ne se sont pas concertés. Cependant, chacun d'eux étant bien placé pour en juger dans sa partie, ils commencent à entrevoir simultanément le mobile de l'apparente philanthropie du Viêt-minh. Justifiant leur défiance, un nouveau comportement de l'ennemi les éclaire le jour même, peu après l'installation au centre médico-chirurgical des 86 blessés de Gabrielle.

Trois Dakota, peints en blanc, qui arborent des croix rouges très apparentes, approchent de Diên Biên Phu. Ce vol a été précédé par un message radio de la Croix-Rouge française adressée à la Croix-Rouge du Viêt-minh. Une notification sans équivoque. Elle a fait appel au « respect des transports aériens de caractère purement sanitaire ». La Croix-Rouge française a donné « sa garantie personnelle que les aéronefs en question ne transporteraient que des blessés et du personnel du service de santé ». Déjà, Le Damany a fait véhiculer une cohorte d'éprouvés jusqu'aux abords du terrain d'atterrissage, que le génie a pu réparer sur près de 1 000 mètres. Mais, dès que les avions apparaissent dans le ciel de la vallée, la DCA viet déclenche un tir de barrage intense. Et les mortiers lourds s'en prennent au même moment au camp ainsi qu'à la piste.

Le pilote du premier DC-3, qui s'apprêtait à se poser malgré le feu, doit remettre les gaz, dégager. Pourtant, quelques minutes plus tard, débouchant soudain du sud au ras des collines, il revient dans l'axe du terrain, atterrit sans couper les moteurs. Son personnel jette à terre des paniers qui portent des croix rouges très visibles : des médicaments, du plasma. Il aide des blessés à se hisser à bord. Pas de ménagement. On tire, on happe. Deux minutes écoulées? Certainement pas davantage. Mais elles semblent durer une éternité. Car les obus encadrent chaque fois de plus près l'appareil. Le pilote hurle et remet les gaz. Le Dakota commence à prendre son élan, avec une grappe humaine toujours accrochée à l'embrasure de la porte. L'ouragan des hélices projette au sol ceux qui se cramponnaient encore. Le Damany fait ses comptes : l'expéditif harponnage a permis d'enlever trente-deux blessés. Des chanceux, malgré leurs épreuves. Parmi eux, Cyrille Chauveau, le premier médecin du 5/7e Rta, dont le bras fracturé a souffert de nouveau, mais qui reprendra du service en Indochine. Désemparés, tant d'autres qui n'ont pu les imiter, poursuivis par les obus viets, clopinent en hâte vers les tranchées amies. Le Damany promet que d'autres essais de même nature seront de nouveau tentés. Sans parvenir à les consoler.

S'ils avaient pu attendre quelque peu sur place, d'autres, parmi eux, auraient eu leur chance, ce jour-là. Inspiré par la manœuvre acrobatique hardie de son confrère, qu'il a pu observer de loin, le pilote du deuxième Dakota s'est brusquement décidé à procéder de la même façon, sans user au préalable de sa radio, pour ne pas alerter les Viets. Il jaillit aussi en rase-mottes, du nord cette fois. Et il se pose. Mais les blessés sont déjà trop égaillés, trop éloignés. Les artilleurs ennemis, un instant surpris, ajustent leurs volées. Il ne peut attendre, repart à vide. Le pilote du troisième DC-3 amorcera bien, à son tour, un atterrissage similaire. Toutefois, il devra renoncer : le feu adverse s'est déchaîné. Un mur d'acier.

Pour Le Damany, pour les médecins du camp qui on pu suivre ces péripéties, plus aucun doute. La restitution des victimes du point d'appui Gabrielle, un pseudo-acte humanitaire, n'a pas été inspirée par la charité. La manière dont ces trois Dakota sanitaires ont été accueillis le montre. Le Viêt-minh entend interdire toute évacuation des blessés de Diên Biên Phu. Il se moque bien de la Croix-Rouge française, de la Croix-Rouge internationale, de l'opinion du monde occidental. Pas de sensiblerie dans ses rangs. Il n'a d'ailleurs pas ratifié les conventions de Genève. En augmentant de manière notable dans le camp retranché le nombre des malheureux qui doivent être hospitalisés sur place, il a signifié à l'état-major français qu'il entend, au contraire, étouffer sa proie sous le poids de l'horreur. Il veut la faire crever de la pire des façons; l'équivalent d'une monstrueuse occlusion.

Comme pour mieux servir les projets de Giap, les artilleurs viets continuent leurs tirs. Sur deux pôles. Le premier est exclusivement militaire : les positions nord du point d'appui Anne-Marie. Ce qui a pour effet immédiat de susciter la désertion de 232 hommes des deux compagnies du 3e Thaï qui les occupaient. Déjà, lors de la nuit précédente, à proximité, d'autres Thaïs, préalablement incités par haut-parleur à rejoindre l'armée populaire, avaient en grande partie abandonné leur unité, la 12e compagnie du capitaine Guilleminot, qui défendait l'extrémité nord du terrain d'aviation. Seule, la 9e, au sud d'Anne-Marie, commandée par Michel Désiré, est restée fidèlement à son poste. De Castries décide cependant de la replier, de l'envoyer sur Isabelle, avec les quelques rescapés du 5/7e Rta. Il la remplace par une compagnie du Bawouan et intègre ce qui reste de cette position aux Huguette. Le Damany, pour sa part, a récupéré Sauveur Verdaguer, médecin du 3e thaï, et l'affecte aussitôt au 1/2e Rei, où il occupe la place primitivement dévolue à Dechelotte. Le troisième point d'appui, au nord du camp, est tombé sans combattre.

Le second objectif des canons viets, ce 17 mars, est le cœur du camp retranché, notamment l'antenne médico-chirurgicale, visible de loin à cause de son drapeau à croix rouge. Un obus de 105, à fusée retard, perce le sommet du toit pourtant éprouvé de la salle de radiologie et explose au contact de la couche d'éclatement. Ce qui a quand même pour effet d'ébranler toute l'ossature de l'abri, qui s'effondre. Grauwin venait d'y faire transporter trois blessés graves, en attente d'opération : un coolie pim, un légionnaire et un tirailleur algérien. La déflagration, puissante, a secoué tout l'ensemble médical. Gindrey excepté, qui continue, imperturbable, l'intervention qu'il pratiquait, le personnel de l'antenne se précipite. Les trois occupants, emmurés, sont dégagés à grand-peine. L'un vit encore, très mal en point. Le deuxième est mort, la tête écrasée. Le dernier râle, les deux jambes fracassées. Outre ces victimes, frappées de plein fouet, l'appareil de radioscopie a été pulvérisé. Un préjudice dont pâtiront prochainement bien d'autres blessés.

A ce moment, un autre obus, de même calibre, percute et anéantit la chambre d'hospitalisation réservée aux abdomens. Elle abritait douze alités, préparés pour l'évacuation. Trois survivants seulement, récupérés, maintenant atteints aux jambes. Réanimés sur place, ils devront retourner au bloc d'intervention. Les autres sont ensevelis. A mesure que leurs corps sont arrachés à la gangue de terre qui les a étouffés, on les transporte à la morgue, le réceptacle de l'épouvante, devenue le lot quotidien de tous à Diên Biên Phu.

Peu après, Le Damany signale l'arrivée prochaine de deux Dakota. L'un larguera un renfort bienvenu, une nouvelle antenne chirurgicale, l'Acp n° 6 du médecin-lieutenant Jean Vidal. L'autre parachutera du matériel et des approvisionnements sanitaires. A l'heure dite, 15 heures, le premier appareil pointe au sud et passe à 200 mètres au-dessus du PC du point d'appui Isabelle, moins exposé pour l'heure que le centre du camp. Les huit paras sautent, comme collés l'un à l'autre. D'abord Vidal. Puis Jean Blusseau, sergent-chef, son aide-opérateur. Et Régis Janin, Gilbert Hu, Gilbert Massé, sergents-chefs, ensuite Jean Le Tortolec, et Nguyen Huu Lac, sergents. Complétant le stick, Nguyen Van Tai, un caporal. Résillot et ses infirmiers les accueillent, surveillent le rassemblement du matériel de l'antenne des nouveaux venus. Conduits par des camions GMC jusqu'au cœur du camp principal, les arrivants se présentent à Le Damany, qui les emmène au centre médico-chirurgical.

Le médecin-chef aurait souhaité renforcer l'équipe Gindrey et Grauwin avec cet atelier chirurgical. Gindrey et Vidal se connaissent et s'apprécient; ils ont suivi les mêmes cours, à Saigon. Mais l'état du centre, livré aux coolies qui s'efforcent d'effacer les ravages du bombardement, l'incite à implanter cette Acp 6 à proximité, de l'autre côté de la rivière, à l'est. Elle y serait à pied d'œuvre, dans le cas d'une attaque sur les Dominique et sur les Eliane. Le 6e Bpc de Bigeard, qui cantonne dans le voisinage, la protégerait, en cas de besoin. Elle pourra également, de cette place, participer au triage et aux soins si le centre médico-chirurgical venait à être débordé de nouveau. En outre, Pierre Barraud, le médecin du 2e thaï, installé sur ce site, aidera Vidal. C'est d'ailleurs ce praticien qui déniche un local à son intention : un abri PC acceptable, avec tôles cintrées et plafond de terre épais. L'ensemble accueillera le bloc opératoire, recevra trente lits d'hospitalisation. Barraud en offrira davantage, en faisant relier par une tranchée sa propre infirmerie avec la nouvelle antenne.

Carré, musclé, Jean Vidal presse son équipe afin que l'atelier puisse tourner le lendemain matin. Durant ce temps, le second Dakota annoncé s'est présenté et, malgré les tirs viets, il largue sa cargaison. Des brancards, de nombreux lits Picot, du matériel opératoire, du plâtre, des pansements, des containers de glace, du sang conservé et du plasma, des médicaments, un autoclave, un autre stérilisateur Poupinel, un groupe électrogène avec son carburant. Ces renforts médicaux et l'accroissement des fournitures l'indiquent ; on semble admettre à Hanoi que les antennes en place à Diên Biên Phu devront, maintenant, hospitaliser davantage.

Le lendemain pourtant, deux autres Dakota sanitaires, cellule blanchie, croix rouge énorme, tournent au-dessus du camp. Ils viennent de Muong Saï et se tiennent d'abord hors de portée de la DCA viet. Le premier effectue une descente brusque, achève sa course sur les freins en bout de la piste, que le génie a encore rapetassée. La prévôté de la base contient cette fois le rush des blessés, du moins au début. Le temps que montent des victimes que des pansements aveuglent. Tel Jean Dechelotte, le second médecin du 5/7e Rta, atteint aux yeux, qui retrouvera Chauveau, son prédécesseur, à l'hôpital Lanessan. Ensuite, les meurtris, les éclopés débordent les gendarmes. vingt-trois récupérés, au total. D'autres s'agrippent et n'abandonnent qu'à l'instant où l'appareil commence à décoller, sous les obus.

Peu après, le second atterrit. Plus exposé. Alors que les ambulances s'apprêtent à l'accoster, afin que des alités soient embarqués, les Viets, qui ont eu le temps d'ajuster leur tir, encadrent à la fois les camionnettes sanitaires et l'avion. Qui doit repartir à vide, la cellule percée par une pluie d'éclats. Le médecin-capitaine Lavandier, de l'armée de l'Air, qui accompagnait la convoyeuse Aimée Calvel, est grièvement blessé. Calvel lui donne les premiers soins à bord. Ernest Hantz, à Muong Saï, le conditionnera pour transfert immédiat sur Hanoi.

Au centre médico-chirurgical, le 18 mars, où l'on a observé et admiré ces efforts des aviateurs, le travail opératoire se poursuit. Gindrey a déjà effectué une trentaine d'amputations et pratiqué une dizaine d'interventions lourdes sur des abdomens. En trois journées. Un bilan équivalent à celui d'une année, auparavant, pour la plupart des médecins d'antenne.

Depuis l'envol des deux Dakota, le tir des artilleurs ennemis s'est intensifié. Il se concentre de nouveau sur le centre du camp, sur l'antenne médicale, indéniablement visée. Parmi les projectiles qui pleuvent, tout près, Grauwin, qui revit son expérience de la Seconde Guerre mondiale, identifie des obus de 120 des mortiers lourds, qui font frémir le sol, « reconnaissables, dit-il, à l'explosion suivie d'un

Opération « Castor » : ainsi commence ce qui sera le Waterloo de l'Indochine (D. Camus-Keystone.)

Univers lunaire dans la jungle : le centre de résistance avant la bataille (E.C.P.A.).

Ce sont les effets de l'artillerie que les médecins appréhendent le plus (E.C.P.A.).

▲ Ils le savent, les Viets poussent des boyaux en direction de leurs tranchées (E.C.P.A.).

Le Damany en campagne de vaccinations chez les civils du camp retranché (E.C.P.A.). ▼

Sept médecins de cette promotion se retrouveront à Diên Biên Phu. Ci-dessus, de bas en haut et de gauche à droite : Henri Premillieu, 9ᵉ au 6ᵉ rang ; Jean Dechelotte, 5ᵉ au 5ᵉ rang ; Louis Staub, 12ᵉ au 5ᵉ rang ; Jean Vidal, 11ᵉ au 4ᵉ rang ; Ernest Hantz, 12ᵉ au 4ᵉ rang ; Guy Calvet, 14ᵉ au 3ᵉ rang ; Sauveur Verdaguer, 1ᵉʳ au 2ᵉ rang (coll. part., D.R.).

Quelques médecins à Diên Biên Phu : Cyrille Chauveau, en haut à gauche ; Henri Premillieu, en haut, au centre ; Sauveur Verdaguer, en haut à droite (coll. part., D.R.).

Jean-Louis Rondy, ci-contre (coll. Rondy).

Jean-Marie Madelaine, parmi ses infirmiers, en béret, au centre (coll. part., D.R.).

Gérard Aynie (coll. part., D.R.).

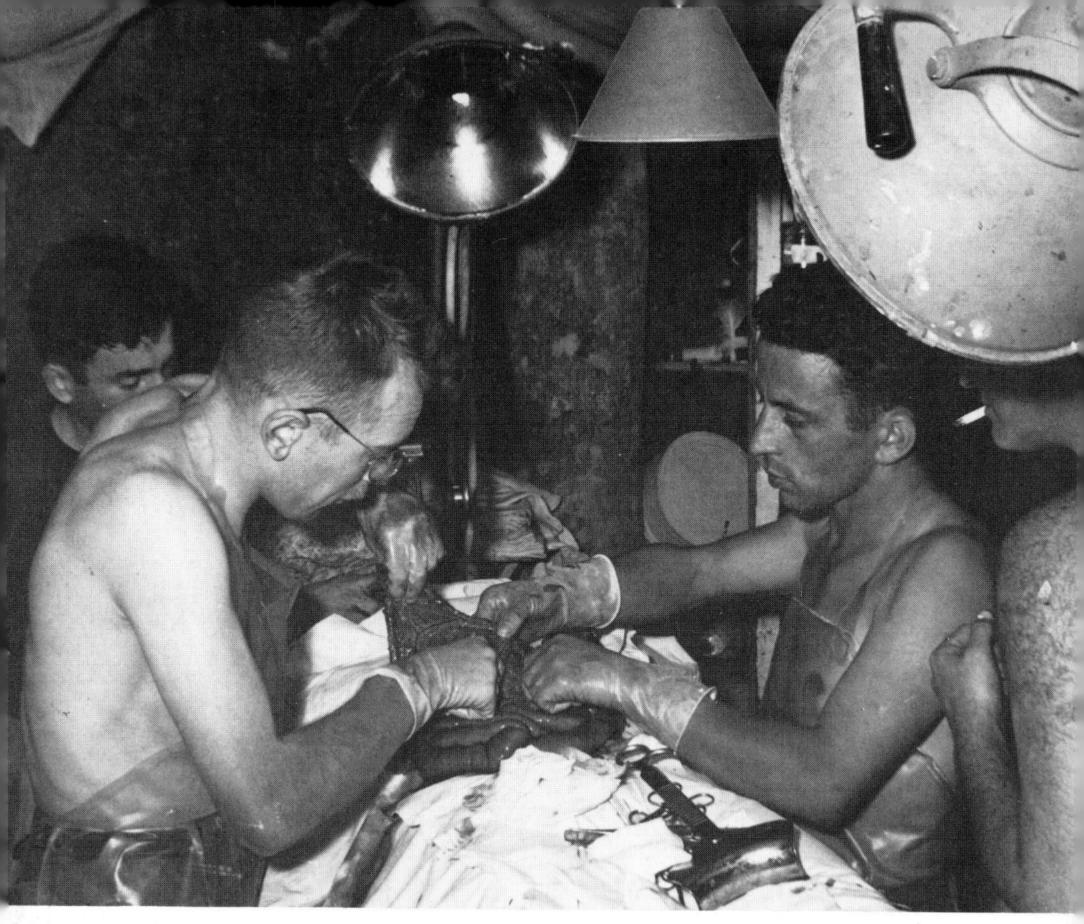

Jacques Gindrey, à gauche, et Jean Vidal, à droite, effectuent une intervention sur un « abdomen » (E.C.P.A.).

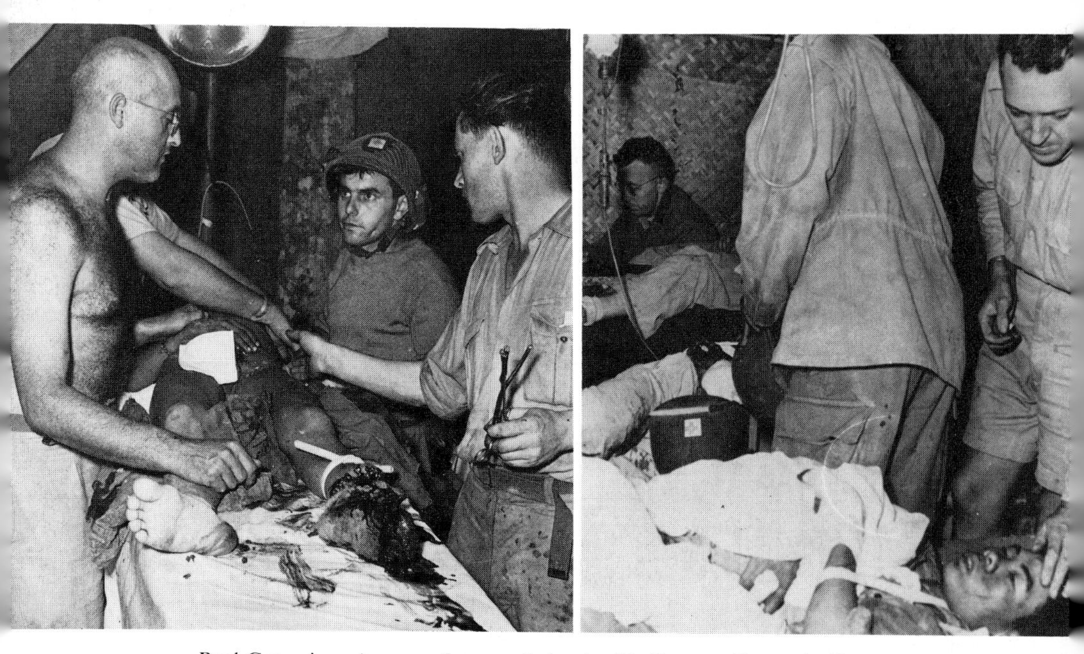

Paul Grauwin opère un « fracas » de jambe (D. Camus - Perraud - Keystone).

Patrice de Carfort, médecin au 8e Choc, effondré ; il n'a pu sauver le sergent Lambert, lors de l'opération « Brochet », en octobre 1953 (E.C.P.A.).

Sans le dévouement de leurs infirmiers, les médecins auraient été débordés (Photos E.CP.A.).

amus - Keystone). (Coll. Rondy.)

De nombreuses blessures l'attestent ; le Vietminh disposait d'un armement moderne redoutable.

.A.)

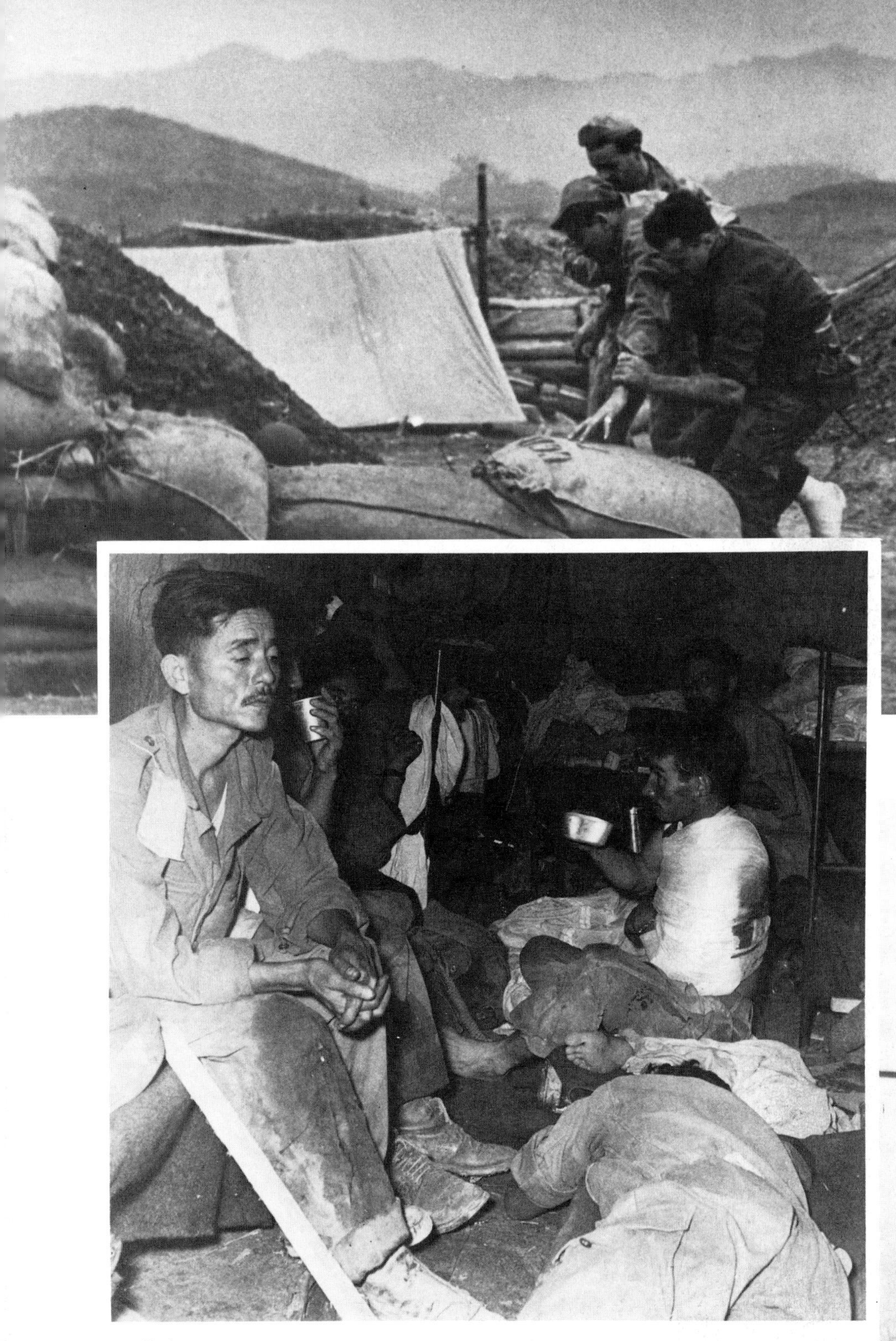

En haut :
Fuite vers l'infirmerie de Le Damany ; l'artillerie viet interrompt toutes les évacuations (D. Camus - Keystone).

En bas :
Assis et couchés, les blessés s'entassent dans les locaux souterrains d'hospitalisation de l'antenne chirurgicale mobile (E.C.P.A.).

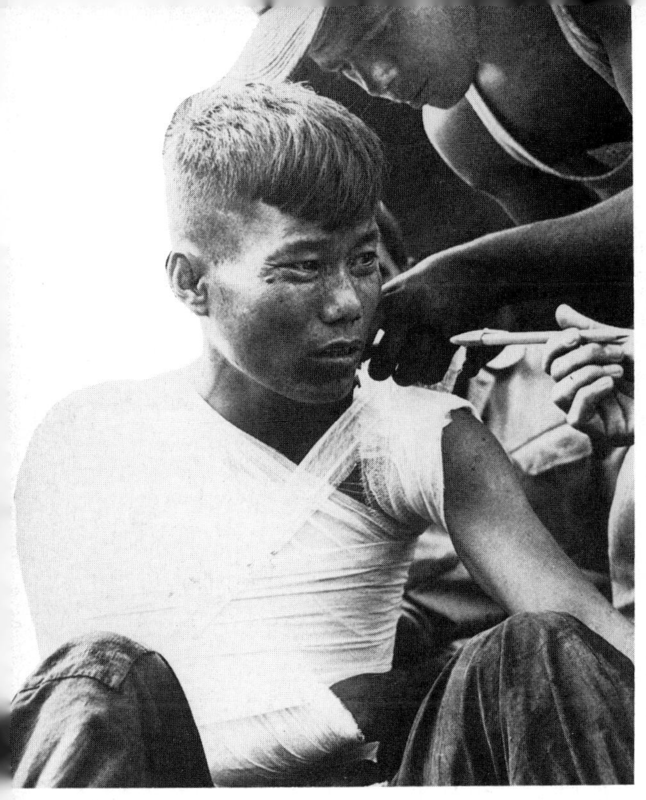

L'ouverture quotidienne de la route reliant le centre de résistance à Isabelle, au sud, a provoqué de nombreuses pertes (E.C.P.A.) (Keystone).

Malgré les croix rouges et les fanions, les Viets ont tiré sur tous les hélicoptères (E.C.P.A.).

99 blessés seront évacués par hélicoptères en une semaine (E.C.P.A.).

Le plus accablant : regagner les abris quand les Dakota n'ont pu atterrir (E.C.P.A.).

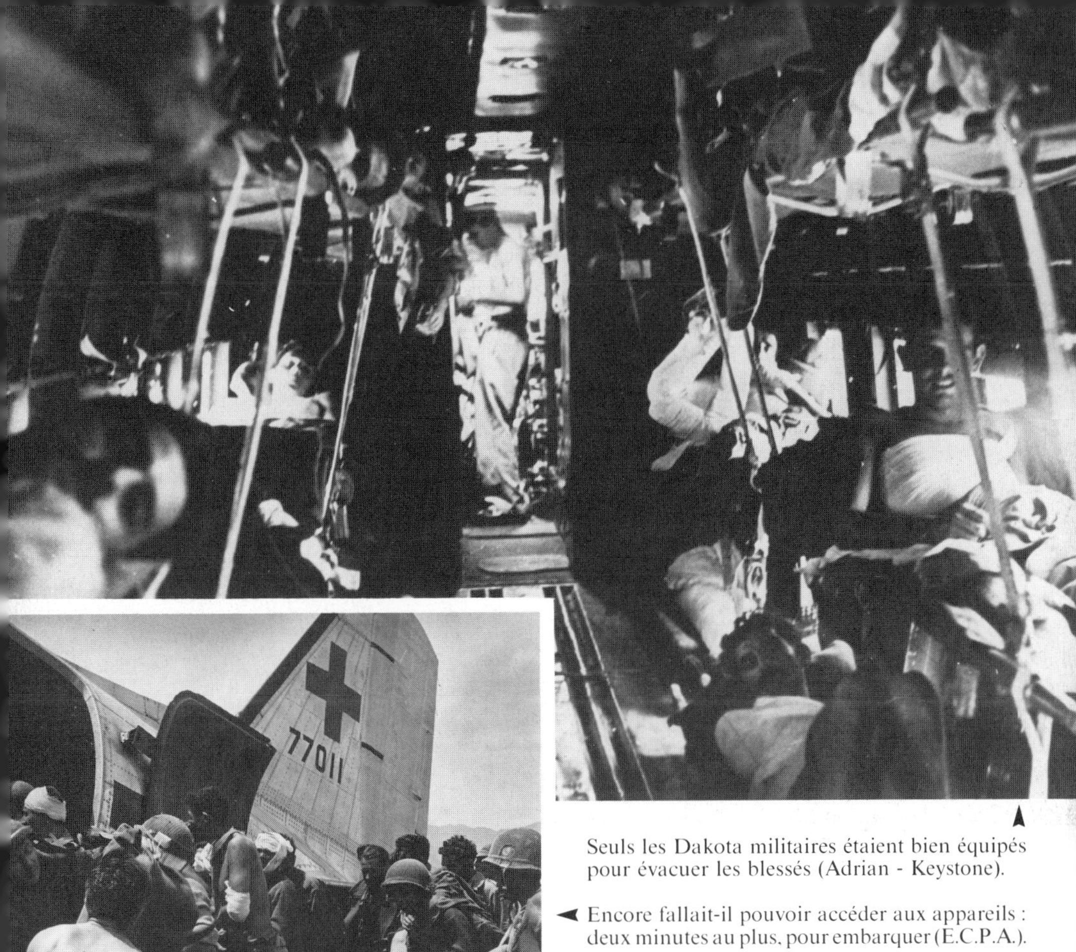

Seuls les Dakota militaires étaient bien équipés pour évacuer les blessés (Adrian - Keystone).

Encore fallait-il pouvoir accéder aux appareils : deux minutes au plus, pour embarquer (E.C.P.A.).

moins chanceux : les aveugles et les blessés (Photos E.C.P.A.).

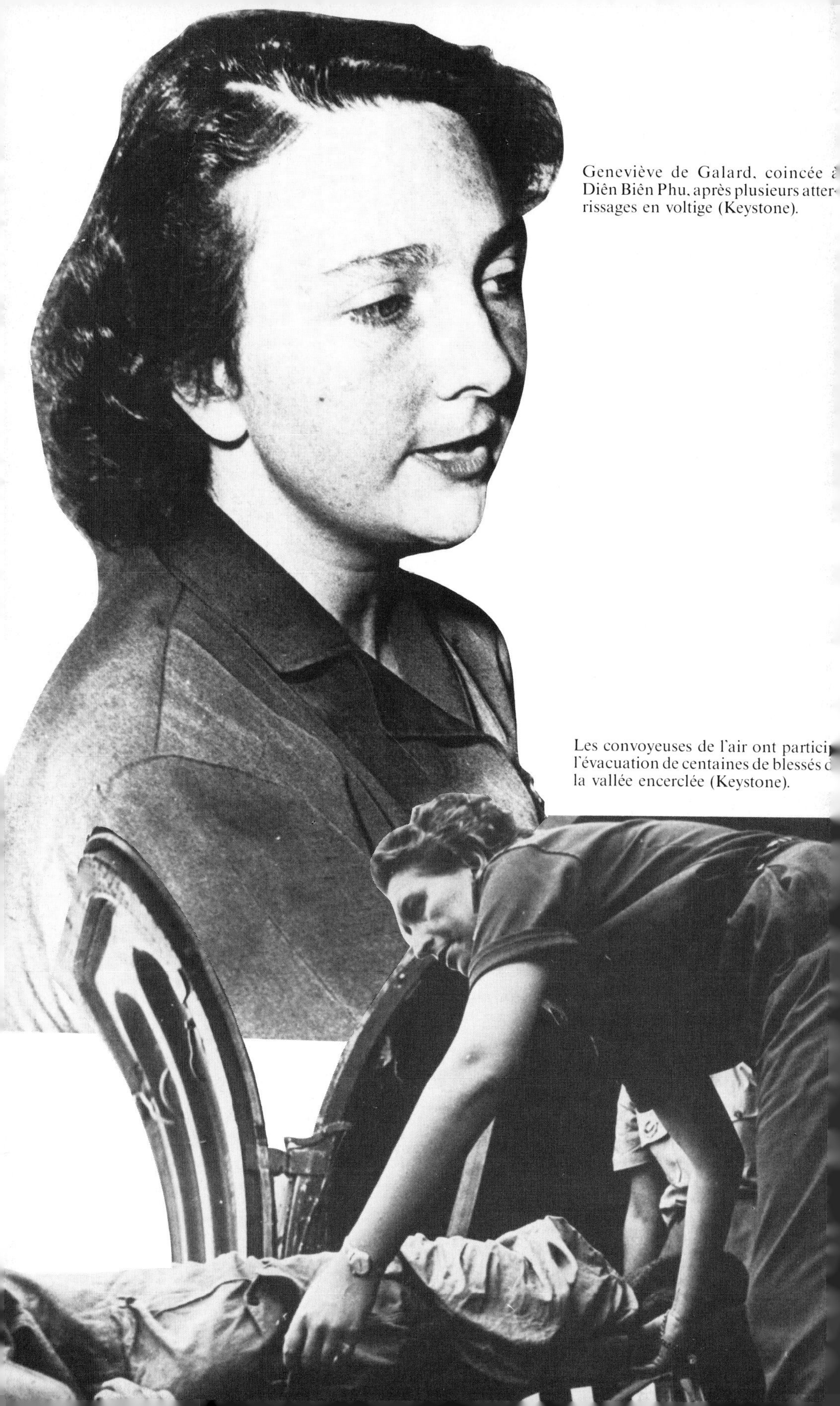

Geneviève de Galard, coincée à
Diên Biên Phu, après plusieurs atterrissages en voltige (Keystone).

Les convoyeuses de l'air ont partici
l'évacuation de centaines de blessés d
la vallée encerclée (Keystone).

Don du sang exceptionnel pour Diên Biên Phu : l'équipage et les viateurs de l'« Arromanches » ancré en baie d'Along ont tous articipé (E.C.P.A.).

e « pacha » du porte-avions a offert le premier ses veines aux nfirmières laborantines secondant le Dr Léon Lapeyssonnie coll. part., D.R.).

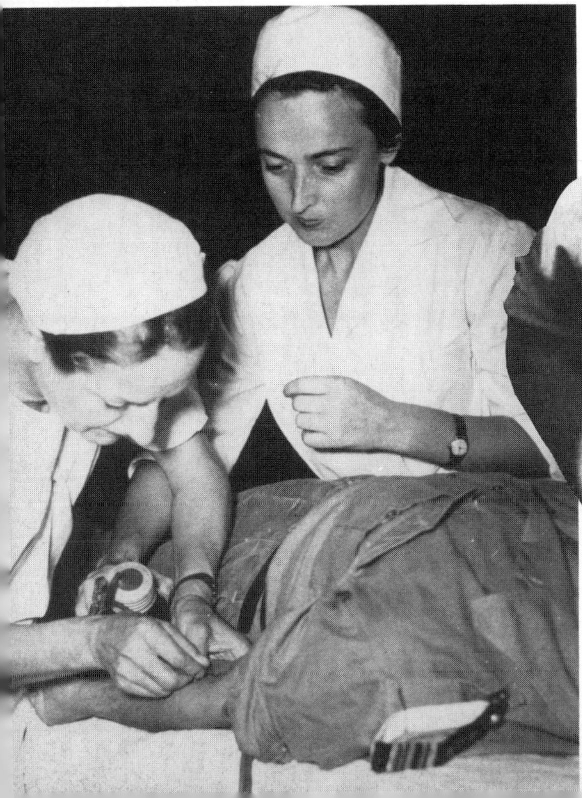

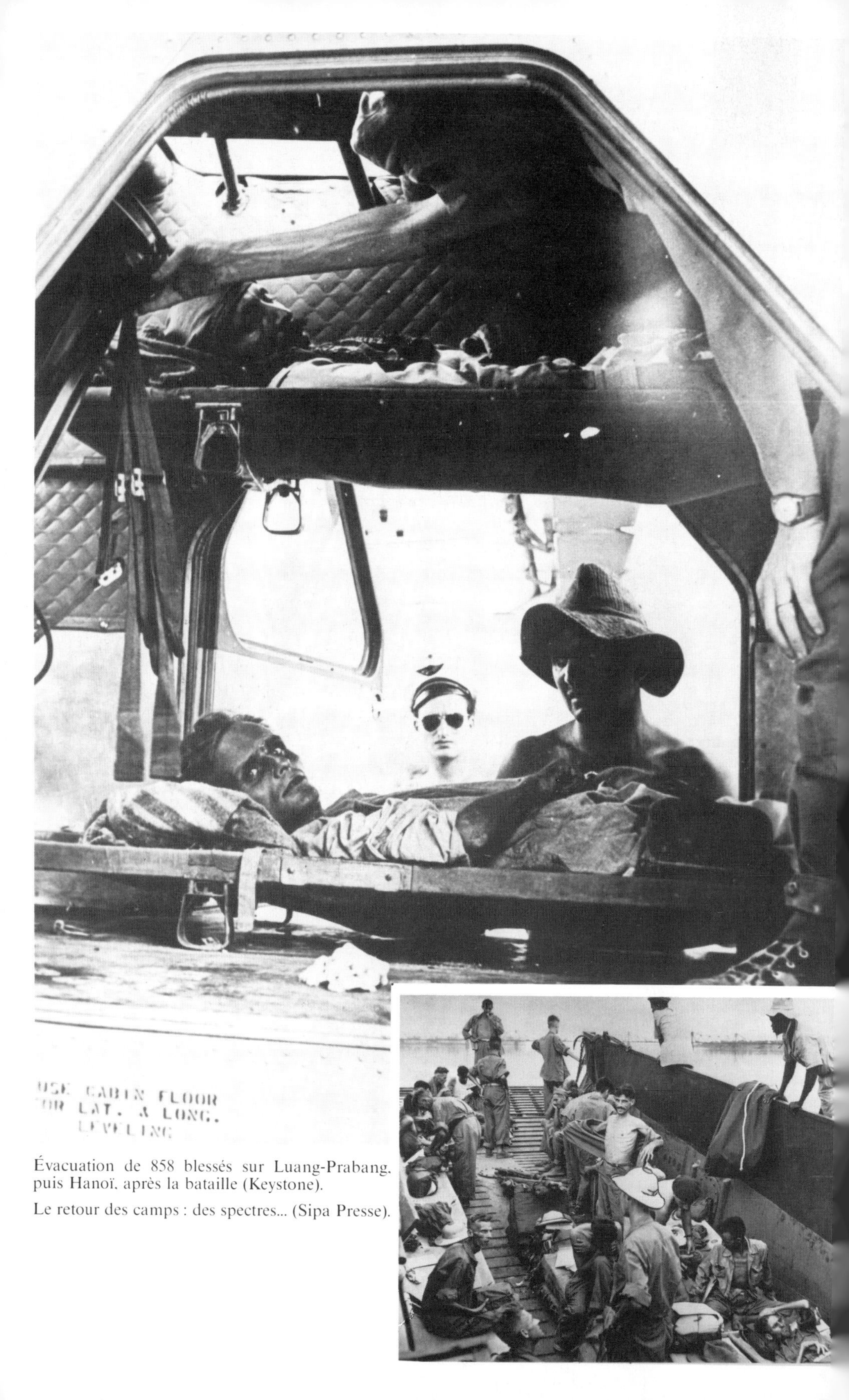

Évacuation de 858 blessés sur Luang-Prabang, puis Hanoï, après la bataille (Keystone).

Le retour des camps : des spectres... (Sipa Presse).

effet de souffle considérable ». Il ne s'est pas trompé. Une déflagration énorme, escortée par une profonde vibration qui détone soudain, une onde de choc, indique qu'une de ces torpilles a touché l'antenne.

Elle a percuté le centre de triage. Éventrant la tente qui couvrait la grande cavité, elle a éclaté dans ce trou. Il abritait une cinquantaine de blessés, allongés sur des banquettes, entre elles, tout au long de l'allée aménagée pour pouvoir y circuler. Un massacre. Un amoncellement de corps déchiquetés, de débris de brancards, de flacons brisés. Le sang a giclé partout. Par plaques. Beaucoup de morts, plus d'une quarantaine. Parmi eux, le caporal infirmier Ta Van Bong, de l'Antenne chirurgicale mobile 44 constituée par Gindrey. Les survivants sont grièvement blessés. Trois infirmiers de Gindrey, encore, parmi eux : Doan Hoat, Vu Van Thon et Nguyen Van Thanh.

Ce nouveau drame au centre médical, déjà éprouvé, encombré de victimes, en limite d'asphyxie, a ébranlé le personnel. Le malheur, peut-être, aurait été moins grand si ce lieu destiné à accueillir les arrivants en détresse avait été couvert en dur, convenablement abrité. Gindrey, Grauwin, Le Damany, s'en plaignent auprès de l'entourage du commandant en chef, du patron du génie. Qui promet une section de Marocains. Elle se mettra au travail dès le lendemain. Elle cuirassera d'abord le triage, puis la fameuse tranchée centrale, l'artère vitale de l'ensemble médical, encore à ciel ouvert. Un couloir de la mort, pour l'instant, une provocation au bon sens.

Les restes des victimes sont jetés sur le tas de cadavres, à la morgue, autre délirante aberration, si proche du centre de soins. Plus de trois cents corps, empilés en moins de deux journées, déjà en voie de putréfaction, sur lesquels prolifèrent les mouches, mordorées, géantes.

Le soir même, de Castries signe une note de service, diffusée dans toutes les unités : « Désormais, précise-t-elle, les tués au combat seront enterrés sur place. »

7

Celles qui volaient la nuit

Pendant que le génie s'affaire à renforcer, à couvrir les dépendances du centre médico-chirurgical de Diên Biên Phu, le 19 mars, deux Dakota sanitaires parviennent encore à tromper un bref instant la vigilance des Viets qui enserrent la position retranchée. Car ils ont usé du seul procédé qui réduise la portée du son des moteurs dans le ciel : en rasant les collines. Mais, cette fois, ils ont multiplié les précautions : en venant ainsi de fort loin. Un scenic railway de plus de cinquante kilomètres, dans des vallées encaissées.

Le subterfuge a réussi. Les Viets n'ont entendu le premier appareil qu'au moment où il a abordé la zone du camp. Ce qui a permis au pilote d'atterrir avant qu'un coup de canon n'ait été tiré. Malgré tout, l'embarquement des blessés – vingt et un, happés en voltige – s'est achevé en cohue. Une débandade aussi dramatique que celles des deux journées précédentes. Parce que l'adversaire s'est ressaisi très vite. Tir réglé, il a dispersé les ambulanciers, ainsi que les infirmiers de Le Damany. L'avion, très chargé, a décollé avec des gerbes d'impacts dans les ailes. De plus, le second Dakota a dû promptement dégager, sans parvenir à approcher la piste.

Ces demi-succès réjouissent quand même les aviateurs qui ont mené à terme leurs missions. Tout bien considéré, ils se félicitent d'avoir pu arracher aux griffes des Viets soixante-seize victimes en trois journées. Et s'estiment remerciés de leurs efforts par le soulagement qu'elles ont exprimé en chœur. Le personnel de l'hôpital Lanessan et le chirurgien-consultant Claude Chippaux, qui ont pris en charge tous ces rescapés, ont manifesté une satisfaction identique.

Le colonel Nicot, à l'état-major de l'aviation de transport à Hanoi, qui patronne les évacuations, a aussi applaudi la prouesse. Mais sans céder à la liesse. Il sait que les stratagèmes mis en œuvre pour joindre Diên Biên Phu et poser des avions ne constituent plus la clé de cette entreprise; l'escale s'amenuise chaque fois davantage. Il est là l'obstacle crucial. Un laps de temps trop court. Que les Viets paraissent capables de réduire encore. Leur célérité à frapper, que double une précision redoutable, l'indique. Comment les flouer de nouveau?

Tout ne se pèse pas à la même balance. Ainsi, les pairs de Nicot vont se montrer, en rebond, plus pessimistes que lui. La direction de l'armée de l'Air fera savoir au commandant en chef de la place forte assiégée que les posés hasardeux comportent beaucoup trop de dangers pour les passagers et les équipages, de même que pour les avions.

Bien que le terme de renoncement n'ait pas encore été expressément employé par le général commandant les forces aériennes en Extrême-Orient, l'information, communiquée à Le Damany, l'atterre. Il en explose. Les autorités militaires, à l'arrière, ne doivent pas se faire une idée nette de l'état désolant des blessés dans la vallée perdue!

Sur le point d'appui Isabelle, où Résillot n'œuvre que depuis deux journées, son Acp 3 est déjà pleine. A Éliane 4, où Jean Vidal, assisté par Pierre Barraud, n'est en poste que depuis la veille, l'Acp 6, à peine dressée, sera pareillement engorgée très bientôt. Et l'état de la grande antenne centrale ne s'est pas amélioré. Depuis le 13 mars, elle a subi l'assaut de plus de trois cents entrants, qui se sont ajoutés aux précédents. Gindrey multiplie les interventions. Malgré les soixante-seize évacuations effectuées, ses locaux d'hospitalisation n'ont pu être dégagés; d'autres arrivants ont occupé les places à peine libérées.

En dépit des rafistolages entrepris par le génie le centre médico-chirurgical ressemble à la cour des Miracles que décrivit Victor Hugo dans *Notre-Dame de Paris*. Avec, toutefois, une différence notable. Au contraire des bancroches fréquentant le quartier mal famé proche de la place de Grève, qui se grimaient, afin d'inspirer de la pitié aux passants, les infirmes et les gueux couverts de pansements ensanglantés entassés dans les cagnas terreuses de cette unité de soins présentent des lésions bien réelles et douloureuses. Or, c'est à ces malheureux, à Gindrey, à Grauwin, à Résillot, à Vidal et à leurs assistants qui ne lésinent pas sur le dévouement, que le médecin-chef opérationnel devra annoncer cette mauvaise nouvelle.

Le commandant Guérin, dont l'abri de fonction avoisine la piste d'atterrissage, qui assiste Le Damany lors de chacun des essais d'évacuation, lui conseille de temporiser. D'attendre. C'est un briscard de l'aviation en Indochine, émacié, coiffé en brosse, la quarantaine bien sonnée, qui en a vu beaucoup, ce que traduisent ses traits burinés : un survivant des camps de la mort nazis, où la désespérance a été la compagne familière de bien des hommes les mieux trempés; il a payé de deux années de déportation ses faits de résistance pendant la Seconde Guerre mondiale. Mais il connaît aussi les aviateurs et il sait ce dont ils sont capables.

Guérin a dirigé en effet l'escadrille des chasseurs Bearcat du camp retranché, jusqu'à leur destruction. Depuis lors, il est devenu conseiller Air auprès du colonel de Castries. Pour tous les pilotes qui ont desservi la base, qui continueront à la défendre, assure-t-il, il est aussi « Torrirouge », son indicatif radio : c'est lui qui réglemente le trafic de la piste, qui transmet à Hanoi les renseignements précieux concernant les conditions météorologiques du lieu. Il ne doute pas que ses compagnons d'armes s'acharneront. Qu'ils reviendront.

De Castries a pris pareillement conscience de la gravité de la situation en ce domaine. Il va l'exprimer dans des messages privés adressés aux généraux Cogny et Navarre, censés les rassurer à propos de sa détermination personnelle qui reste entière, insiste-t-il : « J'en arrive au gros point noir, ajoute le commandant en chef de la base... Le moral de la garnison va redégringoler très rapidement, s'il n'est pas très vite trouvé un autre procédé d'évacuation des blessés. »

La stratégie de Giap a pris de court tous les patrons du Corps Expéditionnaire. Ses fantassins n'encerclent pas seulement la vallée de Diên Biên Phu. Après la conquête des trois points d'appui qui la défendaient au nord, ils contrôlent maintenant le terrain d'atterrissage. Un avantage exclusivement dû à l'artillerie dont ils disposent, dont personne à Saigon et à Hanoi n'avait soupçonné ni l'importance ni l'efficacité. L'arme funeste, pour la garnison de Diên Biên Phu. Dirigée sur place par des officiers chinois ; ce que confirmera l'histoire plus tard. Pour l'heure, outre leurs canons lourds qui laminent la base, les pièces légères, les mortiers de leurs régiments sont en mesure également de balayer à volonté la piste.

Giap tient à la gorge le camp retranché, puisqu'il lui ferme son unique porte d'accès. Les parades locales que pourront inventer Bigeard, Langlais, de Castries – ils ne s'en priveront pas, remodelant même le dispositif de défense – ne changeront plus cette donnée primordiale : le pont aérien est rompu. Du moins, dans sa forme classique. Les Français vont encore recourir au parachutage pour amener des renforts, ravitailler la base. Mais personne n'en sortira plus. En nombre, en tout cas. L'état-major de Diên Biên Phu en est réduit à croire que ses soldats parviendront peut-être à lasser l'adversaire. Les voilà contraints à durer, ce qu'ils pousseront jusqu'aux limites extrêmes de l'héroïsme. Néanmoins, à terme, et Giap n'en doute plus, ils seront condamnés.

Le salut n'aurait pu provenir que de l'aviation. Un autre parallèle avec la situation que connurent les troupes françaises en 1940, après les percées allemandes lors de la Seconde Guerre mondiale. Quatorze ans plus tard, l'armée de l'Air française ne pourra pas non plus faire pièce à l'ennemi en Extrême-Orient ; en l'occurrence, aux alentours de la vallée qu'il assiège. Le général Dechaux, le patron du Gatac nord, avait de bonnes raisons, en novembre 1953, de douter du succès du plan Navarre.

Dechaux savait bien qu'il ne disposait pas d'un matériel suffisant pour mener à son gré la bataille du ciel en Asie. L'offensive de Giap, dès le début de 1954, a intéressé aussi le delta tonkinois, le Nord-Annam, le Centre-Laos et la Cochinchine. Les forces de combat que le Gatac nord pourra donc consacrer à Diên Biên Phu resteront forcément réduites. Une trentaine de chasseurs Bearcat, guère plus de bombardiers B 26 Invader, et l'appoint fourni par l'Aéronavale; soit quelques bombardiers quadrimoteurs Privateer et une vingtaine de chasseurs Hellcat. Un effectif confirmé par le général L.M. Chassin, dans son ouvrage *Aviation Indochine*. Une source autorisée : Chassin connaissait la question; il dirigea l'arme aérienne en Extrême-Orient, au temps du général de Lattre.

Encore convient-il de préciser que les Bearcat basés à Hanoi, en 1954, dotés d'un rayon d'action insuffisant, ne peuvent intervenir sur Diên Biên Phu qu'avec des réservoirs supplémentaires. Les « belly tanks ». Or, l'armée de l'Air en manque. Les États-Unis n'en fourniront quelques-uns qu'à la fin avril. En revanche, les Hellcat du porte-avions « Arromanches », que les aviateurs surnomment « les longues pattes », tiennent l'air plus longtemps. Bien qu'ils soient fort peu nombreux, leur autonomie de vol plus grande explique que les défenseurs de Diên Biên Phu les verront plus souvent au-dessus de leurs positions.

« Quant au transport, qui sera la vie même de la forteresse encerclée, a ajouté Chassin, il compte au départ une centaine de Dakota et 24 Fairchild Packett. Malheureusement, le nombre d'équipages disponibles, qui diminuera rapidement au cours de la bataille, par suite de la fatigue, de la maladie et des disparitions au combat, limitera à 80 Dakota et à 18 C 119 le nombre des transporteurs militaires qui auront à ravitailler Diên Biên Phu. »

Pour faire barrage à cette petite force, que le mauvais temps paralysera souvent, Giap, équipé par les Chinois, présente aussi, pour la première fois depuis le début de la guerre en Indochine, cette DCA légère et moyenne – des foisons de mitrailleuses, de 37 mm soviétiques – qui a tant surpris l'état-major français. Le général Chassin l'a jugée comparable à celle qu'il put affronter en Allemagne, au cours de la campagne 1944-1945. « Elle nous fera subir d'autant plus de pertes, précise-t-il, que la vallée de Diên Biên Phu, allongée du sud au nord, ne permet qu'une seule direction d'approche. Les parachutages se feront à faible vitesse, à faible altitude, au-dessus d'une allée de canons! C'est un véritable ravitaillement d'assaut et jamais aucune aviation, même l'aviation allemande à Stalingrad, ne s'est trouvée placée dans des conditions de travail aussi difficiles. »

En écoutant à la radio les propos des pilotes des Dakota accomplissant leurs missions dans ce creuset en fusion, le commandant Guérin, alias « Torrirouge », a parfaitement jaugé les périls auxquels ils sont exposés. La violence de ce feu explique, de même, le « syndrome Diên Biên Phu » qu'ont développé les aviateurs des compagnies civiles qui, maintenant, participent moins aux largages d'approvisionnement, en dépit des avantages financiers substantiels que rapportent ces opérations à leurs sociétés : 12 000 piastres l'heure de vol de Dakota; 18 000, celle d'un Curtiss Commando.

Malgré les canons viets et une météo fréquemment défavorable, l'aviation effectuera 770 sorties du 13 au 25 mars, dont 70 de nuit, lançant plus de 1 000 tonnes de bombes et plus de 200 roquettes. Le transport parachute, plus de 120 tonnes de ravitaillement, de matériel, d'équipement sanitaire. Tant que durera la bataille, les pilotes largueront une moyenne de 100 kilos d'approvisionnements divers à la minute.

Dans la nuit du 20 mars, le Groupement des moyens militaires de transport aérien, appelé Gmmta, c'est-à-dire les camionneurs du ciel de l'armée, va inaugurer, de même, une nouvelle méthode pour tenter d'évacuer encore des blessés. Et ce ne sera pas une conséquence de l'appel pressant du colonel de Castries, car elle aura précédé de trois journées la réception de son message. Des posés follement risqués. Ils attesteront la maîtrise et l'abnégation des pilotes. Ils témoigneront du courage de leurs équipages. Notamment, des convoyeuses de l'air.

Ces jeunes femmes, des militaires, font partie du personnel navigant, en 1954. Elles dépendent du général qui commande le Gmmta. Recrutées sur concours, avec examen d'aptitude physique et limite d'âge fixée à trente ans. A la fois hôtesses de l'air averties et infirmières diplômées, elles peuvent aussi bien escorter des passagers qu'embarquer des blessés, dont elles s'occupent avec la vigilance de mise dans les Samu. Elles participent à la majorité des évacuations de l'avant lors des combats, recueillant les rescapés que leur confient les médecins des antennes, les conduisant jusqu'aux hôpitaux de l'arrière, veillant sur eux, ranimant les plus gravement atteints, lorsque la nécessité l'impose. Elles accompagnent également les grands blessés, quand on les rapatrie en métropole. Leur insigne de navigante, deux ailes argentées qui encadrent une étoile, ne leur est accordé qu'après 300 heures de vol.

Toutes sont vaccinées contre l'angoisse, la terreur. Ces sentiments, normaux pourtant, ne perdurent guère chez ces volontaires puisque, par essence et par fonction, elles sont appelées à côtoyer et à soulager l'horreur. A haute dose. Ne pas l'oublier, ce corps a vu le jour en mai 1945, spécialement créé pour convoyer d'Allemagne en France les déportés des camps de concentration, ainsi que les malades, parmi les prisonniers de guerre récupérés. Des victimes en piteux état, dont l'assistance exigeait, outre de solides connaissances médicales, beaucoup de miséricorde.

Le médecin-colonel Tisné, du service de santé de l'armée de l'Air, disposait à l'époque d'un certain nombre d'infirmières déterminées à assurer cette tâche, certaines provenant de la Croix-Rouge française, d'autres de son unité, à Paris. C'est à l'une d'elles, Marie-Thérèse Palu, une Pyrénéenne efficace et tenace, appartenant aux Ipsa, infirmières, pilotes et secouristes de l'Air, qu'il confia la charge d'« inventer » cette compagnie des convoyeuses puis de la gérer.

Marie-Thérèse Palu n'a engagé que dix-neuf candidates, les premiers temps : Hélène Fuisil, Janine Pelissier, Geneviève Roure, Annie Rouanet, Valérie de La Renaudie, Denise Taravet, Monique Jeanjot, Lucette Didry, Françoise des Moutis, Marguerite de Guyencourt, Renée Martin, Geneviève Albinet, Yvonne Cozanet, Janine Debet, Toto Olivier, Fernande Poisson, Sabine Almes, Simone Deville et Jacqueline Barrault. La « vieille équipe ». Les plus âgées avaient à peine plus de vingt ans. A l'époque, l'idéalisme, le sens civique s'affichaient tôt. Ce noyau s'est étoffé ensuite, mais sans jamais dépasser trente-cinq participantes, l'effectif arrêté par l'armée de l'Air. Palu a seulement substitué de nouvelles postulantes à celles qui se mariaient ou qui ne renouvelaient pas leur engagement de deux ans, à celles qui disparaissaient en mission. Au total, 107 jeunes femmes se relaieront ainsi et constitueront ce corps exceptionnel. Elles effectueront 200 000 heures de vol, durant onze ans.

Première victime : Berthe Finat, convoyeuse à bord d'un Junker 52, trimoteur allemand, récupéré par l'armée de l'Air. C'était en 1945. Le temps des limbes, pour ces samaritaines. Le « Toucan » s'étant écrasé en flammes lors d'un atterrissage forcé, Finat sortit des débris de l'avion avec ses vêtements en feu. Blessée, grièvement brûlée, elle refusa à plusieurs reprises les soins que des sauveteurs bénévoles voulurent lui prodiguer, demandant qu'ils s'occupassent d'abord des passagers. Ne pouvant bouger, elle leur donna les indications utiles afin qu'ils prissent les accidentés en charge, sans aggraver leurs lésions. Évacuée la dernière, son ultime volonté, elle mourut pendant son transport.

« Les passagers, d'abord. » Tel est l'esprit Palu, le dogme qui, depuis le premier jour, n'a cessé de faire courir ces jeunes femmes de par le monde. Comme le fit Berthe Finat, beaucoup d'autres se sont ainsi sacrifiées. Telle Lucienne Just et Cécile Idrac, Annie Rouanet, Geneviève Roure ou Gisèle Pons. Des noms révérés par les générations suivantes, puisqu'ils ont été donnés à leurs promotions.

Après la récupération des déportés, en 1945, après les rapatriements des militaires d'Afrique et du Moyen-Orient, les convoyeuses sont tout naturellement venues en Indochine dès que la guerre a pris du corps, en 1946.

Marie-Thérèse Palu a ouvert la voie le 19 janvier, cette année-là. Chargée de livrer à Saigon un important lot de pénicilline, que l'on conservait encore dans la glace en ce temps, à une température de 5 à 6°, elle a saisi cette occasion pour implanter aussitôt des filiales de son unité en Extrême-Orient. La première dans la capitale de la Cochinchine, la seconde à Hanoi. Les piliers? Des anciennes, des vaillantes de la vieille équipe : Olivier, La Renaudie, Cozanet, Jeanjot et Verley, dirigées par Marguerite de Guyencourt, dite « Guite », ou, encore, « la reine mère ».

Discrètes, à la tâche dès le début du conflit en Extrême-Orient, ces convoyeuses ont participé à toutes les épreuves où l'aviation de transport militaire s'est trouvée engagée. Elles n'ont eu, cependant, que rarement les honneurs du communiqué. Un oubli? Réaction « machiste » des états-majors? Elles n'ont jamais ménagé leur peine. Contribuant à l'évacuation de l'avant de quelque 15 000 blessés, par Dakota, durant la seule année 1953. Et coopérant, dans le même temps, au rapatriement en métropole d'une légion d'éprouvés. Des voyages interminables sur les Languedoc, gros avions de ligne de la compagnie civile TAI, qu'elles appelaient « les Baleines ». Leur abnégation est liée de manière indissoluble à l'épopée indochinoise, ainsi qu'à celle du service de santé.

Quand commence l'occupation de Diên Biên Phu par les paras de Bigeard et de Bréchignac, elles ne sont que trente-deux pour assurer cette tâche démesurée. En France, en Indochine, ainsi que sur les routes du ciel reliant les deux pôles. La métropole et Saigon mobilisent la plus grande part du détachement. Huit d'entre elles cantonnent à demeure à Hanoi. Où l'armée de l'Air les loge depuis peu, dans trois pièces d'une villa privée de confort, boulevard Gambetta. En novembre 1953, Valérie de La Renaudie et Michaëla de Clermont-Tonnerre, les aînées, y encadrent les dernières recrues, fraîches émoulues du centre d'instruction de Saigon; Aimée Calvel, Michèle Lesueur, Yolande Le Loc, Arlette de la Loyère, Marie-Pierrette de Mongolfier et Solange de Peyerimhoff.

C'est l'ensemble des évacuations sanitaires de toutes les opérations militaires au Tonkin que ces huit convoyeuses doivent assumer. Le jour, elles assurent les rotations qu'imposent les engagements dans le delta, ainsi que le transport des blessés crâniens jusqu'à Saigon, où œuvrent les meilleurs neurologistes du service de santé. La soirée, souvent la nuit, sont réservées aux missions Diên Biên Phu. Autant dire que les « misses », surnom que leur donnent les équipages, ne chôment pas. Elles regagnent la villa du boulevard Gambetta pour s'écrouler, dormir quelques heures, récupérer. Pour prendre aussi les consignes, connaître leurs destinations prochaines. Chaque soir, à 18 heures, le capitaine Moulin, du Gatac nord, transmet les ordres à leur responsable. Le menu de la nuit à venir, du lendemain. Toujours le même : des enlevés de blessés.

Ainsi, le 26 novembre 1953, La Renaudie, dite « Val », qui totalisait déjà 7 000 heures de vol, a partagé avec Clermont-Tonnerre les premiers convoyages des victimes de Diên Biên Phu. Dans leur sillage, les jours suivants, les « bleues » ont pris part aux récupérations biquotidiennes des évacués du camp retranché. Leurs navettes se sont succédé jusqu'au 13 mars.

Les premières semaines, le transport sanitaire a été assuré par des Dakota civils. Autant dire des camions. Inadaptés au convoyage des blessés. Chacun d'eux n'a pu embarquer qu'une dizaine de brancards, posés à même le plancher, mal arrimés, ce qui n'a pas facilité l'installation des appareils à perfusion. A la fin février, les convoyeuses ont retrouvé leurs équipages militaires familiers, jusqu'alors engagés dans d'autres opérations, au Laos, ainsi que leurs onze Dakota de l'armée. De véritables ambulances du ciel, dotées de 24 brancards suspendus, pourvues des aménagements permettant de donner à volonté l'oxygène, le sérum glucosé, les tonicardiaques, les transfusions de plasma, de sang, qu'appellent les réanimations. Des convoyages impliquant une surveillance continuelle ; les perfusions se déréglant toujours, en raison de l'altitude élevée des voies aériennes au nord du Tonkin.

Le 13 mars, à l'exception de Michèle Lesueur et d'Aimée Calvel, maintenues encore en place, le reste de l'équipe de Hanoi a été relevé, remplacé par des convoyeuses déjà émérites : Paule Bernard, Geneviève de Galard, Elisabeth Gras, Brigitte de Kergolay et Christine de Lestrade, sous les ordres de « Coco », Yvonne Cozanet, une chevronnée, qui a accédé à l'état de vétérance.

Le lendemain, le capitaine Moulin a sonné le branle : alerte générale. Les Viets ayant lancé leur grande offensive, tous les avions sont partis en mission : parachutages et tentatives d'évacuations. Cozanet a embarqué son personnel sur sept Dakota différents à Gia Lam. Durant toute la journée les pilotes ont essayé, en vain, de poser leurs appareils sur la piste herbeuse située au voisinage du point d'appui Isabelle, chassés, chaque fois, par la DCA. Les équipages, déçus, ont assisté au mitraillage des ambulances et des camions arborant des croix rouges, qui ont fini par se replier dans leurs alvéoles, l'étau de feu s'étant refermé sur Diên Biên Phu.

C'est Michèle Lesueur, la benjamine du groupe, qui a participé au premier posé acrobatique d'un Dakota sous le tir des Viets, le mercredi 17 mars. L'atterrissage a été effectué face au nord, afin que le décollage puisse se faire ensuite en direction du sud, où la densité des tirs a paru moins dense au pilote. Six brancards, seulement, à bord. La nouvelle consigne donnée par Cozanet. Et pas d'escabeau; certes, il pouvait faciliter la montée, mais il la ralentirait par trop. Le pilote ayant averti l'équipage qu'il ne devrait en aucun cas quitter l'avion, Lesueur, aidée par le radio, par le navigateur, a tiré en catastrophe les trente-deux blessés embarqués, manquant basculer à plusieurs reprises. Puis elle a vu les autres, au sol, courir, s'accrocher à l'embrasure de la porte tandis que le Dakota prenait son élan. Jusqu'à Hanoi, pendant une heure trente, elle a soigné ses passagers comme si elle avait fait cela durant des années, changeant leurs pansements à demi arrachés lors du sauvetage. Elle n'a craqué qu'à Gia Lam, hors de vue de tout témoin, autant de fatigue nerveuse que de compassion devant le désespoir qu'ont manifesté ceux qu'elle n'avait pu emporter.

Deux jours plus tard, choisie encore par le sort, Lesueur a assuré l'ultime enlèvement de jour des blessés du camp. La sonnerie d'alarme déclenchée par le pilote, deux minutes à peine après le posé, ne lui a laissé que trois secondes pour hisser le dernier des vingt et un rescapés. Survoltée, elle en aurait bien embarqué le double si elle l'avait pu. Mais l'avion, poursuivi par les obus, a décollé, filant en tonnerre au ras des collines, salué par des soldats auxquels, penchée au dehors, elle a répondu par de grands signes, au risque de récolter l'une des balles ennemies qui montaient de la forêt voisine.

Les atterrissages de jour ayant été supprimés à ce moment-là, le lieutenant-colonel Descaves, à Gia Lam, a reçu l'autorisation d'essayer, la nuit suivante, le nouveau procédé d'évacuation évoqué plus haut, qu'il a imaginé : les premiers posés nocturnes, en vol plané, sans éclairage, à Diên Biên Phu. Tandis que le pilote d'un premier Dakota ferait semblant de s'apprêter à larguer des parachutes afin d'attirer l'attention des Viets, un autre aviateur, aux commandes d'un second appareil jaillissant du sens opposé, essaierait d'atterrir, moteurs coupés, tous phares éteints. Descaves a tenu à expérimenter lui-même cette méthode quelque peu suicidaire. Convoquée par téléphone à Gia Lam une heure avant le décollage, la convoyeuse qui a accepté de participer à ce premier vol des plus scabreux est Geneviève de Galard.

Le hasard, là encore, a bien fait les choses. Cette jeune femme, qui fêtera bientôt son 29e anniversaire, a du caractère. Élevée dans le culte du devoir, de vieille noblesse du Sud-Ouest, elle vivait avec sa mère, veuve d'officier, dans l'une de ces impasses cossues qui font le charme du 17e arrondissement, à Paris. Infirmière diplômée d'État, elle s'est engagée en janvier 1953, choisissant l'armée de l'Air, afin de servir en Indochine. L'une de ses amies, convoyeuse elle-même, l'a attirée dans ce détachement. Geneviève de Galard effectue son second séjour en Extrême-Orient, en 1954. Elle connaît Diên Biên

Phu, du moins son terrain d'aviation; elle a assuré, en janvier 1954, un bon nombre d'évacuations classiques dans le camp retranché. Mobilisée depuis lors par l'opération « Atlante », elle vient d'être basée de nouveau à Hanoi par « Guite » de Guyencourt, afin de renforcer l'équipe d'Yvonne Cozanet.

Quand le lieutenant-colonel Descaves approche de la vallée de Diên Biên Phu par le sud, la nuit est profonde, sans lune. Loin, au nord, le Dakota servant de leurre a déjà focalisé le tir de la DCA viet. Descaves coupe ses moteurs et laisse glisser l'avion en planant, vers le terrain que balisent trois minuscules lumignons orientés au sud. Deux des loupiotes marquent l'entrée de la piste. La dernière, au fond, sa fin. Un touché en douceur, de main de maître. Dès l'arrêt, des soldats bondissent, poussent l'appareil, le font pivoter. Les ambulances attendent. En quelques minutes, une quinzaine de blessés brancardés sont hissés. Parmi eux, l'un des trois rescapés de l'ensevelissement de la salle d'hospitalisation des abdomens, que Gindrey a dû opérer de nouveau. Le bruit des moteurs relancés par Descaves se fond dans le fracas des canons viets, qui s'en prennent toujours au Dakota qui les abuse; l'ennemi ne s'est pas manifesté autrement lorsque Descaves a décollé.

Deux autres Dakota sanitaires, qui croisaient au loin dans le sud, réussiront à se poser de la même façon, cette nuit-là. Au total, ce 20 mars, quarante-huit blessés seront évacués. Un espoir fou naît dans le centre médical du camp, ainsi qu'à Hanoi.

Dans la nuit du 21, c'est au lieutenant Arbelet, du groupe de transport Béarn, de tenter le diable à son tour. Il décolle de Gia Lam à 22 heures, précédé par l'avion leurre. Convoyeuse : Aimée Calvel, la seconde novice basée à Hanoi.

A 23 h 30, Arbelet pose en silence son Dakota, non sans trembler. Le train d'atterrissage dérape sur le tapis des plaques métalliques perforées de la piste, rendues glissantes par l'humidité nocturne. Aimée Calvel, qu'assiste le radio, hisse d'abord des blessés sur brancard. Quatre sont embarqués quand une fusée monte du camp, révèle la présence de l'appareil. Des obus de mortier tombent aussitôt. Arbelet déclenche la sonnerie d'alarme. Et décolle. L'obscurité revenue, le commandant Guérin lui ordonne de se poser de nouveau. Le pilote obtempère, au moteur cette fois, car les Viets tirent toujours, heureusement au hasard. L'avion, chargé, s'apprête à décoller lorsqu'une rafale de mitrailleuse atteint le poste de pilotage. Arbelet et son mécanicien sont touchés aux jambes. Les ambulances reconduisent les blessés ainsi que l'équipage à l'infirmerie du médedin-chef Le Damany. Gindrey soigne sur l'instant les deux aviateurs. Peu avant que l'aube ne pointe, Arbelet, bourré d'analgésiques et les jambes pansées, réussit à arracher son Dakota de Diên Biên Phu. Il ramène tout son monde à Gia Lam. Ainsi que les douze blessés qui avaient été primitivement embarqués.

Les péripéties de cette évacuation ont cependant consterné les responsables du Gmmta, à Hanoi. Les Viets ont éventé la manœuvre. Pourtant, Descaves insiste. Il faut continuer. Et toujours sans lumière. Les ténèbres gênent l'ennemi. En revanche, elles protègent les aviateurs. Ils pourront même atterrir au moteur, ce qui devrait faciliter leurs évolutions. Sa conviction l'emporte. La nuit du 22 mars, le capitaine Rousselot, du groupe Anjou, quitte Gia Lam à 21 heures. Convoyeuse : Yvonne Cozanet. Quatre-vingt-dix minutes plus tard, ils se posent à 160 à l'heure à Diên Biên Phu, sans utiliser les phares, dans un noir d'encre, sur la piste bordée de barbelés, dont le terme n'est indiqué que par un minuscule point lumineux.

Tandis que les moteurs tournent au ralenti, le radio et Coco happent, tirent, entassent. « La tête la première, et les brancards en dernier », répète inlassablement la convoyeuse. Le tir des mortiers, toujours imprécis à cause de l'obscurité, se fait quand même plus dense. La sonnerie retentit, signifiant que Rousselot remet les gaz. Le dernier embarqué, attaché sur sa civière, est encore en travers de la porte. Craignant qu'il ne bascule dans le vide, Cozanet le cramponne, l'étreint de toutes ses forces. Elle-même est maintenue par le radio. Rousselot semble éprouver des difficultés car l'avion se traîne, ne prend pas d'altitude. Il devra tourner deux fois au-dessus de la vallée, avant que de sauter les crêtes, à l'est, en les frôlant. La raison de cet envol laborieux saute aux yeux de l'équipage quand le mécanicien peut donner de la lumière. La plus grande part des rescapés est encaquée à l'arrière. Et ils sont vingt-deux... Durant le trajet du retour, Cozanet, qui aura auparavant équilibré le chargement en allongeant les blessés côte à côte, à même le plancher, passera son temps à les réchauffer, parce qu'ils grelottent de froid, à surveiller surtout leurs pansements; les hémorragies constituent un danger majeur, après ces évacuations tempêtueuses.

Dans la nuitée du 23 mars, Paule Bernard ramène treize blessés à Hanoi. Durant celle du 24, Elisabeth Gras dépose d'abord le lieutenant-colonel Voinot à Diên Biên Phu. Nouveau chef d'état-major du commandant en chef, il vient relever le lieutenant-colonel K..., dépressif depuis onze jours, lequel est évacué la nuit même, en complément des 19 blessés qu'accueille Gras. Lors de la nuit du 25 mars, Cozanet parvient à tasser 27 survivants dans le Dakota que pilote Dartigues.

Ensuite, la chance abandonne les aviateurs du Gmmta. Plutôt, la canonnade des Viets s'est intensifiée. Deux Dakota en mission de parachutage sont abattus par la DCA au-dessus du camp retranché. Deux pilotes disparus, avec leurs équipages; d'abord le capitaine

Koenig, puis le capitaine Dartigues. Le même jour, un autre Dakota, touché en cours de largage, est contraint à se poser sur la piste. Les obus ennemis le détruisent en moins de trois minutes. Le capitaine Goeglin, son pilote, ainsi qu'une partie de son équipage, sont récupérés le lendemain. Dans la nuit du 26 mars. Ce soir-là également, l'appareil qui devait enlever des blessés, avec Geneviève de Galard comme convoyeuse, repart à vide, harcelé par les tirs de mortiers, par des rafales de mitrailleuses. Le rideau de feu viet s'étend en coupole au-dessus du camp jusqu'à 2 500 mètres d'altitude. De nouveau les mines s'assombrissent à Hanoï, autant au Gmmta qu'au Gatac nord.

Le 27 mars, le capitaine Moulin alerte Cozanet : une tentative d'évacuation prévue durant la nuit. Avec le commandant Blanchet. Coco s'inscrit sur les ordres pour assurer la sortie. Toutefois, elle doit céder à contrecœur la place à Geneviève de Galard, laquelle considère que sa mission de la veille ne peut être prise en compte puisqu'elle n'a pu recueillir personne. Le décollage de Gia Lam est trop tardif : 4 heures du matin. Le Dakota aborde la vallée isolée avant l'aube.

Pas de visibilité sur Diên Biên Phu. Corsant encore la manœuvre, le brouillard commence à s'installer. Blanchet manque par deux fois son essai d'atterrissage, car il ne peut distinguer l'axe de la piste. A la troisième reprise, il réussit son posé, évitant de justesse les buissons de barbelés. Cependant, il a heurté un piquet au passage. Mais il positionne quand même son appareil à la hauteur des ambulances. Au tour de Galard de s'activer. Elle s'affaire, assistée par Cuinet et par Larriau, le navigateur et le radio. Ils recueillent promptement dix-neuf blessés dans la carlingue. Chauvin, le mécanicien, qui en a profité pour inspecter l'avion, constate que le piquet a crevé le réservoir d'huile. Les instruments de bord indiquent que la pression est à zéro. L'appareil ne peut repartir.

Un contretemps désespérant pour les blessés. Certains parmi eux ont connu de la sorte quatre tentatives vaines. Galard et les infirmiers les installent dans les ambulances, qui les ramènent à l'infirmerie du groupe mobile 9, où Le Damany réunit d'habitude les prochains évacués. Guérin accueille l'équipage, après avoir fait pousser l'avion au parking, en bordure du terrain. Geneviève de Galard, son poste à oxygène récupéré, de même que sa trousse sanitaire, gagne pour sa part la grande antenne médicale, où elle donne quelques nouvelles de Hanoi à Grauwin et à Gindrey.

Au petit jour, le brouillard protège encore l'avion. Mais il se lève à 10 heures. Et, à 10 h 30, les canons viets entrent en action. Le quatrième obus fait mouche. En quelques instants, l'appareil s'embrase.

Durant toute la journée qui suit, nul ne s'inquiète trop. Un Dakota est annoncé pour le soir. Que pilotera le commandant Martinet. Mais il ne viendra pas; la météo est trop mauvaise. Cette nuit-là, Geneviève de Galard dormira à l'infirmerie du 1er Bep, où le médecin-lieutenant Rondy l'a accueillie. Le lendemain soir, elle admettra avec une sérénité exemplaire qu'elle est coincée à Diên Biên Phu.

La pluie s'est mise à tomber, en effet, drue. Elle transforme en boue l'argile de la vallée. Et en patinoire, la piste métallique. Atterrir dans ces conditions, de nuit, serait folie pure. Martinet, qui tourne au-dessus du camp, se déclare pourtant prêt à l'oser. Blanchet, appuyé par Guérin, ne l'en dissuade qu'à grand-peine. Le jour suivant, l'état du ciel ne s'améliorant pas, la direction du Gmmta éprouvé par tant de pertes en équipages, en matériel, en si peu de temps, se résigne alors à suspendre définitivement les évacuations des blessés. Autre raison, tout aussi explicite, que nul n'ignore, ni dans le camp retranché ni à Hanoi : le Viêt-minh s'apprête aussi à déclencher sa deuxième grande offensive.

Cet abandon, cruel, le Gatac nord le décidera également, à peu près au même moment, pour ce qui concerne les hélicoptères.

Le petit détachement de ventilateurs destinés à l'évacuation sanitaire basé à Muong Saï depuis la mi-mars, a pourtant réalisé des prodiges durant cette quinzaine, quoi qu'ait pu en penser de Castries, qui n'a pas ménagé les pilotes dans un message adressé à Navarre : « ... Mon admiration est grande pour les équipages de transport, mais les hélicoptères se dégonflent et pourtant de nuit sur des zones de posé variantées – j'en ai dix – ils ne craindraient pas grand-chose avec un extincteur à chaque dropping zone... » Savait-il vraiment ce qui se passait sur la voie aérienne reliant la vallée assiégée à ce bourg du Laos? Ni cette escadrille ni les autres unités équipées d'appareils à voilure tournante, qui auront évacué 11 124 blessés et récupéré à la barbe des Viets 38 pilotes abattus, entre 1951 et 1954, n'ont mérité pareil jugement.

Les pilotes des sept hélicoptères de cette escadrille sanitaire de Muong Saï, chargés de l'évacuation des blessés de Diên Biên Phu, n'ont pas à rougir de leur bilan. Si leurs collègues menant les Dakota du Gmmta ont pu embarquer 217 victimes dans leurs engins éprouvés et robustes, du 17 au 26 mars inclus, eux en ont sauvé 99, dans le même temps, à bord de leurs fragiles machines, qui, au contraire de ce qu'avançait de Castries avec assurance, ne pouvaient pas encore voler par temps de brouillard ou les nuits sans lune, sur des territoires montagneux. Aucun n'était équipé d'instruments permettant d'évoluer sans visibilité.

On le sait, c'est en 1949, à l'initiative clairvoyante et persévérante du médecin-général Robert, le patron du service de santé en Indochine à l'époque, que les hélicoptères ont pu voler pour la première fois en Extrême-Orient. Où ils n'ont, ensuite, servi qu'à des évacuations sanitaires durant toute la présence française. Mitraillés souvent par les Viets, qui n'ont jamais respecté les croix rouges ornant leurs flancs.

« Jusqu'alors, précise le général Chassin, dans son livre *Aviation Indochine*, la tâche d'aller prendre les blessés au plus près des lieux de combat, avait été dévolue aux Morane 500 sanitaires, qui, derrière le pilote, pouvaient emmener deux blessés installés dans des brancards superposés. Mais il fallait tout de même aux Morane quelque 400 mètres pour atterrir et décoller, et bien souvent, pour les rejoindre, les infirmiers devaient effectuer plusieurs kilomètres dans la jungle ou dans la boue, transportant à dos d'homme les civières où les blessés gémissaient à chaque cahot...

« Et cependant, les pilotes de ces criquets sanitaires faisaient des miracles. Ils se posaient sous le feu du Viêt-minh, quelquefois sur de mauvais chemins de terre passant entre les rizières, prenant des risques énormes pour sauver la vie de leurs frères d'armes. Mais enfin, en pleine forêt, ou sur des pitons, ces pilotes, même Bartier – l'adjudant Henri Bartier, le grand as de ces Morane – ne pouvaient rien faire. Bien entendu, on avait rapidement pensé aux hélicoptères. Mais l'armée de l'Air se trouvait dans l'impossibilité de consacrer le moindre sou à leur achat. D'autre part, beaucoup se demandaient comment ces machines, délicates à piloter et à entretenir, allaient se comporter dans le climat humide et chaud de Saigon, de l'Indochine, où la portance est très diminuée par rapport à celle de l'atmosphère standard. »

La détermination du médecin-général Robert, sa grande vertu, précisent ceux qui l'ont connu, lui a permis de passer outre à toutes les objections. Rien ne lui paraissait pire que de laisser croupir et mourir des blessés, au loin, faute de parvenir à les évacuer. Certain d'être dans la bonne voie, il a donc acheté aux États-Unis, en 1949, sur les fonds de son service d'achat, deux Hiller 360. Des libellules, qui faisaient alors merveille en France comme engins de publicité. Dotées d'un moteur de 178 CV, elles pouvaient monter jusqu'à 1 500 mètres, évoluer à 100 km/h. Le rayon d'action ne dépassait guère cent kilomètres. Et leur limite en charge, poids du pilote compris, était de 249 kg. Encore diminuait-elle en atmosphère tropicale. Autant dire des jouets, ou presque. A la demande de leur client, les Américains ont équipé ces engins de deux civières extérieures. Robert subodorait qu'entre les mains de bons pilotes ils deviendraient des outils remarquables, qu'ils permettraient de culbuter l'obstacle qui le hantait : l'évacuation présumée trop délicate. Son second coup de génie a consisté à bien choisir l'homme qui tirerait d'étonnants rendements de ces brasseurs de vent : le capitaine Alexis Santini.

Le général Chassin, un connaisseur, a comparé ce dernier à Guynemer, à Marin La Meslée, les grands pilotes de chasse de la Première Guerre mondiale, pour ses qualités, son audace, sa lucidité. Secondé les premiers temps par un seul pilote, le sergent Fumat, le capitaine Santini, aux commandes de son insecte, est devenu très vite l'aviateur le plus connu en Indochine. Le saint-bernard de la jungle et des rizières.

Santini a effectué sa première mission héliportée, dédiée au médecin-général Robert, le 16 mai 1950. Après une brève période d'adaptation aux réactions déconcertantes de sa machine. Cette évacuation est restée dans les annales. Ce jour-là, dans la région de Tan Uyen, au Cambodge, à la tombée de la nuit et malgré le mauvais temps, en plaine heureusement car il n'avait, pour toute instrumentation, qu'un badin et un altimètre, dépassant largement les limites de charge, il a embarqué deux colosses du 1er Bataillon colonial de commandos parachutistes, blessés gravement. Ils ont crevé de peur dans les nacelles suspendues au-dessus du vide. Mais il les a ramenés à Saigon.

Puis Santini a cristallisé dans son sillage une fine équipe d'autres pilotes. L'adjudant-chef Henri Bartier, qui a délaissé les Morane pour le suivre. Et la médecin-capitaine Valérie André, chirurgien du Cafaeo, devenue elle-même une héroïne de l'Air. Ainsi que le lieutenant Delachoue, l'adjudant-chef Bret, les capitaines Jourdan et Joly. De même, Santini a levé des mécaniciens de grand talent, tels les adjudants-chefs Petit et Lambert. Dès lors, les exploits se sont multipliés. Ceux de Santini et ceux de son team. Par milliers, ils ont évacué, sauvé les soldats du Corps Expéditionnaire.

Les appareils, à partir de 1952, ont aussi évolué, acquérant du souffle, de la puissance, du coffre. De nouveaux Hiller sont arrivés en Indochine, toujours réservés aux courtes distances et aux enlevés en clairières exiguës. Pour les raids plus longs : des Westland Sikorsky S 51, achetés en Angleterre. Excellents sur le papier, toutefois difficiles à mater. Mus par un moteur de 535 CV et pesant 1 950 kg à vide, dotés d'un rayon d'action de 400 kilomètres, ils devaient emporter plus de 700 kg de charge utile, à 130 à l'heure, en pointe. Soit deux hommes d'équipage et six blessés. Décevants à l'usage, jamais ils n'ont pu en prendre plus de quatre, à la condition qu'ils fussent légers. Encore fallait-il équilibrer les engins, avec des saumons de plomb, à l'avant ou à l'arrière. Les paniers réservés aux victimes, sur les flancs du fuselage, étaient bien trop lourds.

En septembre 1953, des Sikorsky S 55, provenant cette fois des États-Unis, remplacent les S 51, renvoyés en France. Ils ne volent pas plus vite. Mais ils chargent en soute – un progrès énorme – six blessés couchés ou bien huit assis, avec un infirmier pour les surveiller. Leur rayon d'action, 500 kilomètres, les prédisposent aux longues distances, particularité intéressante dans un pays morcelé par l'ennemi. Cependant, outre leur vitesse, trop réduite, ils ont d'autres faiblesses : pas d'instrumentation pour le vol sans visibilité, pas de blindage non plus. Leur maintenance constitue également un handicap : ils ne peuvent effectuer plus de cinquante heures de vol sans révision complète ; en une heure de vol, ils consomment 150 litres d'essence et 5 litres d'huile. Des ogres.

A la mi-mars 1954, le détachement d'hélicoptères basé à Muong Saï, chargé d'évacuer les blessés de Diên Biên Phu, qui appartient à l'Escadrille de liaison aérienne 53, et que dirige le capitaine Fauroux, est équipé de sept S 55. Les pilotes sont des nouveaux venus au club. A l'exception de l'adjudant-chef Henri Bartier, le sous-officier le plus décoré de l'Indochine, qui a déjà 1 188 missions à son actif et qui a évacué plus de 2 000 blessés. Les autres vétérans sont dispersés en Cochinchine. Valérie André, ses séjours achevés en Extrême-Orient, a regagné la métropole. Santini, absorbé par la création prochaine du Groupement des formations d'hélicoptères de l'armée de Terre, multiplie les voyages administratifs entre Saigon et Paris.

Dès le 16 mars, les rotations entre Muong Saï et Diên Biên Phu ont commencé. Trois heures pour chacun des aller et retour. Cela depuis l'aube jusqu'au crépuscule. Dans des conditions de plus en plus dangereuses, à mesure que les appareils approchent de la vallée encerclée. Les pilotes changent fréquemment d'itinéraire, évoluent en rase-mottes bien entendu, escomptant réduire la portée du bruit des 700 CV du moteur, et diminuer les risques de se faire abattre ; à 130 à l'heure, ils restent des proies faciles. Ce qui les mine.

Cependant, en une semaine, ils ont recueilli plus de quatre-vingts victimes. Ramenées à Muong Saï, elles ont été confiées au médecin-lieutenant Ernest Hantz, lequel, après les avoir conditionnées dans son Antenne chirurgicale parachutable n° 5, les a évacuées par Dakota sur Hanoi. Les pilotes d'hélicoptères viennent embarquer les candidats au périlleux voyage sur le point d'appui Isabelle, au-delà duquel les machines ne peuvent s'aventurer sans être descendues. Le Damany envoie des blessés du centre de résistance chez Résillot, par ambulances et par camions, la nuit.

A partir du 19 mars, les Viets ont éventé toutes les feintes dont usent les pilotes pour aborder le site enclavé ou pour en sortir. Ils ont relevé tous les moments différents du jour durant lesquels les appareils essaient de forcer leur passage. Les fantassins aux uniformes verts, invisibles dans la forêt, tiennent toutes les passes et tiraillent à merci. A l'aller, au retour. Au 23 mars, pourtant, 89 blessés ont été évacués. Mais les nerfs craquent chez les aviateurs. Tous sont atteints, vidés. Même le valeureux Henri Bartier, l'orgueil de l'escadrille 53, dont la croix de guerre s'orne de treize palmes, qui en a tant vu jusqu'alors, sans plier, et qui a pris part à toutes les évacuations de Diên Biên Phu, semble avoir perdu son tonus.

Le matin de ce 23 mars, il a tenu malgré tout à mener encore les hélicos sur l'objectif. Vers 10 heures, trois appareils parviennent ensemble sur le point d'appui Isabelle. Les deux premiers chargent dix blessés et redécollent aussitôt. Bartier, qui fermera la marche, la place la plus exposée dans un vol en groupe, n'en emportera qu'un, le plus gravement atteint : le sous-lieutenant Gambiez, fils du général Fernand Gambiez, chef d'état-major de Navarre. Bartier s'est posé devant l'entrée de l'antenne chirurgicale de Résillot, afin d'épargner aux infirmiers un brancardage trop long sous le tir des mitrailleuses et des mortiers viets, pour tromper aussi les artilleurs ennemis, qui concentrent leurs feux sur les zones balisées à l'avance, des pièges rêvés. Malgré les précautions prises par ce vétéran, un obus frappe son appareil au moment du décollage. L'hélicoptère s'embrase aussitôt. Le sous-lieutenant Gambiez et l'équipage sont tués. Bartier, éjecté sous l'impact, grièvement atteint, est transporté au bloc opératoire de l'Acp 3. Résillot, après une réanimation prompte, doit l'amputer d'une jambe.

La blessure du leader de l'escadrille, sa disparition provisoire, puisqu'il restera à Diên Biên Phu où il partagera le sort de la garnison, ont ébranlé le détachement. Au point que le capitaine Fauroux a estimé judicieux d'alerter ses supérieurs à Hanoi.

Le médecin lieutenant-colonel Allehaut, directeur du service de santé du commandement Air en Extrême-Orient, débarque à Muong Saï, le 25 mars. Il a tenu à constater par lui-même l'état sanitaire du détachement, et le trouve plus mauvais qu'il ne le redoutait. « Profond fléchissement de l'état physique et psychique », note-t-il, d'emblée. Une atonie grave, généralisée. L'un des pilotes, qui a assuré 126 évacuations sanitaires à lui seul en six mois, qui vient d'effectuer 207 heures de vol, est victime d'une véritable psychose de l'air. Allehaut juge qu'il restera irrécupérable durant plusieurs mois. Un sergent présente un état si dégradé que le praticien ordonne immédiatement sa mise au repos. Le capitaine Fauroux lui-même ne devrait plus voler avant de longs mois. Le rapport que rédige aussitôt le directeur du service de santé de l'armée de l'Air ne présente aucune ambiguïté : « Ce détachement est inapte à poursuivre sa mission. »

Cependant, le général commandant l'aviation en Extrême-Orient, en inspection également à Muong Saï le 26 mars, ne tient aucun compte de cet avis, pourtant autorisé. Les vols continuent, décide-t-il. L'escadrille doit même tenter des évacuations nocturnes. Les blessés de Diên Biên Phu attendent. L'argument revigore Fauroux. Il prend les commandes d'un hélicoptère dans la nuit du 27 mars, afin de procéder à un vol d'essai sans visibilité au-dessus de la région, accompagné par quatre militaires; deux appartiennent à l'armée de l'Air, les autres à l'armée de Terre. Noir d'encre aux alentours de Muong Saï. Peu après le décollage, l'appareil s'écrase. Une boule de feu. Elle a désintégré Fauroux, de même que ses passagers.

Ce second crash met un terme à l'acharnement et à l'esprit de sacrifice du détachement de l'Escadrille de liaison aérienne 53. Il anéantit aussi l'espoir de toute reprise de l'évacuation des autres blessés de Diên Biên Phu.

Durant cette quinzaine tragique, le bilan des trois unités médicales installées dans le camp retranché, établi par Le Damany, témoigne de l'ampleur de l'activité qu'ont déployée les jeunes chirurgiens répondant à l'époque du sort de la garnison :

L'antenne chirurgicale mobile du centre de résistance a accueilli 757 entrants. Jacques Gindrey en a opéré 82. Enregistrant, en outre, 46 décès dans ses locaux d'hospitalisation.

A proximité, sur les Eliane, Jean Vidal a reçu 264 blessés dans son Acp 6 et pratiqué 46 opérations. Il a consigné sur son registre 63 décès pour cause de blessures hors de tous soins.

Au sud, cadenassé par le point d'appui Isabelle, où l'Acp 3 a été dressée, André Résillot a comptabilisé 132 entrées, effectué 60 interventions, noté 11 décès pour raisons identiques.

Au même moment, chez Le Damany comme chez Calvet, médecins chefs des groupes mobiles 9 et 6, ainsi que chez tous les médecins de bataillon, Aubert, Aynié, Barraud, Carfort, Pons, Prémillieu, Rivier, Rondy, Rouault, Staerman et Verdaguer, les infirmeries sont pleines également. Plus de 140 brancards occupés.

Pendant cette même période, 316 évacuations extrêmes (187 soldats du rang et sous-officiers, 10 officiers et 19 Pim) ont été assurées par les hélicoptères et les Dakota mêlés. 250 préparées par Gindrey, 20 par Vidal, 46 par Résillot.

Les dernières. Tous ceux qui frapperont désormais aux portes des postes de secours et des antennes découvriront combien est courte la route qui mène au malheur.

8

Et s'agrandit l'enfer...

Aussi impressionnante qu'une fortification puisse le paraître, elle a toujours ses faiblesses. La place forte de Diên Biên Phu en présente beaucoup. Autant dans sa localisation, son dispositif, que dans ses aménagements. Des erreurs, des imperfections et des défauts qui, additionnés, pèseront finalement sur la fortune des armes.

Ainsi, cette distance entre le centre de résistance et Isabelle, son fort détaché, au sud – cinq kilomètres. Un éloignement bâtard. Il est à la fois trop important, car il limite de ce fait la capacité de défense couplée des deux éléments, ou insuffisant, parce qu'il les expose en commun aux mêmes coups de l'artillerie adverse...

La voie qui relie la citadelle à son appendice méridional accroît, pareillement, la vulnérabilité du camp. Une portion de la Route provinciale 41. Elle traverse des rizières. Des crêtes boisées et les méandres de la Nam Youm l'encadrent. Dès décembre 1953, elle a connu un trafic intense; le transit de la vallée assiégée. Subsistance, troupes, fournitures, convois de blessés, tout est passé par cette aorte. L'inconvénient? Sa longueur. Jusqu'au 13 mars, l'état-major de la base, qui contrôlait encore son domaine, s'en était accommodé comme d'un désagrément. Pourtant, depuis la première offensive viet, ce chemin constitue un souci permanent. Pas un jour sans aléa, à son sujet. Et toute la gamme; du piégeage avec des mines aux embuscades. C'est que Giap brûle de le conquérir. Selon son habitude, il harcèle, jusqu'à ce qu'il soit sûr de l'emporter.

Sérieuse alerte, le matin du 22 mars. Le régiment viet 57, établi dans un village tenant les hauteurs, à mi-chemin entre le cœur du camp et Isabelle, est sorti des bois, a garrotté la route par des tranchées, l'a sectionnée. Durant toute la journée, le 1er Bep, appuyé par l'artillerie et par des chars venus d'Isabelle, a bataillé ferme avant de le déloger, de combler les boyaux, de rétablir la circulation.

Le médecin-lieutenant Rondy, qui se joint toujours au bataillon quand on l'engage en son entier, a pu mieux que personne juger de la violence de l'engagement. Les légionnaires ont ramené les corps de 15 des leurs, tués. Les infirmiers ont relevé 72 blessés. Une trentaine atteints par balles, une quinzaine par des éclats de mines et de mortiers, les autres étant des polyblessés. Trente fracas osseux et une quarantaine de lésions musculaires, viscérales. Rondy a traité certains cas dans son poste de secours improvisé, à l'abri d'une diguette. Il a conditionné les autres pour évacuation immédiate par ambulance et Jeep sanitaires sur l'antenne de Gindrey et de Grauwin.

Quatre jours plus tard, l'état-major de la base a riposté par une attaque, à l'ouest de la vallée. Une façon de signifier à l'ennemi qu'il n'a pas le monopole des initiatives. L'assaut a visé des positions de DCA, poussées par l'adversaire jusqu'à 2 500 mètres des terrassements du camp, masquées dans la végétation entourant Ban Ong Pet et Ban Pé, des villages thaïs. Bigeard s'est chargé du curetage sur le premier site avec son 6e Bpc. Tourret et le 8e Choc se sont occupés du second. En appui, un bataillon d'infanterie du 2e Étranger et des chars, encore ceux d'Isabelle.

Au tour de Rivier et de Carfort, médecins des paras, d'intervenir simultanément, cette fois. Ils n'ont pas chômé, l'accrochage s'étant révélé plus âpre que le précédent. 20 morts ramenés sur les cantonnements et 85 blessés récupérés par les infirmiers, triés dans les postes sanitaires aménagés au voisinage des PC volants. Beaucoup de lésions multiples, de plaies souillées, dues à l'acharnement des mêlées en forêt. Les praticiens n'ont pas lésiné sur les moyens d'urgence, ni sur les pansements compressifs, ni sur les antibiotiques de couverture. Toute leur dotation de combat, portée en sac. Ils ont évacué promptement sur l'antenne chirurgicale de nombreux blessés musculaires, hémorragiques, des fracas osseux associés. Et toutes ces victimes pour un bilan bien plus maigre que ne l'a prétendu le communiqué officiel : seulement quelques mitrailleuses lourdes enclouées; les canons de 37 étaient hors de portée.

Les deux opérations ont quand même ébranlé les Viets : au total quelque 500 morts. Ce qui a d'abord ragaillardi de Castries. Puis, à froid, il a estimé ses propres pertes disproportionnées, au regard des objectifs traités. Déjà, la chute des trois boucliers du camp, au nord, expose sévèrement sa base aux coups de l'ennemi : une dizaine de tués et une quarantaine de blessés tombent chaque jour, lui a confirmé Le Damany. L'hémorragie, pernicieuse, entame par trop son capital humain. Aussi le commandant en chef décide-t-il de ne plus ajouter à cette fonte quotidienne, considérée comme irrévocable, les coûteuses déperditions qu'impliquent les raids exceptionnels. En quelque sorte, il renonce à défendre la praticabilité de l'artère du sud et les abords directs de la vallée. Il les cède à Giap.

Cependant, faute d'avoir été tranché à temps, ce cordon ombilical fera encore d'autres victimes. Des immolés, considéreront certains. Tel le lieutenant Marcel Reymond, le 27 mars.

Ce jeune homme, il venait de fêter sa vingt-cinquième année, paraissait pourtant promis à un bel avenir. L'armée était son univers depuis sa naissance. Fils d'un sous-officier, dressé dans le culte de la patrie, bon mathématicien, il s'était bien classé à sa sortie de Saint-Cyr – promotion Garigliano 49-51. Ce qui lui donna le privilège de choisir son arme. Il opta pour l'artillerie et le 64e Raa, à Meknès. Désigné pour l'Indochine, on l'avait toutefois affecté au 1/4e Tirailleurs marocains, en qualité d'officier de renseignements à la compagnie de commandement du bataillon, depuis la fin décembre 1953. Il avait laissé à Lyon sa jeune épouse, enceinte d'un fils, lequel devait naître peu après son départ, et qui reçut le prénom de Bernard. Marcel Reymond sympathisait beaucoup avec Henri Prémillieu, le médecin de son unité, son aîné de trois ans, originaire de Belley, dans l'Ain, pays de Brillat-Savarin. Probablement se sentaient-ils rapprochés par leurs départements limitrophes en métropole. Ce 27 mars, au matin, Reymond a quitté le PC du bataillon pour assurer avec une patrouille l'ouverture quotidienne de la Rp 41.

C'était connu partout au Tonkin; les Marocains du 1/4e excellaient dans cet exercice fort dangereux. A l'instar du héros de leur unité, l'adjudant-chef Abdallah ben Ahmed, un rescapé des campagnes d'Italie et d'Alsace. Personne n'égalait ce grand diable dans la chasse aux mines, aux fils pièges. Décontracté, le chèche autour du cou, sa barbe de patriarche descendant jusqu'au ceinturon, tenant sa carabine U.S. dans la saignée du coude, Abdallah, dont tous disaient qu'il avait la baraka, flairait ces saletés comme s'il levait un gibier. Depuis décembre 1953, le 1/4e assumait régulièrement ce nettoyage essentiel, sur la Rp 41, entre Diên Biên Phu et Isabelle.

A 9 heures, ce jour-là, campé au sommet d'Éliane 2, Prémillieu a observé aux jumelles la progression du jeune lieutenant et de sa troupe, durant quelque cinq cents mètres. De hautes broussailles ont ensuite masqué les soldats, à proximité de Ban Loï, un village abandonné. Peu après, des coups de feu, des rafales sèches. Et un message radio : « Reymond a morflé ! » Prémillieu fonce, en Jeep, avec un infirmier. L'élément viet qui venait d'accrocher les éclaireurs, s'est déjà volatilisé. Le servant d'un fusil-mitrailleur dissimulé dans un trou, au sein d'une rizière en jachère, avait posément ajusté le lieutenant. Victime d'une véritable éviscération, celui-ci se vide de son sang. Il n'a que le temps de souffler quelques mots concernant son épouse et son enfant au médecin, impuissant à le sauver.

Cité à l'ordre de l'armée, Marcel Reymond fait chevalier de la Légion d'honneur à titre posthume, a été l'un des rares du 1/4e Tirailleurs marocains inhumé avec les honneurs militaires au cimetière de Diên Biên Phu. Le 30 mars, le Viêt-minh occupera définitivement la route. Maître, ainsi, de la zone séparant le camp retranché du point d'appui du sud, il interdira tout parachutage sur ce territoire qui se prêtait pourtant bien à cette assistance primordiale. Cet envahissement amputera le centre de résistance de son plus puissant bastion, le privera des renforts qu'Isabelle devait éventuellement fournir, consommera l'isolement des deux garnisons. Lesquelles seront dès lors condamnées à mener des combats indépendants. De même que leurs médecins respectifs.

Journée du sacrifice pour Reymond dans la poussière ocre d'un chemin de Diên Biên Phu, pour le capitaine Fauroux et ses collègues dans l'embrasement de leur hélicoptère à Muong Saï, pour Geneviève de Galard amputée de ses ailes et vouée à l'enfermement dans la grande antenne médicale sous sape du camp, le 27 mars a été aussi la journée de l'humiliation pour Georges Bidault, ministre des Affaires étrangères du gouvernement Laniel, et pour le général Navarre.

Bidault, ce jour-là, a déposé une plainte argumentée devant le Comité international de la Croix-Rouge, à Genève. Avisant cette institution que « les avions et les hélicoptères sanitaires français, que les antennes médicales à Diên Biên Phu, appareils et installations pourtant signalés à l'attention de tous par des emblèmes et des pavillons distinctifs, faisaient l'objet de tirs systématiques de l'artillerie du Viêt-minh ». Le ministre escomptait entendre en retour une condamnation formelle de l'ennemi. Mais il recevra une réponse dilatoire. Elle donnera même à penser que la France use pareillement de son côté de pratiques contraires aux lois de la guerre. Allusions fallacieuses; depuis 1946, en effet, les observateurs de ce comité traquent en vain les moindres faits et gestes du Corps Expéditionnaire en Indochine. Se gardant, en revanche, de visiter les camps de prisonniers chez les Viets.

Navarre, qui lancera également le même jour un appel pressant par radio au général Giap, afin d'obtenir que les avions et hélicoptères sanitaires puissent se poser de nouveau à Diên Biên Phu, essuicra unc rcbuffade tout aussi méprisante : silence des Viets sur les ondes. Mais poursuite de leur canonnade sur les antennes chirurgicales du camp.

Giap ne fait pas seulement la guerre. Pour réduire l'adversaire, il ne se soucie pas du respect des conventions, recourt à n'importe quel moyen, s'il se révèle efficace. Même les pires. En l'occurrence, le terrorisme sanitaire.

Le 27 mars toujours, une journée fertile en événements, le général Giap – les archives vietminh l'attestent – expose à ses cadres la tactique qu'ils appliqueront lors de la deuxième offensive sur Diên Biên Phu. Ils avaient jusqu'alors concentré en l'espace d'une nuit chacun de leurs combats. Profitant des ténèbres qui paralysaient les blindés, les bombardiers, l'artillerie adverses. Avec anéantissement des points d'appui, enlèvement du butin, évacuation des blessés et repli momentané. Cette fois, Giap envisage des assauts simultanés contre plusieurs positions. Prolongés sur plusieurs journées. Appuyés par tous les canons pilonnant le camp. Un processus qui rappelle celui des tourmentes physiologiques terrassant les victimes de maladies vasculaires, avec formation de caillots dans les artères, jusqu'à développer, par oblitération, une apoplexie ou un infarctus massif.

Bénéficiant sans réserve de la libéralité chinoise et soviétique durant la seconde quinzaine de mars, Giap a gonflé son parc d'artillerie, renouvelé sa dotation de feu. Il a reconstitué les effectifs de ses divisions, levant des conscrits dans toute la partie du Tonkin passée entre ses mains.

Ses objectifs? Cinq collines, à l'est du camp : les Dominique, que tiennent les tirailleurs algériens du 3/3e; les Éliane, aux mains du 1/4e Tirailleurs marocains. Ainsi que les Huguette 6 et 7, au nord-ouest, qui couvrent l'extrémité de la piste d'aviation. A ses artilleurs, aux régiments d'élite de ses divisions 312, 316 et 308 de déclencher la tempête mortelle. Qu'ils enlèvent ces positions capitales et ils domineront les batteries, les postes de commandement, de même que les services de la base retranchée. Des organes vitaux. Un plan qui scellerait à bref terme le sort du camp.

Le médecin-lieutenant Lucien Aubert, un jeune Marseillais, praticien du 3/3e Tirailleurs algériens implanté sur Dominique 2, ne déborde pas d'enthousiasme, le 30 mars. Un effet de la pluie d'abord; il n'aime pas. Or, elle n'a cessé de tomber durant toute la journée, amollissant l'argile. La boue englue les tranchées, s'infiltre partout. Elle transforme en tourbière son infirmerie, mal protégée. C'est d'ailleurs le défaut de toutes les fortifications de ce point d'appui. Des boyaux peu profonds et des boucliers aléatoires de terre sur les sapes. L'abri du capitaine Garandeau, patron du bataillon, à proximité du poste de secours, n'est pas mieux loti. Seconde raison expliquant la morosité de Lucien Aubert : le moral de l'unité n'est pas très bon depuis la chute de Béatrice, qu'elle a observée de près. Les officiers l'ont constaté. Ils ont même alerté Pierre Langlais. Venu en inspection vers midi, celui-ci a prescrit à André Botella d'envoyer l'une des compagnies de son Bawouan, afin qu'elle relève les tirailleurs qui tiennent Dominique 1. Mais, à 17 heures, ce 30 mars, alors que pointe une embellie, ce remplacement n'est pas achevé.

Trois coups de 105 viets à ce moment. La semonce. Le branle. Aussitôt suit le déluge de feu et d'acier. Le tonnerre des départs indique qu'une partie des pièces de Giap tire depuis Béatrice. Les Dominique s'empanachent de geysers de fumée et de terre rougeâtre. Les coups pleuvent sur une batterie de 120 française, dont tous les servants sont massacrés. Ils se succèdent également ininterrompus sur le PC de Garandeau, sur l'infirmerie de Lucien Aubert, où les blessés commencent déjà à affluer. La préparation d'artillerie se prolonge durant près de deux heures.

A peine le feu mollit-il que les fantassins viets entament l'assaut. Clairons, cris, les vagues montent. Apeurés, les défenseurs de Dominique 1 refluent sur les paras du Bawouan qui, espérant les stopper, en arrivant à tirer sur eux. En vain. Il ne reste bientôt plus sur cette position que les cadres et les légionnaires survivants de la compagnie des mortiers.

Effroi identique chez la plupart des autres tirailleurs algériens de Dominique 2. Les uns dévalent les pentes, au sud. Certains courent vers l'ennemi, bras levés. Le capitaine Garandeau, ses gradés et une poignée de fidèles résistent puis ne tardent pas à être submergés. A son tour, le médecin-lieutenant Lucien Aubert, absorbé par sa tâche dans son infirmerie boueuse engorgée de blessés, est fait prisonnier. Après Jacques Leude, coincé de la même manière dans son poste de secours, sur Béatrice, c'est le deuxième praticien de la base dont s'emparent les Viets.

Les fantassins de Giap seraient passés ce jour-là, ils auraient atteint la Nam Youm et, peut-être même, le centre de résistance, s'ils n'étaient tombés sur le lieutenant Paul Brunbrouck, artilleur roubaisien, qui a dissimulé ses quatre 105 à leur vue. Il tient le thalweg dans lequel ils déboulent au coude à coude. Ses canons lourds, la hausse à zéro, c'est-à-dire tirant à l'horizontale, foudroient le bataillon 54 qui tentait la percée. Le chef de cette unité décimée, des cadres vietminh le confirmeront plus tard, sera destitué.

Situation différente sur les Éliane occupées en partie par le 1/4e Rtm. S'il existe un point faible dans ce dispositif, la plate-forme baptisée « Champs-Élysées », en bout de la croupe que tient une compagnie de tirailleurs – Langlais y mettra par ailleurs des paras légionnaires du 1er Bep – Éliane 2 est solide, au contraire. De plus, le 1/4e Rtm a fait preuve d'une tenue au feu exemplaire depuis le début de l'opération Diên Biên Phu. Une cohésion due à l'encadrement , de qualité. Autant chez les métropolitains que chez les Marocains. Ces derniers, sourds à la propagande adverse, détestent même les Viets. Bigeard est également venu reconnaître le site, étudier les défenses, examiner les cheminements utilisables pour d'éventuelles contre-attaques. Il apprécie aussi le commandant Nicolas, vénéré par ses tirailleurs. Ils en sont aux diminutifs : Bigeard donne du « Nicky » au chef du bataillon, lequel en retour l'appelle « Bruno », son code radio.

Ces raisons expliquent pourquoi le médecin-lieutenant Henri Prémillieu, praticien de cette unité, ne partageait pas le cafard qui minait son confrère Aubert, le 30 mars. En outre, la pluie l'a moins gêné. Il ne déteste ni le temps bouché ni les orages, par atavisme peut-être ; les perturbations climatiques sont parfois violentes dans l'Ain, son pays d'origine. Il n'irait pas jusqu'à assurer, en revanche, que son poste de secours est des mieux défendus : l'infirmerie ouvre sur le « mont chauve », à l'est, un mamelon guigné par l'ennemi, à trois cents mètres, qu'occupe une section du I/4e Rtm. Mais c'est lui qui a choisi cette orientation, en dépit du danger ; à cause de la vue, très belle.

Henri Prémillieu, vingt-huit ans en 1954, n'est pas seulement entré en médecine militaire par patriotisme, motivation fréquente chez tous les jeunes praticiens de ce temps, dont l'adolescence ou l'accession à l'âge adulte ont été marquées par l'occupation allemande. Particulièrement cruelle dans sa province natale. Il aurait d'ailleurs volontiers préparé Saint-Cyr, s'il avait eu les mêmes dispositions pour les mathématiques que Marcel Reymond. Ses points forts, à l'époque, étaient les sciences naturelles, le latin et le grec. Il a donc écouté le médecin-général Bridon, un ami de sa famille. Lequel a décelé chez lui les dispositions qui font les bons médecins ; du discernement et le sens de l'écoute nécessaires pour poser un diagnostic, un calme à toute épreuve et l'intérêt porté à son prochain. Bridon l'a incité à choisir l'école du service de santé à Lyon. La totalité de sa promotion, 130 « bleus », la première qui ait été formée dans ce prytanée, avenue Berthelot, dès la fin de la Seconde Guerre mondiale, est venue en Indochine. A l'instigation du général de Lattre, qui voulait beaucoup de médecins dans son armée, qui en gardait toujours un dans son sillage, Petcho-Bacquet, un médecin-colonel béarnais, solide, trapu, son confident et l'un des rares qui l'ait bien connu. C'est ainsi que Prémillieu, après ses six années en fac et à l'école de santé, après une année supplémentaire de stage au Val-de-Grâce, s'est retrouvé à Saigon. Puis à Hanoi. Enfin à Diên Biên Phu.

« Nous savions, ce 30 mars, témoigne-t-il, que les Viets attaqueraient. Notre service de renseignements était efficace. Revenant de la réunion matinale quotidienne chez de Castries, Nicolas nous a dit : « Ce sera pour ce soir. » En fait, pour nous, la bataille avait commencé depuis plusieurs jours : notre 2e compagnie en décousait avec les Viets pour le contrôle du « mont chauve ». Le 30, chacun avait regagné son poste, en attendant 17 heures. Au préalable, des bombardiers, des chasseurs étaient venus lâcher leurs bombes sur les pentes à l'est de la vallée. J'avais réparti les infirmiers dans leurs secteurs respectifs, préparé les impédimenta, les brancards. Nous étions prêts.

« A l'heure dite, les trois coups de 105. Comme au théâtre. On avait déjà entendu ce prélude pour Béatrice, Gabrielle et Anne-Marie. Ensuite, le cataclysme. Du 105, du 75, des mortiers de 81 et de 120. Des tirs sacrément bien ajustés. Mon infirmerie a été très vite prise en cible. Probablement par un 75 sans recul installé sur le « mont chauve ». Avant qu'elle ne s'éboule, j'ai pu happer un sac tyrolien, l'emplir de pansements et de médicaments; ma cantine de dotation était trop lourde pour que je puisse la porter seul. J'ai foncé jusqu'au PC où le commandant Nicolas et le capitaine Lacrose dirigeaient notre riposte, en contact radio avec toutes les unités. Leur abri était superbe, un vrai blockhaus, renforcé par de grosses poutres provenant d'un village thaï abandonné. Il a vibré cependant, pendant plus d'une heure, tandis que la partie est de notre dispositif était dévastée. Écrasés, nos nids de mitrailleuses, nos champs de barbelés, les mines plates qui les truffaient, les bidons de napalm qui devaient s'écouler enflammés vers le bas de la pente en cas d'assaut. Tout a été laminé. A 19 heures, le lieutenant Nicod nous a annoncé par radio : « Ça y est, ils arrivent, débordent nos défenses. »

« Après un pareil écrasement ils n'ont pas eu de mal, en effet, pour envahir nos tranchées. A minuit, ils sont parvenus jusqu'au PC. Nous les entendions courir au-dessus de nos têtes. Heureusement, ils ne trouvaient pas l'entrée. Nicolas a demandé à notre artillerie de nous bombarder à son tour. Ainsi avons-nous reçu les 105 tirés par Isabelle et les torpilles de 120 des mortiers du camp. De nouveau l'abri a tremblé. Mais il a tenu. Béni, ce martèlement. Car il a contraint les Viets à reculer. A l'état-major, on nous croyait engloutis, parce qu'on ne recevait plus notre radio. Bigeard, depuis Éliane 4, nous a sauvé la mise, a signalé que nous tenions toujours. Profitant d'une accalmie, nous sommes sortis.

« Vision dantesque. Le Dakota luciole, égrenant ses fusées, éclaire toute la vallée. Comme en plein jour. Notre coin paraît embrasé. Fumée, flammes, poudre, impacts des canons, les nôtres et ceux des Viets, rafales ennemies et nos répliques, tout se mêle. Nous en suffoquons. Et nous dévalons la contre-pente, en direction du centre de résistance, à la recherche d'un nouveau refuge, parmi nos troupes. Nous croisons des colonnes, arme au poing, qui s'apprêtent à escalader le point d'appui, à le reconquérir. La première contre-attaque de nuit à Diên Biên Phu. Une idée de Bigeard. Elle va surprendre les Viets. Jusqu'alors, c'était eux qui profitaient de l'obscurité. Quand nos forces revenaient à la charge le jour suivant, les positions étaient entre leurs mains. Curées. Cette fois ce sont eux qui ont reculé. Grâce aux paras, aux légionnaires du Bep, du 2e Rei et de la Dble, au 8e Choc accourus à la rescousse, la crête d'Éliane 2 et la contre-pente ouest ont été conservées.

« Nicolas et Lacrose ont installé leur nouveau PC sur cette contre-pente, dans une cave voûtée de l'ancienne résidence du préfet thaï de Diên Biên Phu. J'ai établi mon poste de secours quasi au-dessus, entre les pans de murs sans toit de la maison. Inconscience? Les obus pleuvaient aux alentours. Par hasard, aucun n'est tombé sur ce quadrilatère en plein air. J'ai étalé mon matériel et je me suis mis à soigner. Car les blessés affluaient. Pansements et piqûres de morphine à la chaîne, fiches d'évacuation avec diagnostic, et expédition des rescapés sur l'antenne de Gindrey et de Grauwin, ou sur celle de Vidal. A qui voulait bien les prendre.

« Parmi ces blessés, à 3 heures du matin, le capitaine Lacrose. Il venait d'abattre deux Viets avec sa carabine, pratiquement devant la porte du poste de commandement. Le troisième, avant de détaler, lui avait tiré une balle dans le bras droit. Une lésion très franche; le projectile, traversant le membre de part en part, ce que nous appelons une transfixion, n'avait pas lésé les gros vaisseaux. Un bon pansement antibiotique avec de la morphine, et Lacrose a terminé paisiblement la fin de la nuit au PC, complètement sonné par l'analgésique.

« C'est là, aussi, au milieu de ces ruines, que j'ai pratiqué ma première amputation de cuisse. A même le sol. Sur prière expresse de la victime. Un parachutiste. Dont la jambe venait d'être broyée par un obus de 105. Il sentait sa vie filer au rythme de ses hémorragies. De fait, je devais intervenir. Vite. Curieusement, il paraissait ne pas souffrir. Il me parlait avec une étonnante lucidité. Je n'avais qu'un peu de novocaïne pour infiltrer les gros nerfs sciatiques et apaiser la douleur, autant dire pas grand-chose. Alors je me suis pressé. Procédant à la désarticulation avec un bistouri et des ciseaux. Ligaturant les artères au fil de lin; deux fois par vaisseau. Découpant large la peau, les muscles souillés, “ jusqu'à obtenir une plaie belle et saignante ” disaient nos manuels, ce que nous appelons un parage. Mais je me suis gardé de suturer ensuite. Pansements compressifs, antibiotiques de couverture, morphine encore. Puis évacuation sur brancard vers l'antenne mobile centrale. Au chirurgien de parachever le travail, avec une meilleure aseptie, inexistante dans mon poste provisoire. »

Ce para vivra. Chance? Avant tout, excellence de l'intervention effectuée dans ces conditions pourtant extrêmes. Pratiquement, presque tous les médecins de bataillon présents à Diên Biên Phu exécuteront des actes chirurgicaux de ce type, des amputations de jambes, de bras, notamment durant les derniers jours de la bataille. Et en grand nombre. Les plus sollicités en la matière étant Rondy, Carfort et Rivier. Sauveur Verdaguer, esseulé à l'ouest dans son infirmerie, préalablement conseillé au téléphone par Grauwin, sauvera aussi un blessé grave du thorax, crachant du sang et présentant un énorme trou soufflant dans la poitrine; il suturera la blessure après un léger parage, commencera les ponctions évacuatrices trois jours plus tard, prévenant avec pénicilline et streptomycine l'éventuelle montée d'une infection.

A l'aube du 31 mars, Prémillieu a épuisé sa provision de médicaments, de pansements. Il pourrait se ravitailler chez Vidal, l'antenne la plus proche de sa position. Mais une envie aventureuse le tenaille; pourquoi ne pas essayer de récupérer sa belle cantine de dotation, s'il peut atteindre son ancienne infirmerie? Il met à profit un bref répit de la canonnade et des assauts, remonte à toutes jambes sur le faîte d'Éliane 2, le contournant par le nord. Ayant auparavant tant battu ces lieux, il pourrait s'y retrouver les yeux fermés. Une surprise, dans son ancien gîte à demi effondré : trois cadavres viets, ainsi que trois de ses infirmiers, toujours vivants et indemnes, devenus des prisonniers sans geôliers. « Attendez-là, avaient ordonné d'autres ennemis, nous reviendrons vous chercher. » C'est Prémillieu qui les récupère; il les charge d'emporter sa cantine au nouveau poste de secours. Avant de les rejoindre, il tient à accomplir un devoir.

Partout des morts, sur le sommet d'Éliane 2. Emmêlés. Des paras, des légionnaires, des Marocains. Parmi eux, l'adjudant-chef Abdallah, que sa baraka a abandonné. Et le capitaine Rutteil, de la 13e Dble, qui, la veille, au moment de l'attaque, avait juré à Nicolas qu'il ne connaîtrait jamais plus l'emprisonnement, sort qu'il partagea avec des millions d'autres soldats, en France, en 1940. Prémillieu relève toutes les identités. Ensuite, le soleil étant levé et la bataille reprenant, il fait regrouper tous les corps dans une fosse commune, l'ancien garage des Jeep du bataillon. Après avoir transmis son nécrologe au commandant Nicolas, il gagne, l'âme en paix, sa nouvelle infirmerie où l'attendent des vivants en détresse.

Pendant trois jours et trois nuits, entre ces quatre murs délabrés, à deux pas de la ligne de feu et sous un bombardement continu, Prémillieu s'emploie, évacue. Imité en cela par les autres médecins des bataillons mobilisés dans les alentours. Une poignée de praticiens. Qui accueillent et canalisent une marée d'éprouvés. D'abord des blessés par éclats, par effets de souffle dus à l'éclatement des engins explosifs; les victimes de l'artillerie. Ensuite aussi des blessés par balles, par effets d'onde des projectiles dilacérant les tissus; conséquences des assauts. Beaucoup de délabrements osseux et tissulaires. Des transfixions nettes. Et des ravages viscéraux et musculaires. Les médecins incisent, nettoient les lésions, pansent, anticipent les pullulations fulgurantes de germes par des injections lourdes d'antibiotiques, expédient les blessés sur les antennes. Leurs gestes, d'abord méthodiques, deviennent mécaniques. Le sommeil les fuit, de même que l'appétit. Ils se dopent jusqu'à l'écœurement au Nescafé bouillant. Gagnés par un engourdissement qui gomme la notion de l'espace, du temps.

Des flashes, pourtant, chez Prémillieu. Ils resteront gravés et ressurgiront des années plus tard. Émaillant ses rêves d'angoisse. Dans ses rares récits à ses proches. Ainsi, ce début de panique chez les tirailleurs, en position auprès de son poste de secours : les Viets revenant à la charge en hurlant, ils s'affolent, retraitent; surgit un corsaire dépenaillé, le visage noirci de fumée et masqué par des lunettes protectrices, qu'il reconnaît à grand mal : le lieutenant Bonnet de Paillerets; il menace de son arme les fuyards, crie : « Aide-moi toubib, arrêtons-les ! »; et ils sont remontés... Ainsi, le commandant Nicolas, qui décèle, durant la nuit, une infiltration massive des Viets entre Dominique et Éliane, qui fait tirer tous les canons du camp sur un front de deux cents mètres, ce qui sauve une fois de plus le centre de Diên Biên Phu... Autre réminiscence : le char « Bazeilles », isolé, crachant du canon, de la mitrailleuse, sur des hordes vertes; puis les langues de feu de plusieurs bazookas, les explosions sur le blindage, la machine morte.

Prémillieu s'acharnera dans son poste de secours improvisé jusqu'au soir du 2 avril, jusqu'à la relève des rescapés du I/4 Rtm. Il se replie avec eux sur le cantonnement du 1er Bep où le capitaine Lacrose, estimant les pertes du bataillon, parle de 300 morts, blessés et disparus. La boucherie. Un autre indice la confirme : toute la dotation médicale du praticien, censée durer trois mois a fondu en trois journées, le signe qu'elles ont été chaudes. Démuni, éreinté, Prémillieu entend à peine Rondy lui offrir l'hospitalité de son poste de secours encore intact, l'exception dans un univers chamboulé. Une poussée d'adrénaline lui permet de se rendre chez Le Damany, à l'infirmerie du groupe mobile 9, afin de rendre compte et de se mettre à sa disposition. C'est là qu'il s'écroulera.

« Provisoirement affecté à ce nouveau poste dès le lendemain, poursuit-il, j'ai reçu mission, entre autres, de prendre en charge un lot de blessés implanté au sud-ouest de Diên Biên Phu, entre le PC central et les Claudine. Une cinquantaine de légionnaires, sérieusement atteints, récemment opérés. Ils occupent un trou, immense, sans aucune protection, sinon un treillage de bambous tressés au-dessus de leurs têtes. Ma fonction? La visite, le réconfort, les changements de pansements, des conseils aux infirmiers occasionnels qui les veillent. C'est chaque fois une entreprise hasardeuse que de gagner ce cloaque : je dois franchir au trot soutenu et en zigzag un large espace quasi à découvert de quelque deux cents mètres; un champ de tir rêvé pour les snipers. Nous n'en manquons pas. Or, les Viets en ont aussi. J'ai souvent entendu siffler leurs balles.

« Lors de chacune de ces visites, j'en profite pour pousser jusqu'à l'infirmerie de Léon Staerman, ce médecin-chef cafaeo attaché au 1/13e Dble, devenu mon ami. Un très bon praticien, très fin, passionnant à écouter. Nous nous étions connus sur le bateau qui, venant de métropole, nous emmenait en Indochine. Il avait joué au bridge et gagné, durant toute la traversée. Je ne lui ai jamais demandé pourquoi il était parmi nous et il ne m'en a jamais parlé. Avant d'atteindre son poste, je devais emprunter une tranchée exposée, dans laquelle je me suis bien souvent couché sous l'orage des obus, en attendant une accalmie. C'est là que j'ai relu à plusieurs reprises une lettre de mon père, un ancien de 14-18, qui servit comme artilleur dans une batterie de 75 : " Surtout, ne fait pas le malin, conseillait-il, ne te tiens pas debout en dehors de la tranchée quand les pruneaux, les obus dégringolent ! " Pauvre papa. J'ai toujours respecté son injonction. »

En revanche, du 30 mars au 6 avril, les soldats du camp retranché ont, en grand nombre, payé le tribut du sang à Giap, sous l'artillerie et les balles de ses divisions.

Au terme de cette semaine meurtrière, Éliane 2 tient encore. Après cinq contre-attaques, galvanisés par Bigeard, les paras et les légionnaires se cramponnent toujours au sommet et sur les pentes à l'ouest du point d'appui. Ils n'ont concédé que la pente est, et un « no man's land », entre les deux fronts, constitué par les « Champs Élysées ».

Au nord-ouest, en bout de la piste d'atterrissage, la garnison de Huguette 7 a combattu jusqu'au 2 avril, cédant à la pression d'un ennemi dix fois plus nombreux, à 8 heures du matin. Celle de Huguette 6 a d'abord tenu sous le maelström mais, encerclée, elle agonise. Son siège durera onze jours, au terme desquels le capitaine Alain Bizard ne ramènera que le cinquième de l'effectif; une soixantaine de survivants.

Au sud, à l'aube du 31 mars, le lieutenant-colonel Lalande qui commande à Isabelle, a tenté aussi une contre-attaque, escomptant renforcer la citadelle éprouvée. Mais son bataillon de légionnaires, le 3/3e Rei, pourtant appuyé par le peloton des chars du lieutenant Préaud, a buté contre un barrage établi à l'endroit où s'était déroulé le combat du 22 mars. Il a dû se replier, avec une cinquantaine de blessés, qui ont envahi l'antenne chirurgicale du médecin-lieutenant Résillot, déjà emplie. Ultime sortie pour la garnison d'Isabelle. Elle devra désormais se borner à contenir l'ennemi, qui l'enserre de très près.

Partout, dans le camp français, le phénomène d'occlusion s'est accentué. Les effectifs des hommes valides paraissent dérisoires dans les unités du centre de résistance : à peine 300 soldats pour chacun des bataillons. Ce qui témoigne de la fureur de cette deuxième bataille, de l'ampleur des pertes globales. Le nombre des morts, des prisonniers, reste imprécis; des centaines, en tout état de cause. De même que les blessés dit légers, soignés tant bien que mal dans les postes de secours débordés. 590 blessés graves ont été recensés dans les antennes chirurgicales. L'épuisement de la garnison, extrême, doit être d'ailleurs partagé par l'adversaire. Car les deux camps, sans l'avoir explicitement formulé, s'accordent un semblant de pause armée. La dernière, avant le dernier acte.

A Saigon, à Hanoi, la consternation n'a cessé de grandir au service de santé, tout au long de cette semaine dramatique. La rupture de la chaîne aérienne d'évacuation des blessés avait déjà ébranlé le patron du corps, le médecin-général Jeansotte. L'évolution de la bataille a débordé ses prévisions les plus pessimistes. Voici l'organisation sanitaire prise de court. Ce n'est plus Nasan, camp retranché modèle, qui se trouvait à portée des hôpitaux de Hanoi, desservi par une flotte aérienne imposante, opérant en toute sécurité. La vallée de Diên Biên Phu, enclavée dans les montagnes, à 300 kilomètres, est à présent coupée de l'arrière. Il faut y opérer et hospitaliser sur place. Une situation nouvelle, tragique.

« Faute d'un dégagement de la base, permettant la reprise des évacuations, au moins partielles pour les blessés grièvement atteints, le problème posé ne pourra dorénavant que s'aggraver de jour en jour, écrira Jeansotte, dans un rapport circonstancié. L'hospitalisation et les soins coutumiers à des centaines de blessés en première ligne sous un bombardement continu, dans des abris, sont indispensables. »

Fort clair. Mais que peuvent bien peser les remarques d'un médecin, même général, même patron du service de santé, lorsque craquent les nerfs des hautes autorités de l'état-major militaire? Dominique Larrey, le grand chirurgien de Napoléon, ne faisait-il pas aussi le gros dos quand l'empereur piquait ses colères contre ses maréchaux? Car Navarre et Cogny en sont venus à s'invectiver, dans le bureau de ce dernier à Hanoi, à propos de la stratégie, des renforts à expédier. Des « discordances », très nettement perçues par l'entourage, qui a filé doux. Navarre ne relèvera pas Cogny de son commandement au Tonkin, durant cette période critique. Mais celui-ci ulcéré, raidira son attitude, ne prendra plus d'initiative. Dès lors, bien des grands képis se cacheront moins pour assurer : « Diên Biên Phu? C'est foutu! » Sale climat pour plaider à ce moment en faveur des blessés et des médecins dans la place.

Il n'y aura pas de miracles, à Diên Biên Phu, on le sait. La colonne de secours organisée par le colonel de Crevecœur et que mène le colonel Godard, pourtant prête à partir du Laos dès le début d'avril, ne sera autorisée à tenter l'aventure qu'à la fin du mois. Et ne pourra arriver à temps. Celle du capitaine Sassi et de ses maquisards méos non plus. Donc, pas de dégagement de la base, ni de reprise du processus d'évacuation des éprouvés. Aucune réaction déterminante, non plus, à Paris, chez les politiciens, au sujet de ce désenclavement. Au point que l'on peut se demander si les gouvernants de ce temps, déjà engagés avec l'adversaire dans le processus diplomatique devant aboutir, à Genève, au règlement du problème Indochine, souhaitaient vraiment la délivrance du camp assiégé.

Certaines personnalités du monde médical, sensibilisées par la tragédie imposée aux blessés, aux jeunes praticiens à leur côté, se sont aussi interrogées sur les décisions prises par le service de santé. N'aurait-il pu envisager lui-même, dès janvier 1954, une étude de conjoncture fondée sur une rupture éventuelle du pont aérien... N'était-ce pas également un médecin-chef opérationnel avec grade de colonel, par surcroît hors circuit, c'est-à-dire libéré de toutes contraintes, qu'il aurait fallu à Diên Biên Phu... Un patron disposant de moyens propres, pour organiser et diriger l'ensemble des infirmeries, les abris d'hospitalisation, les antennes chirurgicales, les transports aériens... Et des assistants des hôpitaux, voire des chirurgiens des hôpitaux, dans ces antennes... Après coup, reconsidérer une question, quel que soit le sujet traité, semble toujours aisé.

Une probabilité : la marge de manœuvre dont pouvait disposer le médecin-général Jeansotte, lors de la préparation de l'opération Diên Biên Phu par l'état-major de Navarre, puis durant l'installation de la base, devait être ténue; les appréhensions qu'il ne cessa de manifester l'indiquent.

Un fait : les jeunes médecins-lieutenants envoyés dans ce val écarté ont été, à la façon des soldats du camp retranché, pareillement astreints à l'héroïsme. Aucun ne faillira dans la pratique du noble exercice, au sein d'un environnement effroyable, avec des conditions d'hospitalisation dont le moins qui puisse être dit est qu'elles seront singulièrement précaires. Toujours ils parviendront à donner les soins essentiels. Malgré des approvisionnements souvent irréguliers.

Cependant le médecin-général Jeansotte a, dès la fin mars, fait parachuter à ces médecins le matériel et les remèdes réclamés. Un riche inventaire. Ainsi, 426 lits à tube, 190 lits Picot, 860 brancards, 1 454 pyjamas d'hôpital, plus 1 021 couvertures. Des médicaments par paniers. Des tonicardiaques, des hémostatiques. Des substances antichoc : Syncortyl, Hépatrol, prostigmine et strychnine. Des anesthésiques : éther, Nesdonal, Novocaïne, chlorure d'éthyle Ag et Al. Des anti-infectieux : pénicilline, 8 808 millions d'unités, et 7 kg 520 de streptomycine. Des anti-douleurs : 17 594 ampoules de morphine, de Phénergan, de Dolosal, de médicaments divers de confort. Et 3 590 litres d'alcool, 18 250 pansements individuels, 40 250 bandes de toutes natures, 697 kg de coton hydrophile et autant de coton cardé. Plus 780 attelles de Kramer, 1 290 flacons de plasma sec et 680 de plasma frais, 1 003 flacons de sang frais, 615 flacons de Dextran et Subtosan. Sans omettre la glace en containers, les boîtes à chirurgie, les groupes électrogènes, les réflecteurs, l'oxygène, les appareils inhalateurs, 1 090 nécessaires à perfusion jetables après usage, du plâtre, du tulle, du lin et du crin. Soit 94 tonnes 236, au total.

La gageure a consisté à larguer cet imposant bagage en vagues successives durant plusieurs semaines, sur un terrain grêlé d'excavations, déniché par Langlais. Situé entre les Huguette et Dominique 4, rebaptisé à présent Épervier, où cantonne désormais le 8e Choc, il mesurait bien mille mètres sur quatre cents, au début. De jour et hors canonnade, une superficie pareille paraissait confortable. Mais ces livraisons ont dû se dérouler la nuit, à cause de la DCA viet, afin de limiter les risques encourus par les pilotes des Dakota. Avec, pour toute indication, un balisage de fortune. En outre, au fil du temps, sous la pression de l'ennemi, cet espace a rétréci sans cesse. La peau de chagrin.

La dite zone sert aussi au parachutage des renforts. C'est par cette porte étroite que le médecin-lieutenant André Jourdan est revenu à Diên Biên Phu, dans la nuit du 2 au 3 avril, avec l'unité qu'il assiste, le 2/1er Rcp, le bataillon de fer que commande Jean Bréchignac. Un groupe d'artilleurs aéroportés a participé au lâcher.

Les aviateurs se plaignant, ce soir-là, de ne pas apercevoir les lumignons qui délimitaient le « T » du largage, au cœur du quadrilatère choisi, Pierre Langlais a fait enflammer un fût d'essence déversé sur la Nam Youm, ce qui a guidé leur approche. Juché sur son abri, ne distinguant que les flammèches des échappements des avions passant très bas au-dessus de lui, il a perçu distinctement, malgré le fracas des moteurs, le claquement des voilures des ombres qui venaient gonfler ses rangs. Langlais a également constaté que ce saut nocturne au combat n'a pas fait plus d'entorses ni de fractures que les largages du temps de paix, lorsqu'il entraînait sa troupe à Meucon, près de Vannes. La nuit, l'air porte mieux les parachutistes; ils se crispent moins, aussi, puisqu'ils ne voient pas le sol. Cette observation l'incitera à faire larguer à Diên Biên Phu, et dans des conditions strictement identiques, des volontaires ne possédant pas le brevet de parachutistes et sautant pour la première fois... Une décision qu'il imposera à grand-peine au colonel Sauvagnac, lequel a remplacé le général Gilles à la tête des troupes aéroportées, et qui est devenu sa bête noire, à Hanoi. L'expérience le confirmera : le pourcentage d'accidents bénins sera, là encore, identique chez les novices et chez les vétérans.

Un autre médecin, un parachutiste confirmé pour sa part, Jean-Marie Madelaine, plonge avec son bataillon dans la vallée en feu durant la nuit du 9 au 10 avril. C'est le praticien des légionnaires du

2e Bep, que mène le commandant Hubert Liesenfelt. Madelaine, ne disposant d'aucun abri aménagé, installera son poste de secours dans des tranchées non couvertes, ce qui explique que ses infirmiers paieront un lourd tribut. Cinq d'entre eux seront tués. Parmi eux, le sergent Mitry, le sergent Nguyen Van Moï, le caporal-chef Hertel et l'infirmier Nguyen Van Tuc. L'odyssée de son équipe médicale a été racontée par Pierre Sergent, dans son ouvrage *Paras-Légion, le 2e Bep en Indochine.*

Entre-temps, sur demande du médecin-général Jeansotte, Albert Terramorsi, qui dirige le service de santé au Tonkin, a entrepris de renforcer par une antenne parachutiste supplémentaire l'ensemble des ateliers chirurgicaux opérant à Diên Biên Phu. L'Acp 2, confiée au médecin-lieutenant Bergeron, embarque dans la nuit du 6 au 7 avril, à destination de la base assiégée. Toutefois, quatre-vingt-dix minutes plus tard, le pilote du Dakota qui transporte le jeune praticien et son équipe, découvre que deux zones de largage ont été balisées, et cela de manière similaire, très proches l'une de l'autre. La radio, au sol, lui confirme que l'une est un leurre imaginé par les Viets et qu'ils attendent... Craignant de se tromper, l'aviateur ramène son monde à Hanoi. Un autre essai sera tenté la nuit suivante. Cette fois, Terramorsi désigne une autre antenne, disponible depuis peu : l'Acp 5, que commande Ernest Hantz.

Le jeune chirurgien vient de passer plusieurs semaines au combat avec son équipe sanitaire. Il a d'abord apporté son soutien aux troupes aéroportées engagées à Seno, au Moyen Laos. Puis il a gagné le cœur des montagnes du Haut Laos, suivant d'autres parachutistes, chargés de stopper une avance viet en direction de Luang Prabang, implantant son unité chirurgicale à Muong Saï. Un village serti dans la jungle épaisse, que dominent deux pitons; l'un coiffé d'un poste militaire, l'autre par un bombax, un énorme kapokier dont le fût, tel un cierge, sert de repère aux pilotes utilisant cette base aérienne transformée en camp retranché. Installé sous terre, comme ses confrères à Diên Biên Phu, Hantz a traité plus de 150 blessés, expédiés sur Hanoi. Ensuite, l'étreinte ennemie s'étant desserrée, il a fait dresser ses tentes d'hospitalisation dans le voisinage de la piste d'atterrissage, afin de recevoir la centaine de victimes évacuées par hélicoptères de Diên Biên Phu, les envoyant sur l'hôpital Lanessan. Témoin averti, il a aussi vu monter l'épuisement qui a assommé le personnel de ce détachement « héliporteur » cantonnant à proximité. Des rescapés de Muong Koua, harcelés par les Viets qui grouillent toujours dans la région, ont, de même, bénéficié de ses soins. Ses missions précédentes et ces dernières opérations lui ont valu une promotion, le grade de médecin-capitaine, notifié dix jours avant son retour dans la capitale du Tonkin, le 5 avril.

Hantz s'est bien douté qu'on ne l'avait pas rappelé pour lui octroyer un repos. Par précaution, il s'est empressé de renouveler sur l'instant la dotation de son antenne. L'annonce de ce saut sur Diên Biên Phu, la nuit du 7, ne l'a donc pas pris de court. Sa forme physique n'est pourtant pas des plus brillantes : quinze jours auparavant, il a contracté une jaunisse.

Sensible aux ambiances, au comportement des gens, le jeune chirurgien n'a pas manqué de remarquer que le climat a changé à Hanoi où règne à présent l'inquiétude; combien l'activité s'est accrue à Gia Lam et à Bach Maï, les aérodromes de la cité. De jour, tels des essaims d'abeilles, les Dakota filent sur Diên Biên Phu, vont larguer leurs cargaisons à 2 000 mètres d'altitude. Les colis tombent d'abord en chute libre. A 200 mètres du sol, un procédé pyrotechnique, mis au point à la base de Pau, en métropole, libère les parachutes. Réussir à atteindre une dropping zone de la sorte est aussi malaisé que de faire mouche au tir, en concours. De nuit, les largages des approvisionnements et des parachutistes s'opèrent à 150 mètres. Aucun des candidats au dangereux voyage, qu'il s'agisse de volontaires ou de ceux qui partent sur ordre, n'ignore ce qui l'attend dans le camp retranché. La sale blessure, la mort, ou l'emprisonnement chez les Viets.

Albert Terramorsi avait fait savoir à Hantz et à son équipe qu'il viendrait les encourager avant leur décollage. Mais ils embarquent à Bach Maï, le 7 avril, à 23 h 30, sans avoir vu le directeur du service de santé au Tonkin. Le personnel de la base aérienne militaire, en compensation, les a salués; une attitude nouvelle, depuis une semaine, réservée à tous ceux qui partent pour Diên Biên Phu.

Cette nuit-là, avant que ne décollent dans leur sillage d'autres Dakota emportant du ravitaillement, quatre appareils s'envolent pour la vallée assiégée. Dans le premier, piloté par le capitaine Mériguet, Ernest Hantz et son équipe : Jean Bennoui, Guy Canzano, Noël Speno, René Cayre, Charles Paillotin, André Regis et Joseph Gaffory; l'aide-opérateur, l'anesthésiste, le réanimateur, l'instrumentiste, le stérilisateur et les infirmiers. Suivent, dans les trois autres bimoteurs, 62 parachutistes; des renforts bienvenus pour le 1er Bep, le 6e Bpc et le 2/1 Rcp.

A 1 heure du matin, le 8 avril, à l'aplomb du camp, le capitaine Mériguet survole le « T » que dessinent des bidons emplis de sable et d'huile enflammée « Go! » crie le sergent-chef Portmann, qui fait office de largueur. Une tape au passage sur l'épaule de chacun des membres de l'antenne. Lors d'un second passage sur le même relèvement, Portmann fait gicler la dizaine de gros paniers et le vrac de leur dotation. La guerre a absorbé l'Acp 5.

« C'est dans un véritable feu d'artifice que nous avons plongé, raconte Hantz. Des balles traçantes encadrent le Dakota qui évolue au ralenti. Des fusées éclairantes montent des tranchées viets. Ainsi que des obus de DCA et de mortiers. Un effarant tir de barrage. Mon équipe dégringole, indemne, au milieu d'un buisson de barbelés. J'atterris sur le capot d'un Dodge, enterré dans son alvéole. « Tu t'es pas cassé la gueule? » s'enquiert une sentinelle à l'accent germanique. Ayant glissé sous le camion, pour me protéger des éclats qui pleuvent, j'ai bien du mal à me dépêtrer de mon harnachement.

« Une heure plus tard, matériel entièrement récupéré et assemblé, nous nous retrouvons dans le local que Le Damany nous a affecté. Une ancienne popote, à deux pas de son infirmerie, à proximité d'une batterie d'artillerie. A 4 heures du matin, le 8 avril, l'antenne est déployée. Rien ne manque. Même pas une quinzaine de blessés graves, notre premier lot, que des brancardiers nous confient. A croire que nous étions très attendus. Pendant un mois, nous ne connaîtrons plus un instant de répit. C'est plus de mille éprouvés qui défileront dans cet endroit sinistre. »

9

Contre la mort, pas de forteresse

Réalisé par des sapeurs légionnaires, l'abri attribué à Ernest Hantz possède au moins une qualité : la solidité. Des gros rondins supportent un pesant manteau d'argile qui caparaçonne l'excavation divisée en deux boxes, avec entrée en chicane. Une défectuosité, cependant; des ouvertures latérales pour la ventilation. Bouchées sur-le-champ, avec des sacs de terre. On y cuira à l'étuvée, mais en sécurité. Le personnel de l'Acp 5 a aménagé le terrier de façon sommaire en atelier chirurgical. La pièce du fond ressemble quelque peu à un bloc, grâce aux parachutes tendus au plafond et sur les murs. Les voilures préservent avant tout la table d'opération, ainsi que le plan de travail, de la pulvérulence que provoque chaque explosion de projectile lourd dans les alentours. L'antichambre, dévolue au triage, sert, en outre, de salle d'hospitalisation provisoire pour les opérés de frais, auxquels sont destinés les lits superposés contre les parois.

Un boyau couvert relie cette unité sanitaire à l'infirmerie de Le Damany ainsi qu'au lacis des tranchées voisines, pareillement enterrées. C'est tout un réseau hypogée qu'éclairent avec parcimonie les groupes électrogènes, autant celui qui alimente le PC général que ceux des autres installations médicales du centre de résistance. Mais c'est une taupinière instable. A chaque impact à proximité, elle vibre, s'effrite. A peine les troglodytes qui s'y déplacent la retapent-ils, qu'elle se désagrège de nouveau sous l'effet du bombardement continu.

L'arrivée de l'Acp 5 a été promptement connue des médecins de bataillon dans le camp. Aussi, les galeries qui mènent à ce havre de secours supplémentaire se sont-elles en un instant emplies. Des éclopés, qui se sont laissés glisser à terre; des gisants, sur civières. Emmaillotés de bandages divers; occlusifs, compressifs, même de la charpie à l'ancienne. Les jambes, les bras de beaucoup d'entre eux sont immobilisés par des planches, des piquets, voire par des fusils, en guise d'attelles. Une multitude silencieuse, sonnée : la morphine. Chacun porte sur fiche, en sautoir, la description des lésions constatées, la liste des médicaments déjà injectés par les praticiens des unités. Rush explicable : la deuxième offensive viet vient seulement de s'achever. Des cohortes identiques se pressent simultanément devant l'Acm centrale de Grauwin et de Gindrey, sur le seuil de l'Acp 6, chez Vidal, et, au sud, chez Résillot.

Sollicité sans préambule par tant d'urgences, saisi à la gorge, confiera-t-il plus tard, comment Hantz aurait-il osé accrocher à sa porte l'écriteau « Je reviens tout de suite », pour respecter au préalable la procédure de sa présentation réglementaire aux autorités du camp retranché, ce dont certaines se formaliseront ? Il n'a même pas pris le temps de courir saluer son ami Gindrey, avec lequel il voisine. Retroussant ses manches, il a attaqué aussitôt le triage.

S'agenouillant tour à tour auprès des affligés, le chirurgien les examine en hâte. Constat instantané : par-delà les effets des lésions qui les marquent, ces hommes, amaigris, semblent au bout de leurs forces. Cet épuisement doit constituer le lot de beaucoup de combattants, dans le camp. Second symptôme, qui saute aux yeux de Hantz : la sévérité générale de tous les traumas. De fait, un bon nombre des victimes, une sur dix, estime-t-il, meurent inéluctablement sous ses yeux. Sans qu'il puisse tenter quoi que ce soit. Les unes, leur lividité l'indique, sont quasi vidées de leur sang malgré les pansements; probablement terrassées par des hémorragies internes massives. Certaines, cyanosées, sont en voie terminale d'asphyxie, due à leur poitrine fracassée. D'autres comateux entrent en ultime poussade; des crâniens, des polyblessés qui présentent tant de plaies associées qu'ils sont manifestement hors de tout recours médical. Hantz fait injecter aussitôt par ses infirmiers, et largement, les analgésiques qui atténueront au moins les souffrances des moribonds.

Prendre son temps au triage a toujours été, pour Hantz, une épreuve. De même que pour la plupart des chirurgiens des unités sanitaires de l'avant. Consigne formelle cependant : observer d'abord tout le monde, refréner la naturelle tentation d'expédier sur table les premiers blessés aperçus dont l'état appelle le geste salvateur; d'autres peuvent être bien plus touchés. Seule l'expérience enseigne cette maîtrise indispensable.

Regis et Gaffory, mués en secrétaires, prennent note des indications, des diagnostics du chirurgien. Ils inscrivent au crayon gras sur le front des survivants les numéros de l'ordre dans lequel se dérouleront les interventions. Une sélection basée sur des critères de gravité, qui prend aussi en compte la nature des organes lésés et les capacités de secours chirurgical de l'antenne. Ainsi, les thoraciques asphyxiques passent avant les vasculaires, même plus sévèrement touchés, car Hantz peut prolonger un peu plus chez ces derniers le délai opératoire, en clampant les artères lésées, en les faisant comprimer à la main si nécessaire. En tout état de cause, un choix angoissant. Le classement effectué, alors Hantz lance les soins.

Auparavant, des Pim – Le Damany en a attaché un certain nombre au service de chaque antenne, des volontaires qui se sont proposés comme aides-brancardiers – procèdent à la toilette des patients. Succincte. Ils se bornent à les déshabiller en découpant les vêtements, à nettoyer la boue et le sang avec de l'eau. Ils vont la puiser directement dans la Nam Youm, à une centaine de mètres, sous les obus de leurs ex-compagnons d'armes, dont ils savent qu'ils ne pourront attendre aucune pitié, s'ils survivent jusqu'à ce que la bataille soit achevée.

Conjointement, tous les infirmiers de l'Acp 5 s'affairent autour des civières posées à même le sol. Ils dispensent à cadence accélérée les sérums antitétaniques, antigangréneux. Les antibiotiques; pénicilline, streptomycine. La médication préopératoire : le cocktail Phénergan-Dolosal-atropine.

L'équipe entreprend ensuite de façon collective la réanimation, la lutte qui se gagne aux perfusions : plasma sec, sang conservé, sérum glucosé, tonicardiaques. Tout ce qui atténue les effets de choc plus ou moins prononcés. Et reconstitue les constantes physiologiques nécessaires à la survie. La réussite, lorsqu'elle est acquise, se mesure au pouls battant clair de nouveau, à la tension artérielle et à la température corporelle redevenues aussi proches que possible de la normale. Des signes qui montrent que le tonus cardiovasculaire a pu être régénéré. Bref, la préparation essentielle pour épargner aux patients les conséquences éventuelles d'une autre agression qu'on leur destine : le choc opératoire.

Hantz est parvenu à obtenir une telle cohésion de son personnel à force d'entraînement, qu'il n'est pas seulement complémentaire : Bennoui, Canzano, Speno, Cayre, Paillotin, Regis et Gaffory, tous spécialisés, peuvent également permuter leurs fonctions; chacun connaît son rôle et celui des autres. Entre-temps, lui-même s'est préparé, au bloc. Son uniforme de combat : masque de toile, torse nu sous un tablier de toile cirée à cause de la chaleur moite régnant dans l'abri privé d'aération, et gants de Chaput, en caoutchouc stérilisable, simplement passés à l'alcool par manque de temps.

Ah ! ce ne sont pas des sauvetages peaufinés tels qu'on les pratique dans les confortables hôpitaux bien équipés de Hanoi et de Saigon qu'il va entreprendre. Comme le font déjà Résillot, Vidal et Gindrey dans leurs antennes, sous le tonnerre des obus, Hantz va exercer une médecine de misère dans une cagna terreuse, un milieu septique par excellence.

Cette chirurgie pour calamiteux n'offre à ses patients que des insensibilisations locales à la xylocaïne destinées aux interventions considérées comme mineures, pratiquées directement sur brancard, à même la terre : réductions des fractures simples, parages des plaies de surface, transfixions franches des membres par balles. Pour les opérations importantes, au bloc, elle n'apporte que de brèves anesthésies générales à l'éther éthylique, fournies au masque d'Ombredanne, l'antique « masque de fer », qui avait épouvanté des générations d'opérés partout dans le monde avant 1942. Une technique d'un autre âge.

L'anesthésie moderne, fruit de la Seconde Guerre mondiale, comme le fractionnement du sang dans les centres de transfusion, a vu le jour grâce aux Américains. C'est pour leurs soldats partant combattre dans le Pacifique, en Afrique du Nord puis en Europe, qu'ils ont développé les méthodes nouvelles de l'endormissement, dont tous les pays industriellement avancés profitent à présent. Elles font appel à une trinité : d'abord à des substances chimiques, des narcotiques, qui « déconnectent » la conscience et la perception de la douleur; à des appareils qui donnent aussi en circuit fermé les gaz anesthésiques; surtout à l'intubation trachéale, procédé vital et progrès inestimable, qui a pour but de maintenir la liberté des voies respiratoires. Cet ensemble, indissoluble, permet d'opérer en sécurité pendant des heures, si le besoin s'en fait sentir.

Formés par leurs confrères yankees dès la fin de 1942, à Alger, les médecins français, tels Lavergne et Bisquera, les mêmes qui ont porté la transfusion française moderne sur les fonts baptismaux, ont introduit ensuite cette anesthésie rénovée en métropole. Dès 1950, tous les hôpitaux français, ceux de Saigon, ceux de la capitale du Tonkin l'ont adoptée. Mais les autorités militaires de la santé l'ont jugée trop lourde à mettre en place pour la médecine de l'avant, dans les antennes, en Indochine. On a donc astreint les chirurgiens et les anesthésistes à utiliser encore, en zones de combat, l'éther distribué à l'Ombredanne, système obsolète, à peine amélioré par le recours préalable à un starter barbiturique; le penthotal, lui-même délicat à doser, car facilement mortel.

Personne ne pouvait plus ignorer, à l'époque, que l'effet protecteur de l'éther, en anesthésie, associé ou non au penthotal, ne doit pas s'étendre au-delà de deux heures. Ce terme passé, lorsque sont épuisées les réserves naturelles d'adrénaline qui défendent l'organisme de l'opéré, l'éther révèle sa vraie nature : c'est un puissant cardiodépresseur. Il provoque alors une débandade physiologique dramatique dans l'organisme du patient. Un phénomène très connu depuis les années 30. Qui a été payé par d'innombrables « morts sur table ».

Contraints d'employer avec discernement ces deux dynamites à

Diên Biên Phu, Gindrey, Résillot, Vidal et Hantz ont dû mettre entre parenthèses ce qu'ils avaient appris en faculté. La chance de survie des blessés majeurs qui leur ont été confiés a résidé dans la rapidité de leurs actes chirurgicaux. A peu de chose près, ce que pratiquait le baron Larrey, plus démuni encore, lors des campagnes napoléoniennes. Une responsabilité de plus, pour ces quatre jeunes praticiens. Qui ont dû soigner de la sorte des blessures impressionnantes, comme ils n'en avaient jamais traité auparavant.

Ainsi, des plaies à la poitrine, avec poumon mis à nu, à travers des côtes fracturées. Celles qui tuent par suffocation. Pour tirer d'affaire ces condamnés, Hantz, comme ses trois confrères, suture les côtes au fil d'acier afin d'obturer la brèche pariétale. Puis il coud la peau en surface de façon étanche. Évacuant l'air engouffré dans la plèvre et les liquides pleuraux à la seringue, un drainage qu'il faut souvent recommencer. Son anesthésiste se charge dans le même temps de relancer au bouche à bouche l'expansion pulmonaire de l'opéré.

Ainsi, les fracas de membres. Sources de chocs garantis en cas de longue attente. Pour les réduire, des parages très larges, des ligatures des gros vaisseaux, certaines lésions rendant obligatoires des amputations, voire des désarticulations au niveau du coude, de l'épaule, du genou, de la cuisse. Et pas de sutures des plaies; une large couverture d'antibiotiques, des pansements à plat, changés jusqu'à la cicatrisation.

Ainsi, les polyblessures, qui associent une lésion abdominale ou thoraco-abdominale avec des fractures ouvertes et délabrées de jambe, ou une plaie mutilante de la face avec une déchirure de la vessie. Autres traumatismes terribles : les fracas crâniens. Graves, ils ne laissent aucune chance, en antenne. Moyens ou légers, ils s'accompagnent fréquemment d'autres atteintes voisines, aux yeux, ou bien au maxillaire inférieur.

Ainsi, des lésions profondes à l'abdomen. La méthode? Une incision large de la paroi abdominale ou du péritoine, pour faciliter l'exploration de la cavité, détecter les éventuelles déchirures internes dues aux transfixions par balles, ou par éclats d'obus fréquemment inclus, qu'il faut retrouver. L'évacuation du sang, des fèces, des bols alimentaires en voie de digestion s'effectue à l'éponge stérile, ou à la louche stérilisée, par manque d'aspirateur électrique. Ces blessures imposent quelquefois l'ablation de la rate, d'un rein, et, presque toujours, des ligatures de vaisseaux lésés, des sutures du grêle sur deux plans afin de les rendre étanches. En revanche, une atteinte du côlon, empli de déchets hyperseptiques, implique obligatoirement l'extériorisation de la perforation, la pose d'un anus artificiel provisoire. Un principe intangible en chirurgie d'urgence. C'est le seul moyen d'éviter une péritonite postopératoire. La reconstitution de la ceinture abdominale, sa fermeture demandent des sutures éprouvées. Elles sont donc faites au fil de bronze. Hantz, talonné par la nécessité, effectuera jusqu'à sept interventions de ce genre en un seul jour.

Un tableau général cauchemardesque. L'ordinaire, pourtant, à Diên Biên Phu.

Précipités soudainement dans une tourmente pareille, beaucoup de praticiens auraient perdu pied. Ernest Hantz, d'emblée, assume sa mission. Peut-être parce que ses récentes expériences au feu, notamment celle de Muong Saï, l'ont mithridatisé. Plus vraisemblablement, à cause de son caractère trempé, le résultat de son éducation familiale. Il n'ignorait pas qu'en choisissant d'exercer la médecine aux armées, il lui faudrait affronter le pire un jour, puis s'habituer à l'affliction. L'enfer, qu'il découvre d'entrée à Diên Biên Phu, devient vite quotidien, se banalise dans son antenne et sur sa table d'opération : un peu plus de trente actes médicaux et interventions de toutes sortes en moyenne, par vingt-quatre heures.

« Qui a confiance en soi conduit les autres », dit-on. En l'occurrence, tirée par une telle locomotive, l'équipe de l'Acp 5 suit efficacement Hantz, s'adapte aussi prestement que lui à la géhenne enterrée. Elle en oublie ses propres stress, engendrés par la canonnade permanente, par la certitude que toute cette aventure finira mal pour tout le monde.

Elle s'est ingéniée à organiser l'ingouvernable, du moins ce qui le paraissait. L'Acp 5 ne disposant d'aucun local pour conserver à demeure les victimes sévèrement atteintes, elle veille à ce que la plupart des opérés soient reconduits dans les infirmeries de leurs unités respectives après le premier jour, afin que les rares lits d'hospitalisation puissent immédiatement accueillir d'autres éprouvés. Elle entretient en permanence le triage à l'entrée de l'antenne. De même, au bloc, elle prend souvent en charge, en se relayant, les sutures terminales de surface, la pose des attelles et celle des plâtres, ce qui allège d'autant le travail de Hantz et de son aide-opérateur. Elle les nourrit tous deux sur place, sans qu'ils interrompent les interventions, en leur donnant à la becquée un mélange de riz et de bœuf assaisonné, en leur faisant aspirer le café au lait de la boîte de ration à l'aide d'un tuyau glissé sous les bavettes. Elle prolonge parfois de quelques minutes le changement des malades sur la table, car c'est le seul moment que s'autorisent Hantz et son assistant pour s'écrouler et dormir un peu sur un tas de parachutes. « Concours précieux, dira Hantz. Sans mes infirmiers jamais je n'aurais tenu. »

Jamais non plus Hantz n'a connu les noms de ceux qui sont passés entre ses mains, et cela depuis le début. Seulement ces numéros, au crayon, sur les fronts. En urgence, il est vrai, une salle de triage, un bloc ne se prêtent guère aux relations sociales. Un fait le frappe, cependant : l'étonnante confiance que ces anonymes manifestent, avant que l'anesthésie ne gomme leur conscience. Ni plaintes, ni gémissements. Certains s'enquièrent simplement de la gravité de leurs lésions et du pronostic. Avec les mots sobres de ceux qui ont cotôyé le danger, la mort, qui ont vu tomber autour d'eux trop d'amis et d'inconnus portant le même uniforme.

Des émotions, en revanche, imprègnent Hantz. Elles le hanteront toujours. Telle celle qu'a suscitée ce lieutenant, l'un de ses premiers patients examinés; se sachant touché à mort, il a demandé que l'on prenne d'abord soin de son ordonnance, étendu sur le brancard voisin, un Marocain qu'il appelait « Clair de lune ». Ou la confidence de ce légionnaire, lui aussi condamné et qui n'ignorait rien de son sort : il avait abandonné sa famille, en éprouvait du remords; il a prié le chirurgien de faire prévenir sa femme, à Tübingen, de le lui dire. Autre choc ineffaçable, provoqué par un grand Sénégalais, affreusement atteint : un éclat d'obus l'avait frappé au visage, ouvrant le front, arrachant les orbites; les lobes antérieurs du cerveau jaillissaient de la brèche crânienne; parlant encore par intermittence, il a survécu dix heures dc la sorte, soulagé par des injections répétées de Dolosal.

« A chacun ses fantômes », reconnaîtront, plus tard, quelques médecins rescapés des unités sanitaires de Diên Biên Phu. Geneviève de Galard, qui a partagé leurs épreuves et celles de la garnison de la base pendant près de deux mois, attestera pour sa part que de nombreuses ombres meublent toujours sa mémoire : « Mes blessés... Comment pourrais-je les oublier ! » Ayant battu pour eux les tranchées du camp, les antennes, les infirmeries, les trous baptisés annexes de secours où croupissait la détresse, elle en a vu beaucoup, auxquels par sa seule présence déjà, elle a apporté du réconfort.

Poussée aux réminiscences, elle n'évoquera que ceux qui en seront revenus. Mais dans quel état ! Tel le sergent parachutiste Courtade, frappé à la moelle épinière, paralysé des deux jambes, qu'elle encourageait sans discontinuer dans sa désespérante rééducation. Ou Simon Marie, ce jeune de vingt ans, aveugle définitif, puisant son courage pour accepter sa mutilation dans les airs lancinants qu'il tirait de son harmonica. Ou l'extraordinaire Heinz Haas, légionnaire parachutiste, un 1re classe, qui appartenait au 2e Bep, que Gindrey et Grauwin avaient dû amputer des deux bras et d'une jambe.

Déjà blessé à trois reprises, opéré, réopéré, Haes avait repris le combat avec son unité. Quand les brancardiers du médecin-lieutenant Madelaine le ramenèrent pour la quatrième fois à l'antenne mobile, ils confièrent aux infirmiers de Grauwin, au triage : « Il est foutu. » Madelaine lui-même l'avait pensé. Un obus viet lui avait fracassé les deux bras et la jambe gauche. Ses compagnons de tranchée l'avaient garrotté haut. Normalement, il aurait dû s'éteindre, apaisé sous morphine. Mais Grauwin et Gindrey entreprirent de le sauver. Activisme fou? Plutôt respect de la fureur de vivre de ce jeune Allemand, admirée auparavant, lors de ses précédentes atteintes. Grauwin fit sans doute à son chevet la réanimation la plus magistrale de sa carrière. Et pratiqua l'amputation du bras gauche. Gindrey, dans le même temps, désarticula le droit et la jambe gauche. La terrifiante triple opération ne prit pas plus de vingt minutes. La tension de Heintz Haas flancha à plusieurs reprises, lors de cette intervention extrême. Mais, perfusé, regonflé par les transfusions, il survécut. Sa réaction, au terme du réveil postopératoire, stupéfia et récompensa les chirurgiens : « Prima! Meine Herren! Danke! » Et Heintz Haas devint le boute-en-train de son abri.

Certainement grâce à Geneviève de Galard. Elle l'a soigné, elle l'a assisté lorsque son moral flanchait, une peine qu'il exprimait dans un étrange sabir mêlant les mots allemands aux français. Elle l'a soutenu afin qu'il puisse, durant les rares accalmies de la bataille, atteindre l'entrée du boyau en sautant à cloche-pied, pour respirer un peu d'air frais.

Dès le début de sa claustration forcée à Diên Biên Phu, Geneviève de Galard s'est mise à la disposition de l'antenne mobile. Grauwin lui confie d'abord la garde d'un abri d'hospitalisation où gisent dix blessés graves. Et elle démontre aussitôt ses talents d'infirmière, dans le changement des pansements, l'exécution indolore des piqûres, dans sa manière douce de procéder à la toilette des invalides, prenant son temps pour les nourrir, répondant aux moindres des appels. Mais elle entreprend aussi de visiter les autres abris de l'antenne, apportant partout les mêmes soulagements. Prenant spontanément en charge les soins les plus rebutants qu'exigent les blessés à l'abdomen. Dans le même temps, elle étend de plus en plus loin cette assistance, mémorisant les cheminements compliqués, les chicanes des réseaux de barbelés, les minuscules sentes qui mènent aux moindres réduits où s'entassent les survivants opérés par Gindrey, par Vidal, par Hantz. Elle connaît rapidement, et mieux que quiconque dans le camp retranché, les taupinées éparpillées dans le réduit central, où gîte cette colonie de la désespérance.

Très souvent, mêlés aux parachutages de matériel et de ravitaillement, Hanoi fait parvenir des colis destinés aux blessés : cigarettes, blondes et brunes, pâtes de fruits, lait condensé, oranges, pommes. C'est Geneviève de Galard qui en assure la distribution générale, puisqu'elle passe partout, sac au dos et casquée, malgré les obus, fondue dans le paysage grâce à sa combinaison de vol devenue terreuse. C'est elle aussi qui, lors de ces partages, dispense aux cloîtrés les nouvelles de l'arrière parvenant par le même canal. Les échos de son altruisme, de son dévouement franchissent, grâce à la radio du camp, les limites de la base assiégée, devenue une dépendance de l'empire des morts. Ébruités dans la capitale du Tonkin et à Saigon, ils attirent l'attention des journalistes internationaux qui suivent le déroulement des événements en Indochine. Ce sont des envoyés spéciaux américains qui inventeront le surnom qui collera désormais à la convoyeuse de l'air bloquée dans cette vallée perdue en pays thaï : « L'ange de Diên Biên Phu ».

Efficace et discrète, mais présente partout où l'on avait besoin de son secours, comment n'aurait-elle pas conquis son monde? Tous se sont efforcés d'améliorer, si peu que ce soit, les conditions de son séjour. C'est Pierre Langlais qui fait aménager à son intention un petit abri individuel, en bout des sapes du Gcma, qu'elle cédera d'ailleurs aux blessés quand ils afflueront trop, retournant dormir sur un lit de camp dans un couloir de l'antenne mobile. C'est un sous-officier parachutiste qui lui offre sa tenue camouflée de sortie, qu'elle n'arborera que les rares soirs de détente, avant que la bataille ne s'envenime par trop, quand Le Damany pouvait encore réunir les médecins dans son infirmerie, au Gm 9. C'est Grauwin qui, ayant interdit pour la toilette l'usage de l'eau pure réservée à la salle d'opération et à la fabrication des boissons, lui accorde le privilège d'en user à son gré, ce qu'elle décline, employant comme tout le monde à l'antenne mobile, de l'alcool dénaturé. Grauwin, encore, la soignera, lorsqu'il découvrira qu'un énorme anthrax à sept ou huit têtes, une infection due à un staphylocoque doré, déforme son bras, et qu'elle commence en plus un béribéri, une avitaminose provoquée par l'alimentation à base de riz décortiqué. C'est Langlais, de nouveau, qui lui fera attribuer la Légion d'honneur « pour services de guerre exceptionnels ». Et la 13ᵉ Dble qui, à l'occasion de Camerone, la nommera légionnaire d'honneur de 1ʳᵉ classe.

Des témoignages d'attention amplement mérités. Car jamais Geneviève de Galard, comme d'ailleurs l'ensemble des personnels des antennes médicales, n'a craqué quand l'horreur a déferlé sur Diên Biên Phu.

Avec le début de la deuxième offensive viet, l'abomination a fait irruption comme une vague, en effet, sur l'antenne centrale du camp retranché. L'afflux des blessés, alimenté par les multiples apports d'évacués provenant de chacun des bataillons éprouvés, devenu massif en quelques heures, a tant engorgé l'unité sanitaire qu'il a débordé d'un coup les possibilités d'intervention de Gindrey et de Grauwin. Vidal, leur voisin, croulant lui-même au même moment sous une marée identique, les deux chirurgiens ont pris alors conscience qu'ils frôlaient le désastre. Pour en limiter les effets, ils ont dû se résoudre à délaisser, au profit des victimes qu'ils pouvaient rapidement traiter, toutes celles qui présentaient des atteintes à l'abdomen. A cause de la longueur et de la minutie qu'implique chacune des interventions ventrales. Ce renoncement systématique, affligeant, n'a duré qu'un temps. Mais des morts inexorables l'ont sanctionné. Le parachutage de Hantz et de son Acp 5, renfort à leurs yeux inestimable, a permis d'endiguer cette calamité, les jours suivants. Pourtant, dès lors, tous les chirurgiens de Diên Biên Phu ont compris ce qui les attendrait. Ils ont mieux mesuré la nature de l'une des menaces qui guetterait la garnison assiégée : l'impossibilité de donner à tous les nécessiteux les soins auxquels ils auraient pu prétendre.

Qu'il leur paraît lointain, à une année-lumière au moins, le temps où ils pouvaient encore se réunir le soir à l'antenne centrale ou chez Le Damany! Entre deux tempêtes, rejoints par des médecins de bataillon, tels Carfort, Prémillieu, Barraud, Rondy et Rouault, ils discutaient passionnément de l'exercice de la médecine et des techniques chirurgicales auxquelles ils s'initiaient de conserve. Chacun dans son trou, désormais. Seul devant sa responsabilité. Et la détresse générale grandissant aux alentours.

Durant la fausse trêve instaurée depuis le 8 avril, les combats n'ont pas cessé, en réalité. Ils ont seulement changé de nature. Les données se modifient chaque jour. Aux coups de boutoir qui ont caractérisé ses précédents assauts, Giap, qui prépare le troisième acte, sa dernière attaque de grande envergure, a substitué un harcèlement lent mais permanent calqué sur le comportement d'un boa constricteur. Il enserre sa proie de ses anneaux. Ses coolies creusent et poussent des tranchées autour de la base – quatre cents kilomètres, constatera Langlais, en examinant les photos aériennes qui lui seront parachutées. Ils forent des sapes sous les points d'appui où s'incrustent les défenseurs. Des positions d'assaut qui permettent à ses réguliers, appuyés par leur artillerie légère de régiment, de coller littéralement aux retranchements du camp. Ils s'en prennent au centre de résistance comme ils éplucheraient un artichaut. Feuille après feuille. Contenant puis débordant les contre-attaques que multiplie Bigeard, furieux de se sentir coincé dans cette ratière. Qui se rétracte. Rétrécit de façon implacable. Toute la citadelle est, à présent, à portée des armes légères ennemies. Ce qui contraint à ne sortir des trous que la nuit.

Cette vulnérabilité nouvelle se mesure aux morts, dont le nombre augmente; une cinquantaine chaque jour. Aux blessés, dont le contingent croît dans les antennes, les infirmeries et leurs nombreuses dépendances, euphémisme désignant les couverts où s'amoncellent les indisponibles provisoires ou définitifs.

A la mi-avril, les autorités à Hanoi estiment à 815 blessés, le total des entrants dans les antennes. N'est-il pas manifestement sous-évalué? A cette époque, la base dispose d'une capacité hospitalière de 1 080 lits et brancards dits organisés. Auxquels s'ajoutent les civières des postes de secours des bataillons. Or à cette date, toutes les couches, toutes les annexes sont occupées, témoignent les chirurgiens, ainsi que les médecins d'unités. Ce qui justifiera d'ailleurs un parachutage de 200 lits à tubes supplémentaires, avant le 26 avril.

Au vrai, qui, à Hanoi, pourrait dresser en ce domaine des statistiques fiables, à ce moment de la bataille? Et basées sur quels documents? Depuis la deuxième offensive viet, la paperasserie, quelle que soit sa nature, passe au second plan dans la forteresse assiégée. L'activité réelle des chirurgiens, comme celle des médecins de bataillon, déborde aussi largement le cadre réglementaire de leurs attributions et fonctions respectives.

Ainsi, les premiers n'accueillent pas seulement dans leurs salles de triage les cas très graves, avec fiche d'évacuation. Ils reçoivent directement, et en nombre grandissant, des infortunés qui se présentent spontanément, qui se sont déplacés par leurs propres moyens, ou qui ont reçu l'aide d'un frère d'armes pour parvenir jusqu'à l'antenne la plus proche de l'endroit où ils ont été blessés. Le pli est pris. De leur côté, les médecins de bataillon, maillons essentiels de la chaîne de santé au combat, connaissant bien les difficultés qu'affrontent périodiquement les responsables des antennes, ne se bornent plus à évacuer sur ces unités les éprouvés. Ils développent dans les environs de leurs infirmeries l'hospitalisation des opérés récupérés. Ils pratiquent de plus en plus eux-mêmes des interventions considérées comme mineures – 75, au moins, à son actif, dira Jean-Louis Rondy.

La précarité de la situation sanitaire de la garnison se jauge, en outre, à l'augmentation du nombre de ceux qui ont été blessés à plusieurs reprises. Chaque fois, ils ont repris leur place au combat, un peu plus meurtris, un peu moins ingambes, jusqu'à tomber sans pouvoir se relever.

Par exemple, Michel Chanteux, caporal au 2/1er Rcp. Il a participé à l'opération « Castor », la prise de Diên Biên Phu, en novembre. Puis aux affrontements contre les Viets qui tentaient de s'infiltrer au Laos. Parachuté de nouveau dans le camp retranché, durant la nuit du 2 avril, il reçoit sa première blessure alors qu'il effectuait une mission de ravitaillement sur Huguette 6, le 10 avril : une balle dans le bras. Soigné par Gindrey à l'antenne centrale, qui a pu extraire le projectile, il regagne son poste aussitôt. Nouvelle lésion, plus sérieuse, quelques jours plus tard, à l'occasion d'un autre approvisionnement, celui du PC : cette fois, un éclat d'obus l'a frappé à la tête. Gindrey le panse encore. Retour au feu, derechef. Pendant une semaine affreuse. Celle que marquera l'anéantissement du valeureux 2e Bep, la perte des trois Huguette, au nord-ouest de la piste d'atterrissage, celle qui verra la superficie du centre de résistance diminuer de moitié. Lors d'un assaut, un Viet lui ouvre le ventre avec sa baïonnette. Évacuation sur l'antenne. Chanteux est quasi promis à la fosse commune. Pourtant Gindrey intervient pour la troisième fois. Une laparatomie superbe, avec pose d'un anus artificiel transitoire. Souvenir de cette épopée lointaine : une énorme cicatrice, du nombril au pubis. Aujourd'hui, Michel Chanteux assure le secrétariat général de l'Amicale des anciens de Diên Biên Phu.

En ce lieu clos, à cette époque, chez tous les combattants valides ou diminués, seule prédomine une détermination : résister, se battre, le plus longtemps possible, faire payer cher à Giap et à son armée cette bataille insensée, dont tous connaissent l'issue.

Les médecins de Diên Biên Phu eux-mêmes donnent l'exemple. Tel André Jourdan, praticien du 2/1er Rcp, en avril toujours. Un éclat d'obus l'a atteint à la cuisse droite. Conduit à l'antenne centrale, il se confie à Gindrey et à Grauwin, qui lui enlèvent un gros morceau de muscles broyés – quatre cents grammes, au moins, estimera Grauwin. Il s'endort, bourré d'antibiotiques. Dix jours plus tard, les crins suturant sa plaie retirés, il demande à retourner à son bataillon. Ne pouvant encore marcher, c'est en ambulance qu'il se fera reconduire à son infirmerie.

Tel Jean-Louis Rondy. Le 14 avril, lui aussi se présente à l'antenne centrale. Couvert de bandages. Quelques minutes plus tôt, un obus de mortier viet, du 120, a explosé devant l'entrée de son infirmerie inexpugnable. Il a été atteint par une grêle d'éclats qui a giclé vers le seuil de son blockhaus. Sommairement pansé par l'un de ses infirmiers, Rondy ne souhaite qu'un examen général pour se rassurer. C'est Grauwin qui le pratique. Aucun organe lésé. Le soir même, le médecin du 1er Bep regagne son unité où l'attendent ses légionnaires blessés. A présent, encore, une vingtaine de fragments d'acier, toujours incrustés dans les tissus conjonctifs de Rondy, et ce profond stigmate sur la cuisse de Jourdan, attestent qu'il en fallait davantage pour réduire les praticiens de la base assiégée.

Ces médecins reprenant leur place après un traitement expéditif ne cherchaient pas uniquement l'oubli de leurs souffrances dans le coude à coude avec les soldats de leurs unités. Ils estimaient simplement qu'ils devaient à ces hommes l'assistance pour laquelle ils avaient été formés.

« La récompense du devoir est le devoir même », écrivit Cicéron. N'est-ce pas ce qui a fait courir beaucoup de défenseurs à Diên Biên Phu ? Ainsi ces affligés pourtant sévèrement touchés, gradés et hommes du rang qui, nombreux, ont repris les armes. Langlais et Bigeard les ont regroupés sur Éliane 10, de l'autre côté de la Nam Youm, en face du PC. Leur position reçoit le nom de « point d'appui des blessés ». D'autres, pareillement atteints, certains amputés de tout frais d'une main, se battront de même et en première ligne jusqu'au bout. Bigeard rapportera qu'un bon nombre des combattants de son 6e Bpc, sur lesquels veillait Rivier, leur médecin, avaient un membre, bras ou jambe, plâtré. Bréchignac confirmera que les survivants de son bataillon avaient reçu au moins une blessure : « Ceux qui ne pouvaient rester debout ou assis, ajoutera-t-il, restaient allongés dans les tranchées. »

Exaltation ? Cet épice explique beaucoup de sacrifices. Au demeurant, les valides dénombrés à la fin du mois d'avril, à Diên Biên Phu, à peine mieux lotis que leurs compagnons déjà en proie au malheur, frôlent l'entrée en morbidité. Tous surmenés. Tous victimes d'une réduction pathologique du sommeil. Et dénutris. S'ils ne mangent plus ou presque, c'est qu'ils n'ont plus le goût ni le temps de cuisiner, que la moitié au moins des parachutages pourvoyant à la subsistance de la garnison tombent chez l'ennemi. « En moins de vingt jours, a noté le médecin-capitaine Hantz, mon équipe et moi-même, soumis à ce régime drastique collectif, avons perdu une dizaine de kilos chacun. »

Au 25 avril, précise le médecin Marc Lemaire, dans sa thèse consacrée au service de santé militaire de l'avant dans sa mission de soutien des personnels parachutés en Indochine, près de 15 000 hommes ont été engagés à Diên Biên Phu, sans avoir pu en sortir. Il reste 3 620 combattants dans la position principale. Dont 1 300 parachutistes franco-vietnamiens, 500 parachutistes de la Légion, 700 légionnaires, et des Thaïs, des Marocains, des Algériens, plus quelques aviateurs bloqués au sol et des rescapés du génie qui se battent avec la Légion. Ainsi que les servants des mortiers de la Légion, des 18 pièces d'artillerie fonctionnant encore, et les cavaliers des 3 ou 4 chars en état de marche. En incluant Isabelle, le camp assiégé réunit quelque 5 000 soldats. Et 3 000 blessés, au bas mot. Plus les personnels employés dans les services, notamment ceux du service de santé. Le reste ? Les morts, les disparus. Auxquels s'ajoutent ceux qui, refusant le combat, se sont réfugiés dans des bauges creusées sur les berges de la rivière et survivent en détournant des parachutages ; ceux que les rescapés de la base surnomment « les rats de la Nam Youm ».

Face aux 3 620 défenseurs du centre de résistance se pressent 35 000 bodoïs, dont plus de la moitié fraîchement levés. Réarmés de neuf grâce à l'aide sino-soviétique. Regonflés par la perspective du triomphe. Et par l'annonce de l'ouverture officielle d'une conférence internationale à Genève, le 26 avril, où sera réglée – après longues discussions – la question Indochine. Un contre dix, donc. Ni à Verdun ni à Waterloo, on n'a connu un pareil déséquilibre entre les forces appelées à en découdre. Ce qui va pourtant se produire pour la dernière fois, à Diên Biên Phu. Par-dessus le marché, des cataractes tombent des nuées. La mousson commence à s'installer au Tonkin.

Et dire qu'il se trouve des stratèges à Hanoi comme à Saigon pour s'en réjouir ! Les mêmes qui viennent de confier à des spécialistes le soin de provoquer des pluies artificielles sur la Route provinciale 41, utilisée par le Viêt-minh pour approvisionner son corps de bataille. Ils ont fait ensemencer les nuages au-dessus de cette voie par un Dakota. Déversant de la poudre de chlorure de sodium et des vapeurs d'iodure d'argent sur les stratus, en vue de précipiter la condensation. Le procédé, expérimenté en laboratoire, a paru prometteur. Mais il a échoué en Haute Région. Car le vent a entraîné les nuées farcies à la chimie vers le nord, où elles n'ont arrosé que la jungle.

« Les orages naturels vont paralyser Giap... », se félicitent cependant les apprentis sorciers. Oubliant qu'ils handicaperont bien davantage la garnison, soumise aux mêmes intempéries dans la vallée encerclée. En effet, depuis la nuit des temps – les géographes le savaient bien – les premières grosses pluies gonflent la Nam Youm, qui déborde, à partir du 15 avril, et transforme en marécage la plaine de Diên Biên Phu. Ce qui explique qu'elle soit devenue un grenier à riz, lequel est gourmand en eau. Le général Blanc, chef d'état-major général auprès du ministère de la Défense, à Paris, qui avait lu ses classiques, ne l'ignorait pas : il avait averti Navarre, lors de sa visite du camp retranché, en janvier. Le général d'aviation Fay, qui commanda l'arme aérienne en Indochine, d'octobre 1945 à mai 1946, avait surenchéri, dans un rapport fourni au même Navarre, le 15 février : gare à la mousson, écrivit-il, en substance ; elle noiera la base.

De fait, jusqu'au 19 avril, les nuages ont réduit la visibilité à deux kilomètres sur la Haute Région, n'apportant que des bruines intermittentes. Du 19 au 25, le ciel s'est éclairci. A partir de cette date les bancs de stratus s'accumuleront, crèveront sur le delta et sur la Haute Région, gênant l'aviation et la garnison. Ils ne laisseront qu'un peu de répit, malgré tout entrecoupé d'orages, en fin de chaque journée.

Sous les précipitations, le val assiégé se métamorphose en bourbier, phénomène accentué par le déboisement total auquel se sont livrés les défenseurs. Les tranchées et les abris dégoulinent, s'effondrent. Les fortifications de campagne ramollissent et de Castries nagera dans son PC sous 40 cm d'eau. Langlais, comme Grauwin, avaient appréhendé cette catastrophe. Puisqu'ils envisagèrent de conserve de transplanter les installations vitales de la base, le PC central et l'antenne principale, entre autres, sur un point d'appui, l'un des Éliane. Un projet sérieux qu'annihila, en mars, le début de la bataille. S'il est une épreuve dont tous se seraient volontiers passés dans le camp, notamment les médecins et les blessés, c'est bien celle de la lutte contre l'envahissement de la boue.

Dans le bloc de son antenne, Ernest Hantz a d'abord vu les parachutes tendus au plafond prendre du ventre puis percoler, à mesure que l'eau a imprégné l'épais manteau de terre couvrant sa tanière. Il a aussitôt tendu des fils, en oblique, qui acheminent les infiltrats liquidiens sur les bas-côtés, le long des parois. Il patauge bientôt dans un cloaque, ne quittant plus ses bottes, opérant, opérant toujours, devenant malgré lui le stakhanoviste du bistouri de la base.

A l'antenne principale, Gindrey, que la fatigue écrase au point qu'un infirmier doit souvent le soutenir tandis qu'il continue à œuvrer, rivé à sa table d'opération, bénéficie en ce domaine de l'assistance de Grauwin. C'est ce dernier qui combat les ruissellements, la fange. Lui n'a pas pensé aux filaments de dérivation, mais il a vu plus grand, bien plus efficace : il a fait affouiller de nombreux puisards, dans le sol des abris, des tranchées. Des trous profonds de deux mètres, couverts par des planches. Il est devenu un pharaonique remueur de terre, à force d'étendre les locaux d'hospitalisation, les poussant dans tous les azimuts, allant jusqu'à faire creuser des alvéoles dans les parois des boyaux et des cagnas, où il loge les blessés que ne rebute pas trop la claustrophobie. Il enrage devant la liquéfaction de son univers troglophilien, multiplie les drains, les plans inclinés, les travers-bancs.

L'apparition de cette eau dans les quatre antennes chirurgicales – la situation est aussi préoccupante chez Vidal, chez Résillot, qui l'évoquent dans leurs échanges téléphoniques et radiophoniques avec leurs confrères – devient calamité. Un sort que partagent toutes les infirmeries des bataillons. Elle s'insinue partout, en effet, ne s'enfonçant que lentement dans la terre qu'elle ameublit. Elle se mêle au sang, aux déjections, constituant un magma puant qui colle aux Pataugas, aux bottes. Elle contraint à changer les pansements des blessés plus souvent, provoque des irritations et des eczémas sous les plâtres, au point qu'il faut les remplacer par d'autres, qui ne sèchent plus.

Car l'atmosphère, elle-même, chaude, frise la saturation. L'hygrométrie atteint son degré maximal. Les médecins, les infirmiers, outre leurs chaussures dans lesquelles macèrent leurs pieds dévorés par la bourbouille, ne portent qu'un short. L'air frais devient un luxe, accessible seulement la nuit, à la condition de ne pas sortir des boyaux découverts, à cause du pilonnage ennemi.

Depuis la mi-avril, le matraquage viet, intensifié, a interdit les brancardages de jour. Les blessés ne pouvant attendre, c'est ce qui a conduit les praticiens de bataillons à devenir des chirurgiens occasionnels. Rondy, Rivier, Carfort, Madelaine, Rouault, Prémillieu, Staerman, Verdaguer, Barraud, tous sont venus à tour de rôle à l'antenne principale, où Grauwin leur a distribué des instruments, des médicaments ne figurant pas dans leurs dotations. Ils ont aussi poussé jusqu'au bloc où Gindrey, tout en continuant à opérer, leur a prodigué des conseils de base pour pratiquer leurs interventions.

Le plus mauvais moment pour s'initier, et sans recours, à l'art opératoire. Parce que les blessés qui entreront à partir du 25 avril dans les infirmeries et les antennes, présenteront tous des lésions que compliqueront des souillures telluriques. La hantise des chirurgiens de guerre. Dans le sillage des balles fulgurant par ricochet et des éclats d'obus, des giclées de boue pénètrent aussi dans les chairs. Or, les médecins de Diên Biên Phu découvrent partout sous leurs bistouris ou leurs ciseaux ces jets putrides. Au creux des fibres musculaires dilacérées, jusque sous les aponévroses, ces membranes qui enveloppent les muscles. Des nids dans lesquels les germes anaérobies, qui pullulent dans la boue de rizière, engendrent promptement des infections aiguës pouvant entraîner la gangrène. De même, les blessés déjà opérés sont exposés à ce débordement fangeux dans les abris d'hospitalisation des postes de secours et des antennes. Il imprègne les civières, les lits, humecte les pansements, parvient à souiller les plaies préalablement parées. Ce qui déclenche des processus infectieux similaires, que révèlent les montées brutales des températures. Sous les bandages imbibés, les médecins découvrent alors des fusées purulentes qui, des points d'émergence, remontent parfois jusqu'aux racines des membres. Cela oblige à débrider, inciser, curer, panser de nouveau. Jusqu'au prochain accès. L'œuvre ingrate. Un travail de Sisyphe.

En certains points du centre de résistance, sur les Claudine, par exemple, ou au bas d'Éliane 4, que tient le 2e Bataillon thaï confié au médecin Pierre Barraud, la boue monte toujours. Cinquante centimètres, dans l'infirmerie de ce dernier. Elle l'a obligé à installer ses blessés dans des civières suspendues au plafond. Lui-même se hisse sur l'un de ces brancards pour prendre un peu de repos entre deux soins.

La moiteur de serre, les trombes intermittentes, le sol spongieux, qui fond sans cesse, favorisent l'expansion de la pourriture. Les sources en sont connues; d'abord, l'absence d'hygiène élémentaire dans la base, devenue une sentine, mais aussi les cadavres plus ou moins profondément ensevelis, ou abandonnés dans les tranchées et les trous, sur les lieux des précédents combats. Ceux de la garnison comme ceux de l'ennemi, qui a renoncé à récupérer les siens. Ils s'entassent tant en certains endroits, notamment aux alentours des Éliane, que l'odeur persistante incommode les défenseurs. Souvent des impacts d'obus déterrent des corps, dispersent les débris. La décomposition pérenne accroît la prolifération des mouches, déjà excessive depuis la suspension des mesures de prophylaxie. Les essaims foisonnent dans de nombreux secteurs du centre de résistance. En particulier, près de l'antenne principale. A cause de la morgue.

Fulmine alors une autre invasion, prévisible. Elle a pour origine la ponte des diptères. Certains emplacements s'emplissent de larves. Les médecins font donner en hâte la parade chimique, les DDT, crésyl et chlorure de chaux aux abords des installations sanitaires. En vain. La gadoue dilue, absorbe les désinfectants. Une légion de pelleteurs, du pétrole enflammé arrêteraient peut-être les colonnes de vermisseaux. Mais impossible de procéder à de tels travaux d'assainissement sous le tir des Viets. Et le grouillement immonde atteint les antennes. L'horripilation, les réactions de dégoût grandissent chez les blessés. Puis la panique les gagne.

Grauwin assure que les asticots constituent un moindre mal. Ils débarrassent les lésions de tout ce qui est putride, avance-t-il : sanie, chairs nécrosées; ajoutant qu'ils laissent « les plaies propres, nettes, mieux nettoyées que par l'éther ». Pieux mensonge pour apaiser les malheureux? Le croyait-il vraiment?

On disait cela au temps des empiriques, en métropole, vers 1880, l'époque où certains chirurgiens se souciaient autant que de colin-tampon de l'antisepsie chirurgicale inventée peu avant par Joseph Lister... C'était Armand Després, chef de file de ces rétrogrades, qui avait lancé, en dogme : « L'asticot a du bon, il bouffe le vibrion ! » Il le pensait. Pis, il le fit longtemps admettre, vilipendant Lister, au passage. Chirurgien à l'hôpital Cochin, à Paris, député du VIe arrondissement par surcroît, ce Després opérait en jaquette, sans laver ses mains auparavant ni même nettoyer son bistouri, qu'il glissait, sa besogne achevée, dans la poche de son gilet. La mortalité dans son service atteignait 70 %. Au même moment, elle était pourtant tombée à 15 % dans l'hôpital londonien où exerçait Lister.

Grauwin excepté, aucun des jeunes chirurgiens présents à Diên Biên Phu n'a fait référence à la fable des asticots curatifs. Tous ont au contraire redouté le rôle pathogène des mouches et de leurs larves, vecteurs potentiels d'infections variées; dysenterie, staphylococcies, ophtalmie purulente, voire typhoïde. Faute de pouvoir réduire le répugnant fourmillement, ils ont fait changer, refaire souvent les pansements, et taper lourd dans les antibiotiques, bourrant en outre les blessés de sédatifs afin de les aider à endurer cette archaïque survivance de la misère physiologique. Un prélude à la terreur qui avançait à grande vitesse dans ses pas.

En cette fin avril, personne en Indochine ne peut plus ignorer combien est devenue désespérée la situation du camp retranché. Cependant, quand le haut commandement, à Saigon, fait savoir qu'il envisage de lever des volontaires parmi les troupes stationnées en Extrême-Orient, afin de renforcer Diên Biên Phu, de nombreux résolus se présentent, gagnent Hanoi, l'ultime escale. Parmi les postulants, quelques briscards, qui tiennent à rejoindre leurs frères d'armes déjà dans la place. Mais, pour la plus grande part, il s'agit de soldats qui n'ont jusqu'alors que peu partagé les affres de la guerre. Non point des embusqués; leurs soldes et leurs attributions sont trop médiocres. Des employés aux écritures, des aides-chauffeurs, des gâte-sauce. L'équivalent des ouvriers sans spécialité qu'emploie l'industrie. Près de 500 au total. Tous savent ce qui les attend. Et par quel moyen on les expédiera dans la vallée assiégée. La plupart n'ont jamais sanglé un parachute sur leur dos. Et personne ne les force à prendre ce risque.

Cet élan spontané ne manque pas de surprendre – ou de gêner, à cause de son ampleur? – dans les antichambres de l'état-major de Navarre. Il contraste tellement avec l'attitude réservée de certains bachagas qui, considérant cette bataille comme perdue, lésinent sur les moyens que réclame en vain et en rageant Pierre Langlais, du fond du creuset mortel. Aussi n'épargnera-t-on rien à ces sacrifiés volontaires. Même pas l'examen médical complet que le règlement prescrit à tout candidat parachutiste, y compris un test Bordet-Wassermann. C'est certifiés sains et exempts de vérole qu'on les enverra au désastre imminent. Promis à l'anéantissement ou, au mieux, à l'effrayant emprisonnement chez les Viets.

Ils sauteront, néanmoins. De nuit. Dans un mouchoir de poche. Accompagnés par sept infirmiers, deux Vietnamiens et cinq Français, appoint sanitaire envoyé par le service de santé pour compenser les pertes des personnels des médecins de bataillon et des antennes. On larguera ces paras d'occasion en plusieurs vagues, entre le 25 et le 30 avril. Sous les tirs des canons et des mortiers ennemis.

Cette poussée d'héroïsme à l'approche du dénouement tragique de l'opération Diên Biên Phu chez des hommes qui avaient, en majorité, vécu loin des combats, a, pour d'autres raisons, intrigué le médecin-général Léon Lapeyssonnie. Encore commandant, à l'époque, il exerçait la fonction de médecin-chef biologiste au laboratoire d'armée attaché à l'hôpital de Haiphong. Il voyait passer beaucoup de monde dans son service. Ses nuits de garde à l'hôpital l'avaient mis en contact avec des militaires de tout grade, de toutes origines, de toutes les armes. Il pouvait donc ainsi, en praticien avisé, se livrer à une classification objective des sujets observés, « voire, me dira-t-il, établir une certaine hiérarchie dans la valeur militaire des uns et des autres, en prenant tout banalement le courage comme critère principal ».

« Chez les combattants de la rizière et de la Haute Région, écrira-t-il, dans son ouvrage *Toubib des Tropiques*, une stratification se dessinait, qui se fondait sur leur corps d'origine. Les légionnaires et, dans une certaine mesure, les marins prenaient cette guerre exotique en professionnels. Les premiers parce que c'était leur métier de se battre réellement en n'importe quel point de la terre, et les seconds parce que depuis plus d'un siècle l'Orient Extrême, et l'Indochine en particulier, faisait partie de leur paroisse. Ces hommes d'armes étaient en général des gens calmes et courageux, soucieux d'efficacité, et qui prenaient une certaine distance avec les événements du jour. A leurs côtés, les troupes coloniales étaient les plus nombreuses, blason oblige; marsouins et bigors s'adaptaient à cette guerre avec leur souplesse habituelle, et ils étaient, avec leurs parachutistes, de tous les coups durs. Eux aussi avaient une tradition qui faisait de ces champs de bataille tropicaux un paysage familier.

« Alors pourquoi, chez ceux de l'arrière, qui, jusqu'alors n'avaient pas fait la guerre, ce sursaut de la dernière heure, ce courage soudain apparu, ce désir d'un rachat public, et peut-être même pour leur seule satisfaction intérieure? Leur acceptation du risque mortel qu'on leur présentait n'était-elle pas de même nature que celle des malheureux à qui le sorcier tendait la coupe de l'ordalie qu'ils savaient sûrement empoisonnée et qui la buvaient quand même? Petit à petit se forma dans mon esprit la pensée qu'à certains moments de la vie ce n'est plus la vie qui compte mais quelque chose de plus important qu'elle, l'amour, l'honneur, le respect de soi. »

Au-delà de leurs motivations personnelles, hautement respectables, il a fallu en effet beaucoup de cran à ces hommes pour sauter de la sorte dans l'arène lointaine et embrasée, au moment où les combattants de Diên Biên Phu en étaient réduits à former le dernier carré.

La fin prochaine de la bataille a ému aussi les soldats du rang cantonnés dans la capitale du Tonkin. En particulier, ceux qui participent aux collectes de sang pour les blessés. Cela s'est mesuré à l'Ort, le centre de transfusion de Hanoi, où les dons ont été trois fois plus nombreux que de coutume. Lors de la dernière semaine du mois d'avril, le médecin-capitaine Baylet, responsable de ce service, a recueilli plus de 3 000 flacons de sang conservé et de plasma. De même, le commandant du porte-avions « Arromanches », ancré en baie d'Along, fait également savoir que son équipage offre ses veines. C'est à Lapeyssonnie qu'il revient de procéder au collectage exceptionnel sur le grand bâtiment de la Marine nationale.

« La " Royale " avait bien fait les choses, m'a-t-il dit. Elle avait dépêché un aviso à Haiphong, à mon intention, afin que je puisse emporter mes caisses de flacons, le matériel de prélèvement. Le " Pacha " en personne m'a accueilli à la coupée et présenté aux médecins du bord. Il m'a aussi fait part des dispositions pratiques qu'il avait prises pour assurer l'emballage et la conservation au froid de plus de mille flacons de sang. A peine en avait-il terminé que l'hélicoptère du bord, qui était allé chercher mes quatre infirmières-laborantines a apponté. En quelques instants, les opérations de collecte ont commencé, le commandant et son état-major étant les premiers à tendre leur bras. Tous les marins et les pilotes présents à bord ont donné volontairement leur sang. A 15 heures, l'hélicoptère est parti pour Haiphong, chargé à bloc de cartons de flacons pleins, effectuant aussitôt une nouvelle rotation. Après une légère collation, l'aviso nous a ramenés à notre base, mes infirmières et moi-même. Quand nous sommes arrivés, le sang recueilli, déjà analysé sérologiquement, étiqueté, emballé dans des caisses spéciales, était déjà prêt pour le prochain parachutage sur Diên Biên Phu. »

Qu'importe si une bonne part du précieux fluide choit chez les Viets, s'égare dans les barbelés, hors de portée des défenseurs du camp dramatiquement rétréci. Le reste parvient aux médecins des antennes, en passe d'être démunis. Si peu que ce soit, ce qui provient de ces dons témoigne que des mains anonymes se sont tendues vers ceux qui, bientôt, tomberont.

C'est aussi de compassion, en effet, que manquent à ce moment les blessés de Diên Biên Phu. On le voit bien, à Genève, où les préambules de la conférence internationale consacrée à l'Indochine ont commencé. Le 27 avril, lors d'une entrevue avec Viatcheslav Molotov, ministre soviétique des Affaires étrangères, Georges Bidault, représentant le gouvernement français, a formulé avec insistance une requête concernant l'évacuation des blessés graves de la base, annonçant que de Castries était prêt à demander une trêve de cinq à six jours à Giap, temps nécessaire pour remettre la piste en état et faire enlever les malheureux. Une certaine publicité ayant été donnée à cette sollicitation, Molotov, prenant en compte l'opinion internationale alertée, la juge acceptable. Toutefois, Pham Van Dong, représentant du Viêt-minh, la rejette sans ambages. Aux militaires de régler d'abord la question des armes sur le terrain. Une attitude inspirée par Giap, lequel, sentant qu'il touche au but, ne veut plus retarder l'écrasement du camp.

De fait, lc 1er mai, à 17 h 30, la terre trémule comme elle n'a encore jamais tremblé dans le centre de résistance. Durant trois heures, « la plus longue préparation d'artillerie de toute la bataille », jugera Erwan Bergot, tous les canons et tous les mortiers lourds ennemis laminent la totalité des positions françaises sous des tonnes d'obus. A peine se taisent-ils que trois divisions viets repartent à l'assaut sur ce qui reste des tranchées déjà si souvent dévastées. Des points d'appui cèdent les uns après les autres. Éliane 1, puis Huguette 5, et Dominique 3.

Dans les postes de secours et les antennes se reproduisent les terrifiantes scènes de débordement par de nouveaux blessés vécues auparavant. Jean Vidal, contraint d'abandonner l'emplacement qui avait été assigné à son Acp 6, se replie avec ses gens chez Ernest Hantz, dont il partage le travail opératoire marathonien. Henri Prémillieu, qui a transporté chez Hantz le corps pantelant et criblé d'éclats de son ami, Bonnet de Paillerets, lequel ne pourra qu'être assisté dans ses derniers moments sous des flots de morphine, ne quittera pratiquement plus non plus l'infirmerie du Gm 9, où il participe du mieux qu'il le peut aux tentatives désespérées de sauvetage.

Et pourtant une autre unité saute en renfort dans cette fournaise, le 1er Bpc que commande de Bazin. Les Dakota le larguent durant deux nuits, compagnie après compagnie. Avec elles, le médecin-lieutenant Louis Staub, praticien de ce bataillon, ainsi que le capitaine Jean Pouget, ex-aide de camp de Navarre, qui a tenu à rejoindre ses amis parachutistes, à participer au dernier acte, à leurs côtés. Une présence réconfortante à leurs yeux. Ils en ont besoin, tout se disloque autour d'eux.

Durant deux journées, les Viets marqueront le pas malgré la violence de leurs ruées. Le 3 mai, de Castries quitte son PC pour une brève visite à l'antenne principale. C'est la première fois depuis qu'il commande le camp retranché qu'il vient voir ces blessés. Certains chefs de guerre ne supportent pas la vue du sang, le regard éperdu et fiévreux des éprouvés, l'activité acharnée des médecins qui s'efforcent de réduire les ravages que provoquent les combats. De Castries doit décorer ceux qui sont enfournés dans cette pouillerie, qui a cependant vu éclore et s'affirmer le talent de chirurgien de Gindrey, sous pression continue durant une cinquantaine de journées et de nuits. Faute de rubans, de médailles, le commandant en chef en est réduit à remettre un bout de papier à chacun des traîne-malheur effondrés sur leurs galetas. Le prix de leurs souffrances. Symbole dérisoire.

Le médecin-lieutenant Madelaine signale au même moment à Le Damany et aux chirurgiens que des morts singulières se sont produites au 2e Bep : des légionnaires effondrés dans la boue, sous leur charge, lors d'un ravitaillement. Comme emportés par l'inanition et un épuisement total. Carfort, Rondy, d'autres praticiens encore, constatent des cas similaires dans ce qui reste des bataillons dont ils s'occupent. La peau des victimes, fine et ridée, ressemble à celle des grands vieillards. Mous, flaccides, les muscles trahissent une profonde dégénérescence physiologique. Leur organisme n'a pas répondu aux analeptiques, aux médicaments percutants. Ils se sont éteints les yeux grands ouverts, inexpressifs. Tués par des anémies. Des comas hypoglycémiques. Des tarissements endocriniens massifs.

En réalité, c'est la garnison dans son ensemble qui n'en peut plus, K.O. debout. L'étau se resserre davantage sur elle, au fil des heures suivantes. Et tombent Éliane 4, Huguette 4, Huguette 10, les PC de Bréchignac, de Botella, de Tourret. Le 7 mai, à 17 h 30, le centre de résistance cesse le feu après destruction des armes, des postes de radio. Les Viets interrompent peu après le travail opératoire de Gindrey, de Hantz et de Vidal, au détriment de leurs patients, qui meurent sur table. Ils s'emparent, de même, de l'aumônier Michel Trinquand, à l'Acp 5, qui administrait un agonisant. Dans la nuit, le point d'appui Isabelle tombe à son tour; une tentative partielle de sortie a tourné court en moins de deux heures. Seule une poignée de légionnaires, de Thaïs, de cavaliers du peloton Préaud forceront le blocus ennemi, parviendront à Muong Saï.

Sur les 15 000 officiers, sous-officiers et soldats qui ont constitué la garnison du camp assiégé, quelque 2 000 morts et autant de disparus seront dénombrés. 1 000 blessés ont pu être évacués de la base sur Hanoi, entre novembre 1953 et le 27 mars 1954. Sur 1 100 déserteurs, quelques-uns sont passés chez les Viets durant les combats; les autres ont été pris au nid dans les soues de la Nam Youm. Mais tous viennent grossir les rangs des 8 900 survivants faits prisonniers. Parmi ces derniers, 3 500 blessés ont été soignés dans les antennes; 1 200 chez Gindrey, 1 000 chez Hantz, 800 chez Vidal, 556 chez Résillot. En outre, 3 000 autres blessés ont été traités par les médecins des bataillons dans leurs postes de secours. La plupart de ces éprouvés – 86 %, soit 5 600 – prendront, mêlés aux valides, la route des camps. Le chemin du Golgotha.

10

Pour eux, la vie va recommencer

C'est à bon droit que les médecins et les chirurgiens de Diên Biên Phu ont pu parler d'horreur, à propos des combats ultimes. Ils l'ont jaugée au surcroît de blessés tout au long des derniers jours de la bataille. Plus de panache dans les lieux où le malheur s'exhibe à cru. En revanche, beaucoup de désespérance. L'inanité des illusions saute aussi aux yeux. L'étreinte viet interdisant toute tentative collective de rompre l'encerclement, peut-être les plus valides, les plus déterminés, auraient-ils pu tenter de filer à la faveur d'une diversion. A terme, cela aurait été moins meurtrier. Placés sous l'autorité des militaires, les praticiens se sont gardés de discuter la décision du commandant en chef de tenir en chœur jusqu'au débordement final. Grauwin avait auparavant supplié de Castries, lors de l'apparition de la boue, de faire cesser le carnage. Sans effet. Pénétrés de leur impuissance à peser sur l'infortune des armes pourtant acquise, les médecins ont donc tenu leur rang avec acharnement. Ils ont soulagé, soutenu moralement jusqu'au bout les combattants sacrifiés à une cause perdue.

Informés par Le Damany, lui-même averti au préalable par le service de santé à Hanoi, tous connaissaient la nature des tractations amorcées à Genève, à l'instigation des autorités gouvernementales françaises, portant sur l'évacuation des blessés graves de la base. Tous savaient que ces discussions reprendraient au terme de la bataille. Cette éventualité a donné une idée à l'un d'eux : André Résillot, cloîtré sur Isabelle, au sud. Ce praticien a vu là l'occasion de préserver le registre d'entrées de son Acp 3 et ses relevés cliniques quotidiens qui attestaient son ouvrage chirurgical. De les faire parvenir, à la barbe des Viets, jusqu'à ses supérieurs. Aussi, durant la nuit du 7 mai, quelques instants avant qu'Isabelle ne succombe à son tour, a-t-il dissimulé ces pièces dans l'oreiller de l'un de ses patients sérieusement touchés, dont l'état justifierait à tout coup le rapatriement, si celui-ci venait à se dérouler.

Par ce geste réfléchi, Résillot n'a cherché qu'à rendre compte à ses chefs ; un réflexe. Il n'a pas subodoré que les rapports prendraient valeur de documents historiques. Les seuls du genre. Car toutes les autres archives sanitaires du camp ont disparu dans le feu de la bataille. Aussi bien celles de Le Damany, le médecin-chef opérationnel, que celles de Grauwin, Gindrey, Hantz, Vidal, et celles de tous les médecins de bataillon. Au-delà des constats techniques strictement chirurgicaux dressés par Résillot, dont le prix paraîtra précieux aux gens de métier, les informations réunies par le jeune chirurgien illustreront sans fard la dure réalité des interventions des praticiens d'antenne à l'œuvre à Diên Biên Phu.

Avant le 13 mars, Isabelle ne disposait que d'un poste de secours doté de 60 lits. Une capacité suffisante. Après la dissociation du point d'appui, Résillot a dû, comme ses confrères, faire aménager des taupinières pour abriter ses hospitalisés.

Les 13 000 hommes qui tenaient le centre de résistance ont subi de la part de l'ennemi une pression beaucoup plus forte que les 2 000 soldats qui cantonnaient sur Isabelle. Cependant, tous ont été décimés par des projectiles identiques, les agents vulnérants, disent les médecins. Cela, dans des proportions similaires. Des précisions? Artillerie (coups directs et éclats d'obus) : 64,1 % ; balles : 15,7 % ; mines : 7 % ; grenades et éclats : 5,2 % ; phosphore, armes blanches, autres engins explosifs divers : 8 %.

Ses notes le montrent, Résillot a dû affronter des conditions de travail aussi décourageantes que celles de ses confrères. Les mêmes pour ce qui a concerné l'exiguïté des locaux sanitaires, les difficultés de l'approvisionnement parachuté, les méfaits des intempéries. Ce qui a compliqué de façon équivalente les soins pré et postopératoires qu'il a pu donner.

Inversement, il n'a pas été exposé aux mêmes ruées soudaines des traumatisés sur son antenne. En outre, le temps écoulé entre le ramassage des blessés et leur entrée en traitement a toujours été beaucoup plus court sur Isabelle que dans le centre de résistance ; un fait explicable par les dimensions plus réduites du point d'appui. En conséquence, Résillot a pu constamment lancer des réanimations précoces, et ses actes chirurgicaux ont suivi dans les meilleurs délais. En clair, les malchanceux qui ont dégusté au sud de la base ont quand même bénéficié plus tôt des secours de la médecine que ceux qui avaient en charge la défense du cœur du camp.

Les 2 000 hommes qui tenaient Isabelle n'étaient pas à la noce pour autant. Quelque 400 d'entre eux, tués au combat, ont été enterrés sur place. Les brancardiers ont conduit 556 blessés sévèrement atteints dans la salle de triage de l'Acp 3. De même, 200 autres blessés, dits légers, victimes de polycriblages et de plaies musculaires superficielles, des urgences cataloguées en 3e catégorie, ont reçu les soins du médecin-lieutenant Gérard Aynié, à l'infirmerie du 3/3e Rei, et du médecin-lieutenant Émile Pons, dans celle du 2/1 Rta. Un traitement médical : des antibiotiques, des sérums antitétaniques et antigangréneux, une désinfection locale. Après deux ou trois jours de repos, ces blessés, tout de même amoindris, ont pu rejoindre leurs postes de combat.

Parmi les 556 affligés admis à l'Acp 3, 225 ont bénéficié de soins médicaux plus importants, avec réanimation, transfusions, hospitalisation longue. Résillot en a aussi opéré 331 : 216 très gravement touchés, et 115 qui présentaient des lésions moins importantes. Malgré les interventions, 71 d'entre eux n'ont pu survivre : 34 moribonds, morts sur table; et 37 décès dans les jours qui ont suivi les opérations.

Une mortalité postopératoire quatre fois plus élevée que dans les hôpitaux de l'arrière en 1953, toutes proportions gardées. Et sensiblement deux fois plus élevée que dans les hôpitaux de l'avant, pendant la Première Guerre mondiale!

Les moribonds confiés à Résillot avaient été transportés à l'antenne en état de choc avancé. Les autres n'ont pu résister à l'hospitalisation sous terre, ce qui a entraîné des syndromes hyperthermiques, aggravés par l'état d'anémie des patients. Au fur et à mesure que les combats se prolongeaient, la résistance des malheureux diminuait d'autant. Certains, 5,4 %, avaient déjà été blessés à deux reprises; d'autres, 0,6 %, trois fois. L'analyse ultérieure des cas cliniques permettra d'affirmer que cette mortalité très forte a été pourtant limitée au maximum, grâce au talent de Résillot.

Le jeune chirurgien a reçu 43 blessés à l'abdomen, en a opéré 31 qui présentaient d'effroyables atteintes viscérales. 16 d'entre eux n'ont pu survivre. Une perte de 51 %. De même, il a soigné 28 blessés du thorax, déployant une conduite thérapeutique en tous points correcte. Enregistrant, malgré tout, 11 décès. 10 autres victimes, atteintes à la fois au ventre et à la poitrine, ont reçu ses soins avisés; il en a sauvé 6. De même, il a pratiqué 18 amputations primitives, avec 2 décès; ainsi que 5 amputations secondaires – des cas désespérés – toutes sanctionnées par la mort des opérés; des disparitions dues à un abcès tardif au cerveau, à deux gangrènes gazeuses, à deux syndromes toxi-infectieux avec ischémie. Les plaies vasculaires majeures ont contraint Résillot à pratiquer 16 interventions en catastrophe, au cours desquelles il n'a perdu que 2 patients. Les lésions de vaisseaux mineurs, aux jambes, aux avant-bras, ont suscité 27 interventions, toutes réussies cette fois. Outre 14 plaies crânio-cérébrales graves, avec 10 survies, le jeune praticien a traité 44 fracas de membres et 18 plaies osseuses, des lésions consolidées par la suite.

Cette litanie a été réduite ici à sa plus simple expression. Explitée dans son entier, comme dans les rapports, elle aurait paru rébarbative aux profanes, choquante par son réalisme. Cependant, elle montre que l'Acp 3 a rempli le rôle qui lui incombait, malgré son isolement. L'antenne a fonctionné comme un poste de secours de première ligne et comme une ambulance de campagne, dualité imposée par des circonstances imprévues, complètement anormales. Son rendement n'en a pas souffert. Car Résillot a déployé un art qu'auraient pu envier bien des professionnels aguerris.

Le livre de bord de ce praticien représente aussi un autre intérêt, qui n'a pas échappé au médecin Marc Lemaire, lequel l'évoque dans sa thèse déjà citée. Le document appuie, et sans équivoque, les estimations du nombre de blessés avancées aussi bien par Hantz que par Gindrey.

« Ainsi, précise Lemaire, Résillot a traité 556 blessés sur les 2 000 combattants d'Isabelle. Soit un peu plus d'un soldat sur quatre. Appliqué au centre de résistance, ce rapport de 1 sur 4 donne, pour 13 000 hommes engagés en ce lieu, 3 250 blessés. Or, l'effort des offensives viets a été essentiellement porté sur ce centre, ce qui signifie que celui-ci a compté proportionnellement plus de blessés que le point d'appui Isabelle; au moins 3 500. Cela correspond au total évalué par Hantz et Gindrey. Auquel s'ajoutent les 3 000 blessés traités dans leurs infirmeries par les médecins de bataillon. »

Importante, la cohérence dans l'appréciation de la quantité des éprouvés. Elle montre que l'effectif réel des blessés de Diên Biên Phu a dépassé d'un tiers celui qu'ont retenu les exégètes de l'état-major à Saigon et à Hanoi, soucieux de minorer la portée des pertes françaises. Elle donne du poids aux affirmations des médecins de Diên Biên Phu, qui ont assuré que plus de la moitié des survivants de la garnison tombés aux mains des Viets au soir du 7 mai, dont ils partageaient le destin, n'étaient pas en état de subir sans dommages l'emprisonnement que leur réservait Giap.

La chute du camp retranché, ce 7 mai, prévisible depuis un mois pour beaucoup, n'a suscité aucune surprise; ni en Indochine, ni en métropole, ni dans le monde. Certes, des gros titres dans la presse française, sur l'instant. Un brin d'émoi à l'évocation du sort des soldats, hypocrite à gauche, emphatique à droite. Dans la foulée, des polémiques agressives entre les deux clans, à propos du conflit qui n'en finit plus. Deux jours plus tard, d'autres influx, d'autres manchettes détournent l'attention publique.

A Saigon, capitale des sangs mêlés, que la guerre n'éprouve pas encore, les Annamites, les Tonkinois exilés, les Malais, les Chinois, les Occidentaux, les Slaves brassent les piastres, se félicitent de ces temps troublés, propices aux bonnes affaires. A Hanoi, en revanche, qu'enserre l'ennemi rôdant dans les rizières à une portée de canon lourd, on ne balance plus : la défaite de Diên Biên Phu sonne le glas de la présence française au Tonkin. Approche l'année zéro, le bout de ce monde qu'inaugura Paul Doumer. Les magasins d'articles de Paris et les maisons de couture bradent. Le marché de l'immobilier s'effondre. Bientôt fermeront les succursales du gros commerce, les cinémas, les restaurants à terrasse, les bars, les boîtes de nuit. Dans peu de mois. L'occasion des derniers bancos. Déjà dans les quartiers indigènes, où les boutiquiers chinois n'ont renouvelé les stocks que pour six mois, sombre présage, monte la peur des Viets, des représailles.

A Genève, îlot à palabres, le sort des grands blessés de la bataille perdue ne se décide que le 10 mai. Ce jour-là, Pham Van Dong, porte-parole du Viêt-minh, assiste pour la première fois à la conférence internationale consacrée à l'Indochine. Il a exigé auparavant que soient admis les représentants du Pathet-Lao, le front communiste du Laos, refusant de siéger jusqu'à l'acceptation de sa sommation, confiant les intérêts de son parti à Molotov, le ministre soviétique. De la sorte, la négociation pour un éventuel cessez-le-feu, ne commence en réalité que trois jours après la chute de Diên Biên Phu. Pham Van Dong n'omet pas, cette fois, de faire le geste attendu par l'opinion mondiale. Dès le début de la séance, il annonce que son gouvernement accède au souhait formulé quelques jours plus tôt par Georges Bidault, restituera les éprouvés. Au général Navarre et au général Giap, commandants en chef des deux armées, a ajouté Dong, de régler les modalités de l'évacuation.

Au même moment, en Haute Région, la majorité des médecins de Diên Biên Phu et leurs infirmiers qui, dès l'aube du 8 mai, avaient été séparés de leurs blessés puis rassemblés près de Muong Phan, en montagne, à quelques heures de marche, sont ramenés à la base. Où ils retrouvent Grauwin et Le Damany. Les Viets leur enjoignent de trier rapidement les mal-en-point. Ils découvrent un spectacle qui les révulse. Le prélude à l'abomination réservée à ceux qui n'auront pas le bonheur de regagner Hanoi. Extraits des abris immondes qui, au moins, les avaient protégés des orages, tous gisent au sol. Sous la pluie. Les grabataires sur leurs civières, les estropiés à même la boue. Totalement privés des soins les plus élémentaires depuis quarante-huit heures. Affamés. En proie, pour la plus grande part, à la fièvre. Les bandages sont souillés, les plâtres pourris, habités par la vermine fourmillant plus que jamais. Les opérés de l'abdomen croupissent au milieu de leurs déjections.

Tandis que des prisonniers dressent des tentes d'occasion confectionnées avec des parachutes, le personnel médical français, surveillé étroitement par des homologues viets subitement apparus, entame le tri. Trois catégories : les alités, les mutilés, les éclopés; ceux qui ne se lèveront pas de sitôt, ceux qui ne se déplacent qu'en rampant, ceux qui pourraient se traîner un peu. On autorise les médecins, à la condition qu'ils se hâtent, à panser les plus atteints. Avec des moyens de fortune. Car le matériel des infirmeries et des antennes, tous les médicaments, ont été saisis au titre de prises de guerre.

Hantz, dont la réputation de chirurgien a été signalée aux Viets par quelques invalides, reçoit mission de traiter des infirmes supplémentaires. Des prisonniers, chargés de déminer la piste d'atterrissage, victimes d'explosions malencontreusement provoquées. Des « pieds de mine », pour le plus grand nombre. Les Viets se sont contentés de placer des garrots, du fil électrique torsadé, posés à la racine des cuisses depuis plus de vingt-quatre heures... Ce qui appelle l'opération, d'urgence. Hantz doit pratiquer des amputations crurales hautes. On ne lui alloue que quelques instruments chinois, rudimentaires. Il procède aux interventions sous anesthésie locale, avec de la novocaïne injectée plan après plan, à mesure qu'avance son travail. Refermant les moignons à grosses sutures, il prie le ciel que ceux-là soient évacués, afin qu'on puisse reprendre à l'hôpital sa chirurgie archaïque. Menée sous la pression des Viets. Qui le harcèlent. Toujours le même leitmotiv : « Vite, vite. »

A Henri Prémillieu, talonné de la même manière, auquel on ne laisse guère le temps d'apporter aux innombrables estropiés les soins que leur état réclame, un médecin viet, désignant la misère étalée, déclare : « Ils guériront, d'ici cinq à quinze jours... Nous allons nous en occuper ! » Suffisance? Menace horrible? Prémillieu n'a pas su trancher. La phase restera gravée au rayon « tourments », dans sa mémoire.

Le 13 mai, tri achevé, tout le personnel sanitaire français, à l'exception de Grauwin, de Pierre Le Damany, d'Émile Pons et de quelques infirmiers, reprend le chemin de la captivité. Le sentier qui mène à Muong Phan.

Entre-temps, le matin du 11 mai, la radio viêtminh a diffusé dans toute l'Indochine une déclaration de Pham Van Dong, confirmant l'acceptation de l'évacuation des grands blessés. Navarre, utilisant à son tour le canal de la radiodiffusion, a demandé à Giap le même jour un accord dc principe sur les mesures pratiques à prendre sur place, et les conditions dans lesquelles le rapatriement pourrait être envisagé.

Le 12 mai, à 12 h 30, c'est le général Cogny qui se manifeste. Sur « Radio Hirondelle », l'émetteur français à Hanoi. Lui aussi s'adresse à Giap. L'informe qu'il vient de recevoir délégation de Navarre pour résoudre au mieux cette question. Il annonce que les forces françaises enverront un hélicoptère à Diên Biên Phu le 13 mai, à 13 heures. Avec un « délégué du commandement », deux médecins militaires, un officier des transports et un mécanicien. Pour être certain que la nouvelle soit connue du commandement viet occupant la base, Cogny fait envoyer le même jour un message lesté dans le camp. La mission sanitaire, indique-t-il, réunira le médecin-colonel Pierre Allehaut, directeur du service de santé Air en Extrême-Orient, expert du transport sanitaire aérien; le médecin-colonel Claude Chippaux, chirurgien consultant, expert chirurgical; Jacques Roger, commandant pilote de transport, expert aéronautique; le professeur Pierre Huard, doyen de la faculté de médecine de Hanoi, délégué personnel du président de la Croix-Rouge française et délégué du haut commandement français.

La désignation du professeur Huard par les chefs de l'armée en Indochine ne manque pas de faire jaser, à Hanoi. De même que les fonctions qu'ils viennent de lui attribuer. Il est connu au Tonkin et dans toute la péninsule. Un notable. Mais très controversé. Il abhorre la politique que mène la France en Extrême-Orient, la combattant depuis 1945, c'est de notoriété publique. Il exécre celle des nationalistes vietnamiens intégrés dans l'Union française, dont les troupes bataillent au côté du Corps Expéditionnaire. C'est encore de notoriété. Aussi les Hanoïens glosent-ils en apprenant qu'il participe à la mission; l'état-major doit être en bien mauvaise posture pour recourir à lui, après qu'il avait été proprement mis à l'index.

Dans le passé, les autorités ont, c'est vrai, demandé au professeur Huard d'intercéder auprès du Viêt-minh, pour procéder à des échanges de blessés. Des trocs très rares, toujours décevants au bout du compte. Immanquablement ponctués par des avanies. Jamais les Viets n'ont rendu les effectifs promis. Des marchés de dupes. Aussi ne le sollicite-t-on plus, depuis 1951. L'état-major, dans le cas présent, n'a pas besoin de médiateur. Bidault en personne a poussé les feux à Genève. Accord conclu. Notifié par Pham Van Dong, avec référence à la grande clémence de l'Oncle Hô. Car Hô Chi Minh a entériné la décision, essentiellement politique. S'il se dédit, il perd la face; impensable. Même le chiffre des évacuations est avancé en coulisse : de 800 à un millier. Qui donc a souhaité que participe à l'entreprise humanitaire engagée cette sommité ténébreuse?

Forte personnalité, le professeur Huard, c'est indéniable. « Un homme grand, mince, sec, ombrageux, taciturne plein de secrets, de rancune, de desseins, le dépeint Lucien Bodard, dans *L'humiliation*, l'un de ses livres consacrés à la guerre d'Indochine. Avec le nez de Don Quichotte et, aux lèvres, les commissures de l'orgueil, il a le regard méfiant et dur du personnage dont on ne sait s'il est un saint ou un machiavel. »

Avers de la médaille, la face Esculape suscite l'estime en effet. Thèse présentée en 1924 après ses études menées à Santé navale, à

Bordeaux, Pierre Huard a fait une honorable carrière de praticien militaire, l'achevant comme médecin-colonel hors cadre, afin de passer à la santé publique au Tonkin. Il n'évoquera plus la première partie de son parcours. Domaine réservé. Un bon médecin, au demeurant; beaucoup de patients lui doivent la vie. Doublé d'un enseignant émérite; de nombreux élèves lui portent une vive gratitude pour la qualité de ses cours, la richesse du savoir qu'il inculquait. Du grand art dans ces spécialités. Voici, pour la sainteté. Cependant, tel Janus, un second visage aussi. Celui-là déroutant.

Pendant la Seconde Guerre mondiale, Pierre Huard s'est révélé pétainiste fervent. Un des soutiens de la Révolution nationale en Indochine. Abominant les mous, les neutres, les affairistes, les résistants et les gaullistes. Il n'a pas varié dans le registre quand, dès 1945, il s'en est pris à l'amiral Thierry d'Argenlieu et au général Leclerc, compagnons du général de Gaulle. On pouvait s'attendre à ce qu'il étende sa vindicte au marxisme, à mesure que s'est étoffée dans la péninsule la sédition prêchée par Hô Chi Minh, à partir de 1946. Il s'est rapproché, au contraire, de ce putschisme brassant une doctrine pourtant inconciliable avec celle qu'il avait prônée jusqu'alors. Sympathisant affiché. Puis, de plus en plus agissant. Indifférent au vif ressentiment de ses anciennes relations militantes. Méprisant les bourgeois tranquilles, ébahis.

Les conversions soudaines de cet acabit intriguent, forcément. Certains, à Hanoi, à Saigon, ont avancé que Pierre Huard, un caractère entier, devait être tout bonnement très attiré par les régimes d'autorité, quels que fussent les dogmes auxquels ils carburaient. D'autres ont supposé que son évolution était un avatar de sa « vietnamisation » largement antérieure. Comptant de nombreux amis chez les médecins du cru formés par ses soins et parmi le corps universitaire autochtone, sachant bien que d'aucuns passaient dans les rangs du Viêtminh, ou le servaient depuis le début, il les aurait accompagnés dans leurs cercles.

Au vrai, Pierre Huard a porté tôt, en effet, une tendresse démesurée à ce pays. Subjugué, il s'est moulé dans cette civilisation, dont il parle la langue, dont il pense connaître l'âme. Jardin secret. Ce qui l'est moins, en revanche, c'est qu'il ait partagé l'aversion des rebelles locaux envers la politique de sa propre nation, au point de la contester dans leur sillage. Mettant au service de sa conviction nouvelle le levier de puissance auquel il a accédé, la Croix-Rouge française au Nord-Viêt-nam, qu'il préside. Une antenne dont le rôle antifrançais, sous le couvert de l'anticolonialisme, est devenu manifeste à mesure que s'est intensifiée la guerre.

Dans sa thèse de doctorat consacrée aux prisonniers de guerre du Corps Expéditionnaire français en Extrême-Orient dans les camps du

Viêt-minh, le colonel Robert Bonnafous rappelle que le professeur a hébergé et secouru, en 1951, sur les fonds de la Croix-Rouge, un jeune étudiant viet revenu de France qui passera en zone rebelle. De même, profitant d'une récupération de blessés capturés sur la Route coloniale 4, Huard a ramené à Hanoi, sous sa responsabilité personnelle, un officier viet, logé à son domicile, lequel recevra beaucoup de personnes, et qu'il reconduira quelques jours plus tard jusqu'à ses lignes, « vraisemblablement bien pourvu en renseignements », ajoute Bonnafous. Le même jour, Huard emportera à l'intention des blessés non évacués, le plus grand nombre, hélas!, des kilos de médicaments qui, on le saura plus tard, n'iront qu'aux Viets. Deux exemples, parmi d'autres.

Des bagatelles? Les eaux troubles font toujours les bonnes pêches. Or, en la matière, la France en voit de rudes sous ces latitudes, depuis 1945. Parallèlement aux combats qu'elle mène contre le Viêt-minh, elle y affronte beaucoup d'autres adversaires qui rêvent de la supplanter. Dont les barbouzes poussent drus. En Cochinchine, au Cambodge, au Laos, en Annam, au Tonkin. Des Asiatiques, des Slaves, des Américains et des Anglais. Tous en quête d'agents influents, d' « honorables correspondants », comme on dit dans le jargon des centrales de renseignements. Une smala de l'ombre. Que ses propres agents contrôlent, mettent en fiches à tour de bras. Jusqu'à s'essouffler.

L'arrivée du général de Lattre, qui donne un coup de fouet au Corps Expéditionnaire, freine ces agissements. Entre deux opérations, il s'intéresse aux manigances. Ce qui le conduit, entre autres, à Huard. Ne supportant pas qu'on fréquente l'ennemi dans le dos de ses soldats, il demande aux enquêteurs de mettre le nez dans les affaires de la Croix-Rouge. Où ils débusquent très vite la pétaudière. Aucune des lettres des familles destinées à leurs prisonniers chez les Viets ne leur sont parvenues; elles s'entassent, dans un bureau. Tous les colis adressés par ces proches aux mêmes détenus s'amoncellent dans une dépendance de la faculté de médecine à Hanoi, où leur contenu pourrit, dévoré par les larves. Aucune trace, aux archives, des 106 camps viets, des 25 000 soldats du Corps Expéditionnaire et des forces de l'Union française déportés, dont on est sans nouvelles. En revanche, des montagnes de rapports tendancieux à propos des Pim, chez les Français, pourtant visibles par tous les samaritains qui souhaitent les rencontrer. Pierre Huard, écarté immédiatement de son poste, est remplacé par Siffray, le directeur-adjoint des chemins de fer du Yunnan, qu'assiste son épouse.

Second camouflet : de Lattre entend démontrer que l'on peut supplanter sans peine Huard en philanthropie. Il charge le général Beaufre de contacter les Viets par radio, afin de négocier la libération des blessés qu'ils ont capturés à Vinh Yen. Puis il envoie dans leurs lignes l'une de ses amies, qui ne manque pas de cran, Lilia de Vendeuvre, fondatrice du corps des Ipsa, les infirmières pilotes et secouristes de l'Air, en 1934, à laquelle l'ennemi n'osera pas s'en prendre. Elle va ramener dans ses Morane une cinquantaine de grands blessés, échangés contre autant de bodoïs, après avoir réglé en sus et comptant une rançon avancée par Ganay, l'un des directeurs de la banque d'Indochine. Elle a confié aussi aux Viets 2 968 lettres et 150 colis, destinés aux prisonniers français. Elle récidivera, plus tard, faisant parachuter 50 kilos de médicaments, à Hunh Hoa. Qu'importe si l'ennemi en garde le plus gros pour son usage. Il faut prouver que le monopole du cœur n'appartient à personne.

Devenu bloc de glace, Huard n'aura pas de cesse que d'effacer cette sanction. Il s'y attellera d'abord seul, dès que le général de Lattre aura regagné la France. Mais, relève le colonel Bonnafous, sans y parvenir, tant son crédit a fondu. Écœuré de vaines attentes, peut-être aurait-il renoncé s'il n'avait reçu l'appui du Viêt-minh, lequel a encore besoin de lui. C'est l'ennemi, en effet, qui va organiser une campagne pour qu'il revienne à la Croix-Rouge. Par l'intermédiaire de cinq médecins militaires français détenus et « retournés », qu'il relâche, le 6 octobre 1953. Qui vont mener en métropole une croisade musclée dans les milieux médicaux, intellectuels et progressistes, tandis que commence l'opération Diên Biên Phu. Alertés, Cogny et Navarre, que d'autres soucis accablent, ne se battront pas sur ce terrain. Ils tolèrent la réintégration du professeur sous l'emblème caritatif le 27 février 1954, avec officialisation à dater du 9 août. Cependant, responsabilités limitées : délégué personnel du président de la Croix-Rouge en métropole. C'est à ce titre, béni de surcroît par J. Lassus, le recteur de l'université de Hanoi, qu'il va participer au rapatriement des blessés de Diên Biên Phu.

Retour dans la vallée de misère, le 13 mai 1954. Sous les tentes de fortune où les gisants ne se préoccupent guère de ce que peuvent penser, dire ou tramer les missionnaires attendus. Ils n'en connaissent aucun et se fichent bien de leurs fonctions. De toute manière, des intermédiaires. La seule chose qui importe aux yeux de ceux qui en ont tant bavé, c'est que ces émissaires viennent et vite. Pour que cesse l'incertitude. Que chacun soit fixé sur son destin.

L'unique personnage qui compte dans ce val chamboulé, le 13 mai, se nomme Cao Van Khanh. Le colonel Khanh. Sanglé dans un uniforme de coupe soviétique, en bottes souples et luisantes. Cet ancien étudiant en droit, formé à la faculté de Hanoi, dirige la base conquise. Lui, possède le pouvoir de choisir les évacués, s'apprête à en dresser la liste en s'inspirant du recensement des invalides et des estropiés qu'achève, fébrile, le docteur Nguyen Thuc Mau, commandant son service de santé. Lui, tient entre ses mains la survie pour les uns, l'enfer pour le plus grand nombre, et dispose aussi de la liberté de maquignonner. Il ne lâchera les otages en piteux état qu'après avoir essayé d'imposer à l'adversaire des concessions majeures non encore dévoilées. Des trébuchets classiques, à l'asiatique; ils ont souvent permis de berner les Occidentaux.

13 heures. Ponctuel, le Sikorsky 55 qui transporte la délégation française se pose sur la piste d'atterrissage de la base. Du moins ce qu'il en reste. La moitié nord. Au centre de cette portion, les Viets ont aménagé une aire marquée par des parachutes disposés au carré, avec une voilure rouge au milieu. Le commandant Roger a minuté le trajet à la militaire. Départ de Gia Lam, à Hanoi, à 8 h 30, en Dakota; arrivée à 10 h 25 à Luang Prabang, qui servira de relais pour la durée de l'opération; redécollage à 11 h 20, à bord du S 55; et, cent minutes plus tard, la roulette avant de l'appareil au centre de la DZ; pile au rendez-vous. D'un bref coup d'œil de pro, Jacques Roger remarque que la piste n'est utilisable que sur 500 mètres. A peine. De nombreuses grilles rapetassées à la va-vite, hérissées de barbules, présentent aussi des arêtes coupantes. Hormis les hélicos, elle ne pourra recevoir que des avions légers. Pilotés très fin.

Allehaut et Chippaux, en proie à une émotion paralysante, aperçoivent les tentes sanitaires alignées au sud du terrain d'aviation. En couronne à proximité, grêlés de cratères, éventrés, fouaillés, les points d'appui célèbres, dont les appellations et les événements qui s'y sont déroulés nourriront bientôt le Décaméron militaire. Y circulent pour le moment des files de coolies masqués de gaze blanche, avec pelles et pioches; les corvées de cimetière. Des rafales d'armes automatiques dans le lointain crèvent le silence impressionnant. Les deux médecins voudraient bien randonner, se recueillir. Mais le cérémonial viet les visse sur place. On ne leur autorise que le chemin longeant la piste, en direction du nord. Vers trois tentes. On les boucle sur-le-champ dans l'une d'elles, courtoisement et fermement gardée. Ils ont droit au thé, sur une table que recouvre un inévitable parachute. Et à la méditation. Huard, en revanche, reçu en grande pompe dans le wigwam voisin, sirote l'infusion avec les chefs. Ici c'est lui qu'ils honorent. C'est avec lui seul qu'ils confèrent.

A 15 h 30, Huard rejoint ses compatriotes en brandissant une feuille : les propositions du colonel Cao Van Khanh. Le professeur vient les soumettre, afin qu'ils les entérinent avant la rédaction finale de l'accord. En bref, elles portent sur les modalités techniques de livraison de 450 « grands blessés du Corps Expéditionnaire », avec l'assurance de la libération d'une seconde tranche les jours suivants. Cependant, premier accroc : pas la moindre allusion à l'extension de l'évacuation aux blessés appartenant aux forces vietnamiennes de l'Union française, capturés avec la garnison; ils existent, pourtant, en nombre. Et une contrepartie, inattendue : Khanh demande la neutralisation des bombardements par l'aviation française de la Rp 41. Et cela sur 150 kilomètres, de Diên Biên Phu à Son La, en passant par Tuan Giao. « Afin que le service de santé du Viêt-minh puisse évacuer ses propres blessés. »

Une anomalie et un stratagème. Ignorés par l'opinion internationale qui, depuis trois jours, croit la question réglée. Des chausse-trappes comme les adorent les Viets, aussi malins pour piéger des sentiers et des rizières que pour piper des ententes. Pal et poison, leurs arguments favoris.

Dans le premier cas, la formulation « grands blessés du Corps Expéditionnaire » est de l'acide cyanhydrique à l'état pur qui emporte en trois secondes. Elle ne concerne, en effet, que les métropolitains, les légionnaires, les tirailleurs du Mahgreb et les Africains. Des ectoplasmes, au regard du Viêt-minh. Des insectes. Venus de très loin. Autant dire que certains peuvent être libérés sans regret. Seul compte le prix que l'on arrachera à leurs princes. En revanche, les petits paras vietnamiens qui ont suivi Botella, Bréchignac, Bigeard, Tourret et quelques autres capitaines de guerre, des enfants du pays coupables d'avoir écouté les voix des gouvernants fantoches asservis à la colonie, doivent périr tous. Lentement. Cruellement. A l'asiate. C'est sur eux, bien qu'ils soient pantelants déjà, amochés, que s'exercera la grande vengeance de l'Oncle Hô. Voilà pourquoi ils ne figurent pas dans le texte qu'a préparé Khanh, sous le regard insondable de Huard. Ils n'existent plus. Rayés des cadres. De l'azote en puissance pour féconder les champs de riz.

La ruse à propos de la Rp 41 vaut également qu'on s'y arrête. Présentée ainsi, sous l'apparence d'un échange humanitaire, qui pourrait s'offusquer de la demande d'une suspension des bombardements de ce chemin? Certainement pas les bonnes consciences promptes à s'enflammer, tel l'amadou, à 12 000 kilomètres de ce ruban de terre compactée. En réalité, depuis la fin des combats de Diên Biên Phu, cette voie sert essentiellement au charroi du gros des divisions qui viennent de s'illustrer en Haute Région, et que Giap lance en direction du delta et de Hanoi, afin de consommer au plus vite l'emprise totale sur le Tonkin, durant que les diplomates traînent les pieds à Genève. Les photos aériennes prises par la reconnaissance française attestent ce déplacement. Elles montrent des colonnes de camions Molotova transportant des troupes et tractant des canons, des théories de coolies chargés d'armes récupérées, bien plus souvent que des ambulances et des brancardiers. Subterfuge éculé que d'emmêler alternativement des circulations présumées incompatibles sur le même rail; toutes les armées du monde l'ont usé jusqu'à la corde. Le commandant Jacques Roger, qui a vu ces clichés révélateurs, alerte Allehaut et Chippaux : la Rp 41 est bien restée – pour le moment – une artère stratégique.

Le colonel Khanh a laissé une heure de concertation à la délégation française. Puis, la recevant sous sa tente, il l'invite à faire connaître sa délibération. La mine de Huard, assombrie, aurait pu l'éclairer, lui épargner une déconvenue. Il paraît surpris que le trio des experts se borne à enregistrer ses offres : « Nous transmettrons. L'acceptation générale ne dépendra que du haut commandement. »

Vraiment il devait espérer que sa convention serait acceptée après quelques chipotages de convenance et signée, ce jour-là. L'indique son étonnant monologue mixant la dialectique au défi, auquel il se livre pendant plus d'une heure. Un pansement sur son humeur endolorie.

Cela va des jérémiades à propos de « l'état-major français qui méprise la politique humanitaire du président Hô Chi Minh, en envoyant à ses représentants des plénipotentiaires dépourvus de qualification pour prendre des décisions », au constat de « l'indifférence de ce commandement impérialiste envers ses soldats blessés, montrant à la face du monde qu'il n'est pas pressé de les récupérer ». Cela va des doléances suscitées par « l'état lamentable dans lequel les médecins militaires français ont abandonné ces malheureux », à l'apologie du « dévouement que démontrent les glorieux médecins de l'armée du peuple à soigner des étrangers, alors qu'attendent leurs propres enfants éprouvés ». Cela passe par « la condamnation des parachutages de médicaments et de vivres destinés aux soldats blessés et capturés, que le commandement français poursuit avec acharnement », et la réprobation qu'éveille « l'insensibilité de ce commandement qui a sacrifié ses meilleures troupes dans un combat perdu d'avance contre les ardentes forces de la paix ». Puis, ce sommet, dans le désir de vouloir démonter :

– Vous êtes arrivés en avance d'une heure ! Veillez à mieux régler vos montres à l'avenir ! L'Occident devra respecter ici l'heure du soleil ; celle du Viêt-minh !

Anthologie baroque. Pour agacer, pousser à l'incident. Mesurant qu'elle laisse ses interlocuteurs impassibles, Khanh abandonne la diatribe, devient vague lorsque les médecins l'interrogent sur l'état des blessés, leur nombre, et le traitement réservé à leurs jeunes confrères de la base, prisonniers. Il se lève brusquement, les congédie sur ces mots :

– A vous revoir, messieurs. A demain. Vous êtes autorisés à amener votre propre personnel médical, pour préparer et assurer l'embarquement, le convoiement.

Allehaut, Chippaux et Roger rendront scrupuleusement compte de leur mission au général Cogny, le soir même, à Hanoi, en présence du général Dechaux. Subodorant que le Viêt-minh fera de la neutralisation de la Rp 41 la condition sine qua non de l'évacuation, Cogny obtient aussitôt de Navarre l'acceptation que les bombardements soient interrompus, durant quelques journées seulement. Mais il assortit sa contre-proposition d'un codicille : la neutralisation deviendrait caduque si les blessés vietnamiens de l'Union française venaient à être exclus du contingent des évacués. Une riposte à la chinoise aux trames du colonel Khanh.

Le 14 mai, l'Antenne chirurgicale mobile 23 est déployée à Luang Prabang, en prévision de la réception des récupérés, dans le cas où cette contre-proposition serait agréée. A 11 heures, aux montres de Diên Biên Phu, l'hélicoptère de la délégation se pose dans l'ex-camp retranché. Comme la veille, seul Huard est admis auprès du colonel Khanh, auquel il remet le document qu'a signé Cogny. A 13 h 30, rejoignant Allehaut et Chippaux, il annonce, sans autre explication, que l'évacuation va commencer le jour même. Une première livraison symbolique. Une poignée d'alités. En prévision des prochains départs, plus importants, le docteur Nguyen Thuc Mau fait aussitôt dresser trois tentes à quatre mâts dans le voisinage du parking; elles abriteront, à tour de rôle, les candidats à la partance.

Allehaut appelle Luang-Prabang, par radio, pour demander que viennent les appareils prévus, à tout hasard : deux hélicoptères, appartenant à l'Escadrille de liaison aérienne 52, et un Beaver, monoplan doté d'une autonomie de vol de 500 kilomètres, pouvant transporter 4 couchés sur civières. Il apprend qu'ils sont déjà partis. De fait, une demi-heure plus tard, les deux ventilateurs abordent la vallée. L'un transporte le médecin-lieutenant J.-P. Arrighi, de l'Acp 2, l'autre, une convoyeuse de l'air. A peine se sont-ils posés auprès de celui qui a amené la délégation qu'apparaît le Beaver, dont le pilote amorce aussitôt son atterrissage. La place lui est comptée, du fait de la présence des trois hélicoptères. Le train dérape soudain sur une volée de plaques humides. L'appareil heurte l'un des Sikorsky, dont il endommage la cabine. Il laisse malheureusement un demi-plan, arraché, dans cette collision. Le colonel Khanh se fait expliquer l'importance des dégâts et autorise l'équipage à passer la nuit à Diên Biên Phu, en compagnie d'Arrighi.

15 h 30. Onze blessés graves vont pouvoir quitter la vallée maudite. Nicolas Neller, un légionnaire de la Dble, amputé de la cuisse gauche; Marcel Champonsuy, un tirailleur, qui a perdu sa jambe droite; Abdelkrim Malereche, autre tirailleur, un Algérien, polycriblé; Joseph Sziks, légionnaire parachutiste, polytraumatisé; Didier Lecomte, parachutiste colonial, polyblessé; Jacques Prévost, parachutiste colonial, polycriblé; le caporal Piekarski, un soldat de Bigeard, poplycriblé; Mohamed Chouise, autre tirailleur algérien,

amputé des deux jambes; Saïd Senan, son frère d'armes dans la même unité, polycriblé; le sergent Jacques Perrot, du 1er Bpc, polyblessé; Louis Zucotti, légionnaire de la Dble, les deux mollets cisaillés. Tous émaciés, à bout de forces.

Les trois premiers sont embarqués dans l'hélicoptère qui vient d'être détérioré. La convoyeuse de l'air en case cinq autres dans le deuxième ventilateur, et s'occupera d'eux pendant le vol. Les trois derniers partageront la cabine du dernier appareil avec les membres de la délégation. A 16 h 30, la petite escadrille décolle, quitte Diên Biên Phu.

« A mi-parcours, rapportera le médecin-colonel Allehaut, un violent orage nous surprend. La visibilité est tombée à quarante mètres. Ce qui nous contraint à renoncer à gagner Luang Prabang, à nous dérouter sur le poste militaire de Nam Bac, qu'occupent nos forces. Sous des trombes, nous suivons le cours de la Nam Ou qui sinue au-dessous de nous. Nos passagers n'ont pas l'air de se rendre compte de la situation, critique. L'un somnole et les deux autres fument, comme perdus dans un rêve. Les heures filent. A 19 h 20, nous faisons brusquement demi-tour, dans une gorge que dominent des sommets très élevés, aux parois à pic. Abusé par la violente pluie, le pilote s'était engagé dans le ravin au fond duquel coule la Nam Dac, un affluent de la Nam Ou. Il retrouve néanmoins le poste de Nam Bac, où les deux autres hélicos nous ont précédés depuis peu. Nous nous posons à 19 h 40, faisons immédiatement alerter Luang Prabang et Hanoi. »

A Diên Biên Phu, l'après-midi et la soirée de ce 14 mai paraîtront également longues à l'équipage du Beaver, au médecin-lieutenant Arrighi. Celui-ci aura tout le loisir de s'interroger, en vain, sur la raison de sa présence. Il devait, en principe, assurer la prise en charge sanitaire des futurs évacués. Voire en opérer certains. Du moins, était-ce ce que Khanh avait donné à entendre à Allehaut, à Chippaux. Or le jeune chirurgien ne peut quitter la tente où les Viets l'hébergent. Le docteur Nguyen Thuc Mau l'a rembarré à plusieurs reprises : « Nous nous occupons de vos gens. D'ailleurs, votre commandant Grauwin et Mlle de Galard sont également à leur chevet. » Chaque fois qu'il met le nez dehors – il le tente souvent – les gardes le repoussent. Aimables, souriants. Cependant intraitables. Il trompe son attente en prenant des notes, pensant à la rédaction du rapport qu'il destinera au médecin-général Jeansotte. Ainsi évoquera-t-il, comme l'ont fait Allehaut et Chippaux, les corvées de coolies enterrant les cadavres des combattants viets et français, emmêlés. Ajoutant, en témoignage, des précisions concernant les nombreux camions Molotova qui, le plein de matériel effectué dans le voisinage des points d'appuis, filent lourdement chargés, en colonne, vers le nord-est, sur la Rp 41. Il verra aussi brancarder une centaine de blessés jusqu'aux grandes guitounes du parking, à dix mètres à peine de celle qu'il occupe, enrageant de ne pouvoir leur adresser la parole.

L'expectative se prolongera plus qu'il ne l'avait escompté. Trois journées. Par la faute du vent, des pluies persistantes, drues. La mousson a suspendu l'évacuation, tout trafic aérien sur la Haute Région et le Haut Laos. Sans nouvelles de la délégation sanitaire repliée sur Hanoi, Arrighi, comble du désœuvrement, en arrive à accueillir comme une distraction les visites régulières de surveillance des jeunes officiers viets, et les échos des conversations qui montent des tentes voisines. Celle de l'équipage du Beaver. Celles qui sont réservées aux blessés triés, sur le départ, lesquels se morfondent bien davantage.

Ils font, il est vrai, l'objet d'une propagande intense. Des commissaires politiques intarissables les entreprennent, à tour de rôle. Des thèmes consacrés. Qui ne diffèrent guère, au fond, de la serinette que tint Khanh, le 13 mai, aux négociateurs éberlués : « La clémence, la clairvoyance de l'Oncle Hô. Les lendemains radieux qu'apportera le communisme. L'ignominie de l'impérialisme, du colonialisme. L'incurie de Navarre et de Cogny, prodigues du sang des fils du glorieux peuple de France, de la vie des Africains, contraints à défendre si loin de leurs foyers les intérêts des capitalistes et de la banque d'Indochine. » Ils stigmatisent fréquemment « la cruauté du haut commandement français qui abandonne ses blessés ». A peine un récitant achève-t-il son homélie qu'un autre chapelain à la langue aussi bien pendue prend aussitôt le relais. Lavage des cerveaux. En l'occurrence, leur matraquage pourtant concentré tombe à plat. Car leurs auditeurs sont épuisés, trop diminués. Mais ces discours insipides, monocordes, répétés ailleurs durant des semaines, pendant des mois, même des années, marquent plus que ne le croient les profanes.

De son côté, le service de santé français languit à Luang Prabang. Contraint de ne recourir qu'aux moyens aériens légers pour évacuer Diên Biên Phu, il a pu assembler le matériel idoine, qui stationne sur le tarmac inondé dc l'aéroport. Soit 7 Beaver et 7 hélicoptères, plus un Morane militaires, le gros du parc de l'Escadrille de liaison 52. Complétés par une flottille civile : 2 Nordwin, 4 Dragon De Havilland, ainsi que 3 autres Beaver prêtés par des planteurs du Haut Laos. De quoi enlever 100 hommes par jour, en une seule rotation. Une capacité quotidienne qui pourrait être doublée, avec des posés à Nam Bac, situé à mi-chemin entre Diên Biên Phu et Luang Prabang ; le terrain d'aviation de ce poste, apte à recevoir des Dakota, faciliterait aussi l'évacuation sur Hanoi. Ce qui permettrait d'arracher quelque 1 500 blessés de la vallée perdue en une semaine. Certainement plus que le Viêt-minh n'en lâchera jamais.

A ce propos, Navarre ne cache pas son agacement. En la matière, le général a eu l'esprit de l'escalier. Il s'est rendu compte après coup que le vrai piège tendu par l'ennemi n'était pas la neutralisation des bombardements de la Rp 41, mais bien plus son refus de relâcher des victimes vietnamiennes des forces de l'Union française. Roulé. Par Giap. Par Khanh, son factotum à Diên Biên Phu. Le 16 mai, il fait savoir à Huard, puis directement à Giap par radio, qu'il revient sur l'accord du 14. Dès que le temps le permettra, l'aviation attaquera la Rp 41. Cela « tant que le Viêt-minh n'acceptera pas de libérer aussi des vietnamiens ». « Seuls seront épargnés les véhicules circulant de jour qui arboreront distinctement une croix rouge », ajoute le général en chef.

Éclaircie, le 18 mai. Avec une embellie promise pour une semaine par la météo. Huard, Allehaut et Chippaux se pointent sur-le-champ à Diên Biên Phu. Avec plusieurs appareils. Le colonel Khanh n'a pas paru troublé par l'éclat de Navarre. Lui ne s'en tient qu'à la convention initiale et il le fait savoir à la délégation. Il ne livre que 19 blessés. Sa riposte. Malgré la récupération de l'équipage du Beaver, celle du médecin-lieutenant Arrighi, on est au large ce jour-là dans les hélicoptères sanitaires. Dans la nuit, éclairés par des Dakotas lucioles, des B 26 bombardent un convoi militaire viet sur la Rp 41. Un autre bombardier a survolé le camp de Diên Biên Phu à plusieurs reprises.

Le 19 mai, la délégation française peut ramener 78 blessés à Luang Prabang. Le lendemain, le colonel Khanh en relâche 52, et annonce que la totalité du premier contingent rendu se montera à 753 militaires, précisant cependant qu'il ne s'agira que de soldats du Corps Expéditionnaire. Toujours le bras de fer avec Navarre. Lequel, derechef, fait bombarder la route.

Le 21 mai, le ciel s'étant plombé plus rapidement que ne l'avaient prévu les météorologistes, les évacuations sont limitées une nouvelle fois, par le mauvais temps : 17 blessés, seulement.

Les pilotes décident de prendre des risques le 22 mai, avec l'assentiment de la délégation; ils enlèvent 108 alités afin de combler le retard pris la veille, bien que la menace des orages persiste sérieusement. Nouveau pari du même genre, le 23 mai : cette fois, ils emportent 136 blessés. A l'Antenne mobile 23 déployé à Luang Prabang, les médecins et les infirmiers ont doublé la capacité d'accueil, en faisant agrandir le vaste centre sous tentes, tandis que deux médecins-colonels, Peyron et Montagne, supervisent le transbordement qui suivra, en direction de la capitale du Tonkin. Dans la nuit, nouveau bombardement de la Rp 41. Un B 26 est venu lâcher ses bombes à 7 kilomètres à peine de Diên Biên Phu.

Effet de ce straffing? Prise de conscience du danger, avec prescience que l'opinion internationale réagirait défavorablement s'il s'entête? Le colonel Khanh, le 24 mai, accepte de libérer deux officiers et deux soldats vietnamiens, intégrés au lot des 141 blessés qu'il remet à la délégation sanitaire. Ce jour-là, également, Geneviève de Galard, évacuée, a pris place à bord de l'un des appareils. La convoyeuse de l'air, devenue célèbre, a été relâchée sur ordre personnel du président Hô Chi Minh.

Le 25 mai, Khanh vient à résipiscence de nouveau : quatre officiers et neuf parachutistes vietnamiens figurent parmi les 153 blessés rendus aux délégués sanitaires. Les pilotes casent à grand-peine tout ce monde dans leurs appareils en limite de surcharge. En retour, le professeur Huard fait demander à Navarre que Diên Biên Phu ne soit pas bombardé pendant quarante-huit heures, lorsque les évacuations seront achevées, ceci « pour permettre le retrait en sécurité des personnels sanitaires des forces populaires ». Un désir exprimé par le Viêt-minh.

Le 26 mai, après réception d'un message de Cogny lui donnant acte de cette suspension des bombardements, que lui remet Huard, le colonel Khanh remet en grande pompe 143 blessés à la délégation. Parmi eux, 67 Vietnamiens des troupes de l'Union française. L'évacuation des grands blessés de Diên Biên Phu est maintenant terminée. Le dernier d'entre eux, tout un symbole, et il y en a eu beaucoup auparavant à Diên Biên Phu, est un médecin. André Jourdan, le praticien du 2e bataillon du 1er Rcp. Qui a été, on l'a vu, sévèrement atteint à la cuisse droite.

Le lendemain, Huard, Allehaut et Chippaux regagnent Hanoi. Soulagés. Du moins, les deux derniers. Ils ont pu récupérer, au total, 858 victimes. Soit 624 Européens, 150 Nord-Africains et Africains, ainsi que 84 Vietnamiens. 504 d'entre eux ont pu être transportés par hélicoptères et 354 par avions légers; 351 couchés et 507 assis. Alors que le haut commandement se félicite d'avoir pu arracher au Viêt-minh autant de militaires de l'Union, et commence à décorer les rescapés répartis entre les hôpitaux de la capitale du Tonkin, de Dalat et de Saigon, Chippaux, pour sa part, se consacre à la rédaction de ses constats médicaux.

Il n'a noté aucun accident grave en vol. Malgré les risques de recevoir une rafale lors des passages sur des zones du Haut Laos contrôlées par les Viets, les pilotes ont respecté la consigne d'évoluer à basse altitude, afin qu'aucun des blessés ne puisse souffrir du transport aérien. Chacun des atteints au thorax a été oxygéné à la demande. Les abdominaux ont été soigneusement sanglés, pour que leur état précaire ne soit point aggravé. La plupart des passagers, quand même fatigués par l'évacuation, ont passé une nuit sous médicaments à Luang Prabang, ce qui leur a épargné un accroissement de leur épuisement, le lendemain, durant leur transfert sur Hanoi.

Allehaut et Chippaux ont soigneusement observé chacun des évacués. Leurs remarques concordent : ces êtres éprouvés, même les plus atteints, bien médicalisés, parfaitement ranimés, ont été ensuite opérés du mieux qui pouvait être fait. Principes de la chirurgie de guerre de l'avant respectés. Ce qui les épate. Car cela a été exécuté dans des conditions de travail dont ils devinent qu'elles furent détestables. En particulier, toutes les plaies coliques sont restées extériorisées, comme il le fallait. Les plaies osseuses, parées convenablement, laissées à ciel ouvert, sont immobilisées de manière pertinente. Les arthrostomies, c'est-à-dire les ouvertures chirurgicales des articulations, ont été scrupuleusement pratiquées dans les règles. Les résections intrafébriles du genou se comptent, ce qui paraît remarquable, au regard du nombre cependant considérable de plaies articulaires. Chaque fois que des lambeaux cutanés ont dû être rapprochés, au niveau des lésions osseuses, des amputations, peut-être l'œuvre des médecins de bataillon moins avertis que les chirurgiens, la couverture aux antibiotiques a permis de limiter les dégâts. En clair, satisfaction complète chez les deux vétérans. Et un coup de chapeau, au passage, pour la patte, le talent démontrés par les jeunes confrères.

L'état d'exténuation de ces blessés signe l'horreur de ce que furent les derniers jours dans les antennes et les infirmeries. Ainsi que l'effet d'une nourriture mal équilibrée depuis le 13 mars, quand a commencé la terrible et longue bataille. Quant aux souillures multiples et récentes des plaies, auparavant mises à plat de façon appropriée, elles montrent aussi que le passage des éprouvés entre les mains des Viets n'a pas été une promenade de santé. Allehaut et Chippaux savent bien que les médecins de l'ennemi croient encore en la vertu curative de l'avidité des asticots. Comme les empiriques du passé. Les praticiens et les infirmiers de l'Acm 23, à Luang Prabang, ont dû nettoyer, curer et panser les lésions de surface, avec emploi, larga manu, des antibiotiques.

De même, les deux chirurgiens ont récupéré les cahiers de Résillot, passés subrepticement dans un coussin de fortune. Une manne, à leurs yeux. Providentielle. Qui permettra de mieux apprécier, à tête reposée, l'œuvre du jeune chirurgien. Parmi tous ceux qui s'empressent auprès des rescapés, Pierre Allehaut et Claude Chippaux ne se réjouissent pas ostensiblement. Ils pensent plus aux nombreuses victimes qu'ils n'ont pu approcher dans la base, un instant entrouverte. A leurs jeunes confrères qui ont pris la route des camps viets.

Pendant ce temps, à Genève, les représentants du gouvernement français ont repris leurs tractations avec ceux du Viêt-minh. Objet de la discussion? Le sort des 27 officiers et sous-officiers du service de santé qui sont restés à Diên Biên Phu, aux mains du colonel Cao Van Khanh. Elles aboutissent rapidement à une convention nouvelle. Ce personnel sera échangé contre 575 prisonniers viets, détenus au Tonkin. Tandis que les autorités françaises à Hanoi font conduire ce bataillon jusqu'aux lignes de l'adversaire, quelques-uns des appareils massés à Luang Prabang effectuent une ultime rotation à Diên Biên Phu, pour recueillir cette escouade, le 1er juin.

Trois médecins seront libérés ce jour-là : Paul Grauwin, Pierre Le Damany et Émile Pons. Ainsi que 24 infirmiers : Paul Deudon, Otto Keller, Erbach Kuser, Paul Sioni, Jules Vardanne, Eugène Paoletti, Herwert Tunsmeyer, Max Landsmann, Johann Klopjfer, Manuel Perez, Wilhelm Hoeltschi, Wolf Meyer, Alex Buezeck, Hantz Schwarz, Marcel Bacus, Heinz Ruhlman, Joseph Agosti, Louis Babini, Baptiste Lardière, Albert Rerolle, Robert Levasseur, Pierre Alonzo, François Chamblay et Jacques Dupouy.

Au sortir du col étroit marquant le terme méridional du val de Diên Biên Phu, à peu de distance de l'ex-point d'appui Isabelle, pour ceux-là, au moins, la vie a recommencé.

11

Golgotha dans la jungle

Pour l'histoire, l'opération de Diên Biên Phu s'est achevée le 7 mai 1954. Après 56 journées de combats ininterrompus. Les médecins de l'ex-base retranchée, prisonniers de guerre avec les rescapés de cette bataille, mieux placés que quiconque pour en juger, vont témoigner qu'elle ne s'est pas terminée ce soir-là. Qu'elle se prolongera, au contraire, par d'autres massacres, qui resteront longtemps ignorés. Sans la moindre possibilité de riposte. Aussi féroces que les engagements militaires précédents, mais infiniment plus meurtriers pour les survivants de la garnison, qui y laisseront la vie en plus grand nombre.

Dès la fin de ce mois de mai, en effet, à peine évacués les 858 grands blessés du camp, dont le sort a été évoqué plus haut, puis durant tout le mois de juin, les forces populaires du Viêt-minh vont d'abord montrer que l'on peut tuer en masse, en recourant tout bonnement à l'activité musculaire humaine la plus banale en apparence; la marche. Qu'il suffit pour cela de la transformer en torture. Cobayes involontaires soumis à la démonstration : leurs prisonniers.

Nous marchons comme nous respirons. Par réflexe. Une action fondamentale, d'une complexité plus importante qu'il n'y paraît. Lancés sur le sujet, les physiologistes qui l'ont analysée peuvent discourir pendant des heures. Ou emplir des livres. Les professionnels du pas athlétique, ou les fondus du trekking qui randonnent de par le monde, aussi. Ce mode de locomotion qui nous semble si ordinaire a également fasciné les encyclopédistes. Ainsi, ceux qui ont rédigé le gros dictionnaire Larousse en six volumes disponible en France, en 1954 précisément, lui ont consacré dans leur ouvrage un article des plus riches en précisions :

« La marche, ont-ils, entre autres, souligné, est le meilleur des exercices physiques, parce qu'elle met régulièrement en œuvre presque tous les organes du corps, non seulement les muscles et les articulations des membres inférieurs, ceux du bassin, des bras et du tronc, mais encore les poumons, les viscères abdominaux, le cœur, la circulation et la plupart des organes des sens. Mais elle ne saurait procurer tous ces avantages que si elle est soigneusement réglée et, pour ainsi dire, adaptée à l'individu qui en use. Il faut donc, dans tous les cas morbides, la rationner de manière à ne jamais atteindre la fatigue. »

Claude Bernard, le père de la médecine moderne, aurait approuvé. Il insistait toujours auprès de ses élèves sur l'importance d'un bon équilibre de l'organisme, la meilleure des défenses contre les agressions de l'environnement. Des disciples du fondateur de la médecine expérimentale ont probablement inspiré les auteurs de la définition mentionnée ci-dessus.

Au même moment, à 12 000 kilomètres de la métropole, les Viets vont astreindre sciemment les prisonniers de Diên Biên Phu à sauter collectivement ce seuil dangereux, qu'il ne faut jamais dépasser longtemps, sans pâtir aussitôt des excès commis.

Ils vont leur imposer des marathons quotidiens répétés, à travers le Tonkin. Des trimards de cinq à dix heures, chaque fois. Par tous les temps. Parfois la nuit. Sans pauses suffisantes pour qu'ils puissent recouvrer quelques forces. Les poussant au-delà de leurs possibilités de manière implacable. Un lent supplice. Ils savaient que, pour la plus grande part, les victimes étaient hors d'état d'endurer la migration, avant même que de l'entamer. Une fin quasi programmée pour beaucoup, au bout du compte. Aussi monstrueuse qu'un gazage collectif ou une fusillade. Toutefois, plus discrète.

Les Viets vont décimer de la sorte une bonne moitié des malheureux devenus des déportés, avant de s'en prendre, dans leurs camps, aux autres; aux plus tenaces, aux endurcis. Bilan confirmé par le colonel Robert Bonnafous, dans sa thèse consacrée aux prisonniers de guerre du Corps Expéditionnaire. L'attestent aussi les ossements que l'on exhume encore des talus qui bordent les anciennes Rp 41, Rp 13 et Rc 2, de même que ceux qui truffent les bas-côtés des pistes traversant les montagnes des Meo et le pays Muong. Les voies de la mort lente.

Remontée aux sources, dans la vallée de Diên Biên Phu, au lendemain de la défaite. Tandis que le personnel médical et infirmier de l'ex-base retranchée sélectionnait, sur ordre du colonel Cao Van Khanh, les 858 invalides promis au rapatriement sanitaire négocié par Bidault à Genève, l'officier viet a, durant la semaine qui a suivi le 8 mai, fait également rassembler au nord et à l'est de la vallée dévastée le reste de la garnison. Encadrée et gardée par ses miliciens. Lesquels ont sur-le-champ recensé le grand troupeau, l'ont trié et dissocié. Séparé par races et par grades. L'ordre cher aux régimes autocratiques. Rondement institué, en l'occurrence : au soir du 16 mai, dénombrement et classification achevés.

De cette façon on sait qu'à ce moment, outre ces 858 blessés en voie d'évacuation, il y avait exactement 9 789 rescapés. Soit, 2 257 Français, 932 Marocains, 804 Algériens, 221 Africains, 2 562 légionnaires, ainsi que 3 013 autochtones, divisés en régionaux, supplétifs et soldats de l'armée « fantoche » de Bao Dai. Dans chacune des catégories, un sous-classement a permis de sérier les ingambes et les handicapés. Ce qui a pareillement confirmé qu'à peine plus de 4 000 étaient capables de traîner encore leur carcasse. Les autres, diminués par des lésions diverses, ne pouvaient se déplacer qu'en prenant appui sur des bambous et des méchants bâtons en guise de béquilles. Certains devaient, soit être portés sur civières, soit rester sur place. Dans ce cas, des condamnés. Car le Viêt-minh tenait à rendre au plus tôt la vallée aux agriculteurs. Toutes traces de la bataille et de son prix payé effacées – quelque 8 000 morts et 18 000 blessés, de son côté – ne subsisterait plus que l'aura de la victoire.

L'expulsion de la garnison de Diên Biên Phu sera donc très prompte. Elle ne prendra qu'une dizaine de journées. Les captifs vont quitter par vagues la vallée. Serrés de près par des gardes-chiourmes vigilants. Les précautionneux, les plus chanceux coltinant dans des sacs ou des musettes des trésors personnels, c'est-à-dire des vêtements, une poignée de vivres et de cigarettes. Les uns encore en tenue de combat, avec casque lourd. Beaucoup en haillons et en chapeau de brousse. Certains dépouillés de tout, torse nu, tête nue.

Morcelés en pelotons plus ou moins denses, ils vont emprunter à la queue leu leu la fameuse Rp 41 embouteillée. Que sillonnent les files de Molotova qui véhiculent les divisions de Giap en direction du delta et de Hanoi. Que piétinent d'innombrables coolies chargés du butin qui n'a pu trouver place sur les camions, ployant sous leurs balanciers ou poussant des bicyclettes utilisées comme des brouettes. Rattrapés, doublés par ces caravanes prioritaires, les détenus devront gagner, à train soutenu, les zones où sont dissimulés les bagnes occupés par les survivants des 27 000 prisonniers de guerre déjà tombés aux mains des Viets, avant la fin du mois de mai 1954.

La première de ces régions est située aux abords directs de Thanh Hoa, à 500 kilomètres dans l'est de Diên Biên Phu, au sud du delta du fleuve Rouge. La seconde se trouve au nord-est de l'ex-camp retranché, à 250 kilomètres à vol d'oiseau. Toutefois, pour l'atteindre, les guenilleux affectés à ce secteur effectueront un invraisemblable détour, parcourront quelque 600 kilomètres. Au terme du calvaire, ils aboutiront dans la circonscription qu'irrigue la rivière Claire, où sont concentrées en majorité les bastilles de la jungle.

Pour accéder à ces contrées, les relégués suivront longtemps une voie commune, la Rp 41, qui mène à Tuan Giao, au col des Meo, à Son La, puis à Co Noi. Là, les bodoïs les sépareront. D'aucuns, un petit nombre, seront expédiés vers le pays Muong. Les autres, bifurquant droit sur le nord, prendront la route construite par les coolies de Giap peu avant la bataille de Diên Biên Phu. Elle conduit à Yen Bay, sur le fleuve Rouge, à Tuyen Quang, verrou stratégique qui commande la Rc 2, l'artère filant sur le Yunnan, en Chine, en épousant le cours de la rivière Claire. Le sanctuaire du Viêt-minh. C'est dans ce coin qu'il abrite les transfuges qui l'ont rallié. C'est là qu'il a dressé ses camps disciplinaires destinés aux fortes têtes détectées parmi les relégués, aux rebelles qui refusent l'endoctrinement obligatoire prêché par les commissaires politiques. Là, aussi, il réserve le pire aux condottières des troupes de choc, ses bêtes noires, à ceux qu'il veut briser.

Au vrai, le Viêt-minh n'avait encore jamais fait autant de prisonniers d'un coup. L'équivalent du tiers de ceux qu'il a appréhendés durant huit années. Ce surcroît subit de sa population carcérale aurait pu constituer un embarras préoccupant pour son personnel pénitentiaire, entraîner une saturation des bagnes, alourdir leur administration. Toutefois, il compte bien tourner la difficulté par le concassage préalable du contingent des prisonniers de Diên Biên Phu, lors du cheminement sur les pistes qui mènent à ses « lieux de rééducation par le travail et le repentir ».

Les croisés de l'Oncle Hô usent de cette méthode radicale depuis 1946 et connaissent son efficacité. Elle ne facilite pas seulement l'élimination des déportés les plus vulnérables; elle affaiblit aussi ceux qui survivent à l'épreuve, avantage qui n'a pas de prix. Fragilisés, hâves, pilés, ils ne pensent plus ni à s'évader ni à se mutiner. Jamais le Viêt-minh n'a enregistré la moindre des tentatives de soulèvement dans ses geôles perdues au fond des bois. Il a même pu supprimer les enceintes et les miradors. C'est, de même, la première fois qu'il va tester cette technique souveraine sur une aussi grande échelle. Il fait confiance à ses miliciens. Qui savent s'y prendre. Ils ont la main. Le processus est parfaitement rodé.

La marche... La longue, désespérante marche... Dosée juste, elle fait des athlètes increvables. Même avec des malingres, d'apparence chétive. A preuve, ces théories de coolies qui assistent l'armée populaire de Giap, qui transbahutent des fardeaux impressionnants, le genou fléchi, le buste en avant, progressant comme par glissade. Poussée aux extrêmes, inversement, elle crève. Les plus forts ne s'en relèvent pas, ou alors en piteux état. N'allant plus que la tête inclinée, le dos voûté, traînant les pieds pour économiser les efforts. Et tous y passent. Même les coriaces, tels les légionnaires et les paras.

Ni la longueur des étapes, ni le mode de démarche choisie, ni la foi éventuelle n'expliquent la différence : c'est l'alimentation. Avant tout. Correctement nourris, les hommes peuvent traverser des déserts, des montagnes, des continents. Ils l'ont fait depuis la nuit des temps. Au contraire, lorsqu'on les prive du nécessaire dans leur gamelle et qu'on les oblige à avancer quand même, alors beaucoup disparaissent. Ceux qui en réchappent en gardent les séquelles au long de ce qui leur reste à vivre. L'histoire, là aussi, en témoigne.

La ration quotidienne des bodoïs et de leurs coolies, des gardes-chiourmes dans les camps et de ceux qui ont en charge l'encadrement des cortèges de prisonniers, en 1954, est connue : 1 200 grammes de riz, plus du poisson ou de la viande, et des bananes ou des papayes. Quantité et variétés satisfaisantes. La portion journalière de leurs détenus, au même moment, toutes informations corroborées, atterre en revanche : 400 à 500 grammes de riz, quelques micro-rognures ou abats de viande en supplément une fois par semaine. Durant leur terrible procession, certains des prisonniers de Diên Biên Phu n'auront droit qu'au riz exclusivement.

L'organisme humain exige chaque jour sa pitance de protéines, de glucides et de lipides, de sels minéraux, de vitamines, quelles que soient les apparences que prennent ces combustibles. En foi de quoi, la machine tourne, entretient la régénération de ses cellules, de ses tissus. Elle permet accessoirement tous les efforts. Privée du moindre des ingrédients dont elle a un besoin impératif, elle entre en carences. Et montent les conséquences. De plus en plus lourdes. Les régimes déséquilibrés et draconiens sapent la santé. Portés aux lisières de la famine et accompagnés d'un excès de corvées ou d'un surmenage, ils deviennent mortels. Imposée à autrui par la violence, la privation de nourriture escortée d'un travail forcé, quelle que soit sa nature, vise à exterminer aussi radicalement que des balles ou du gaz Zyclon B. Un crime. Le droit international, depuis 1946, a statué là-dessus.

Comptant parmi ceux qui ont survécu à l'âpre bataille dans le camp retranché, qui ont pris le chemin conduisant à la vallée de la Rivière Claire puis dans la région de Viêt Bac, victime comme tant d'autres de ces atteintes, Erwan Bergot a retracé par le menu ce trajet hallucinant, dans son ouvrage *Convoi 42*. L'un des rares témoignages consacrés à la grande tribulation de ceux de Diên Biên Phu. Un voyage pathétique au bout de la vie. Dont bien peu sont revenus. Qui ont laissé dans leurs sillages multiples des essaims de fantômes.

Il a dépeint la harassante déambulation à travers les montagnes du pays thaï, les collines de la Moyenne Région plantées d'épineux, de taillis drus, de bambous énormes, la piste blanchie et poudreuse se muant en bourbier gluant sous les averses soudaines, les hameaux traversés sous le regard indifférent des indigènes, les rizières découpées en damiers irréguliers par des diguettes instables, les bacs à moteur sur la rivière Noire, puis de nouveaux monts, abrupts, entrecoupés de gorges étroites, et les barques folles sur le fleuve Rouge en crue, les forêts, des vallées à riz, s'évasant de plus en plus, finissant sur des cirques calcaires et boisés, à l'horizon.

Son groupe moulu, ses pas dans ceux des hardes qui l'ont précédé, laissant à son tour ses empreintes incrustées dans l'argile, a escaladé des cols, dévalé des pentes glissantes, défilé sous des arcs de triomphe branlants, des jougs ornés de portraits du président Hô Chi Minh, de Lénine, de Malenkov, le successeur de Staline, de banderoles louant Giap, le parti des travailleurs, la vaillante armée populaire. Promené dans des villages hostiles, il a été lapidé par des gamins enrégimentés. Les gardiens, se réservant l'usage de confortables passerelles en bambous, lui ont comme à plaisir fait traverser de nombreux arroyos et des cloaques à sangsues qui l'ont vidé davantage.

Bergot a aussi décrit le harcèlement continu des moustiques, des mouches, des tiques, des puces, des poux. Les marches de nuit et les feux interdits aux bivouacs pour échapper aux avions. Les bastonnades pour les lambins. Les corvées de ravitaillement jusqu'aux dépôts de riz dissimulés dans la forêt où s'approvisionnait sa colonne tous les trois ou quatre jours. La misérable cuisine dans des casques lourds et des marmites crasseuses aux campements volants, les discussions mesquines, hargneuses ponctuant chacune des répartitions de paddy. Les dormeurs agglutinés en bloc dans la boue puante, insensibles aux averses, aux gémissements des mal lotis sevrés de l'anéantissement de plomb.

Il a relaté, de même, l'éreintement qui les a submergés. Non pas cette fatigue ordinaire, qui tord des muscles trop sollicités, que peut cependant atténuer une nuit de repos, mais l'abattement. La débâcle physique qui casse les membres, plonge dans l'apathie sans fond. Qu'escorte une souffrance globale dévorant tout le corps. Qu'accompagne une lente et irrépressible érosion de la conscience. Celle qui fait de l'homme un automate, un animal. Lequel ne pense plus qu'à une chose, la plus importante du monde, ses pieds, à les protéger, à les envelopper de lambeaux de ces parachutes constituant une fortune dans les besaces des panadeux, à utiliser des lamelles de bambous en guise de semelles. Que la soif et la faim tourmentent en permanence. Qui se transformerait bien en loup pour un grain de riz suri supplémentaire à l'étape, s'il pouvait encore mobiliser un soupçon de forces pour se battre. Une meute sans cohésion, faite d'individualités réduites. Des pauvres hères, à peau flétrie, l'œil jaune, la démarche incertaine, tous les réflexes abolis.

Martyre, en effet, les kilomètres abattus ainsi jour après jour par les prisonniers de Diên Biên Phu, le ventre vide, sous la contrainte exercée par les Viets.

L'organisme de chacun de ces infortunés a d'abord vécu sur ses propres réserves, pompant ses graisses, les métamorphosant en éléments nutritifs. Se mangeant lui-même, en quelque sorte. Ce qui a engendré une fonte musculaire accélérée. Dans le même temps, d'autres troubles se sont manifestés, signant la montée des phénomènes carentiels : la dépapillation de la langue, la chute des cheveux, l'apparition d'un duvet sur tout le corps, la sensation permanente d'un froid intense. Et des contractures neuromusculaires violentes, trahissant un manque de calcium. Et une anémie grandissante, résultant de l'absence de fer, caractérisée par une chute de l'hémoglobine. Et l'installation d'œdèmes aux jambes, provoqués par la diminution des protides dans le sang, ce qui influe sur la pression de ce fluide dans les vaisseaux, sur les liquides interstitiels qui garnissent les tissus.

Certains ont fait des accidents cardiaques, qui les ont terrassés brutalement. Des morts subites, consécutives à ces désordres physiologiques grandissant en tempête, suscitées par des effondrements du taux de potassium dans le sang.

Chez la plupart des tourmentés, notamment les blessés, même légers, plus vulnérables, les pluies parfois torrentielles qui trempent jusqu'aux os, de même que l'aplatissement des défenses naturelles, ont entraîné l'explosion d'un bon nombre de maladies. Telles les angines, les pneumonies, les bronchites, les pleurésies. Et le béribéri, une avitaminose. Et des fièvres récurrentes dues aux spirochètes. Et la dysenterie. Ainsi que le typhus, compagnon inséparable des guerres, des sièges ou des exodes. Plus des ictères. Le paludisme, enfin. Des fléaux cheminant toujours botte à botte avec la désolation.

Comme tant d'autres, le convoi de Bergot a marché quarante journées avant de parvenir au camp 42. Sur 400 hommes, 83 morts dispersés le long des sentiers, amalgamés aux autres dépouilles rencontrées, abandonnées à peine recouvertes de terre par les détachements antérieurs. Cas extrême? La moyenne. Celle des lots qui comptaient, au départ, des valides et peu de blessés. D'autres, fortement panachés d'éclopés et de damnés à l'origine, finiront par atteindre les établissements pénitentiaires du Viêt-minh avec des effectifs autrement squelettiques. Parfois, quelques isolés seulement.

Cette cohorte en voie de pétrification à travers le Tonkin comptait pourtant dans ses rangs seize médecins de l'ex-camp retranché. Mais les Viets leur ont interdit de prendre spontanément en charge la détresse commune. De pratiquer leur art sans ordre express au préalable. Leur enjoignant de se comporter en prisonniers. Semblables aux autres. Les frustrant doublement. Parce qu'ils étaient avant tout des praticiens. Qu'un médecin se doit de porter assistance à tout individu en détresse, il l'a juré, son serment le lie sa vie durant. Parce que ces hommes qui se dissolvaient sous leurs yeux n'étaient pas non plus des inconnus pour eux. Mais des frères d'armes. Souvent des soldats de leurs propres unités. Parfois des visages familiers. Quelquefois des amis. Pour beaucoup, des patients déjà soignés.

La rage. Ce sentiment a habité André Résillot, Jean Vidal, Ernest Hantz et Jacques Gindrey, les chirurgiens de Diên Biên Phu. De même que Patrice de Carfort, Alphonse Rivier, Jean-Marie Madelaine, Jean-Louis Rondy, Pierre Rouault et Louis Staub, les médecins des parachutistes. Ainsi que Guy Calvet, Sauveur Verdaguer, Henri Prémillieu, Pierre Barraud, Léon Staerman et Gérard Aynié, les médecins de bataillon. Eugène Riccardi, dentiste de la base, détenu à leurs côtés, l'a partagé aussi. Tout comme les trente-quatre infirmiers des antennes chirurgicales capturés également, noyés pour leur part dans la masse des relégués.

Le jour qui a suivi la chute de Diên Biên Phu, ces seize praticiens avaient été, on l'a vu, assemblés par les Viets dans le voisinage de Muong Phan, à quelques kilomètres au nord de la base. Un centre de regroupement hâtivement aménagé pour tous les officiers de l'ex-camp retranché, sur les vestiges d'un ancien cantonnement, qui servit à une unité de réguliers de Giap, avant la bataille. C'est là que Jean-Louis Rondy a été proprement passé à tabac par des gros bras du colonel Cao Van Khanh, parce qu'il avait tenté de soigner des compagnons blessés, sans en référer au principicule de l'armée populaire.

Quand l'heure d'envoyer les légions vaincues vers leurs sites d'internement a sonné à sa montre, le 17 mai, Khanh, respectueux de la hiérarchie, a d'abord dépêché les officiers supérieurs en camions – vingt par véhicule – sur le camp n° 1, situé à proximité de Tuyen Quang. Puis il a expédié sur la route, dans leur houache, les gradés subalternes, c'est-à-dire les capitaines et les lieutenants. Deux cents, environ. Mais, cette fois, à pied. Une colonne spéciale. Même régime réservé aux médecins. Avec, toutefois, un arrêt pour certains d'entre eux. A Tuan Giao. Dans un camp-hôpital dissimulé sous les arbres, en bordure de la piste. Afin qu'ils puissent seconder le service de santé viet, mobilisé au chevet d'un important contingent de blessés intransportables.

Servant ainsi d'assistant provisoire à un infirmier, Jean-Louis Rondy a pu mesurer l'incurie délibérée de l'ennemi en ce domaine. Pas un médicament, pas un instrument, pas de pansements disponibles, alors que le matériel médical français du camp avait été saisi quelques jours auparavant, que de nombreux parachutages d'approvisionnement sanitaire étaient tombés dans les lignes adverses. Les prescriptions que cet infirmier édictait pourtant pompeusement se résumaient à commander l'essuyage du pus montant des lésions des victimes avec des feuilles d'arbres et des lambeaux de parachute souillés. Une insouciance aggravée par une indifférence glaçante. Commune à tous les miliciens. Rondy, écœuré mais astreint au silence, en a vu qui toisaient un prisonnier amputé des deux jambes, rampant sur cette route de Tuan Giao en direction du col des Meo; il se propulsait sur les fesses, le regard fou, escorté par un garde suant l'ennui, qui paraissait se demander jusqu'où irait cet homme tronc, jusqu'à quand il s'acharnerait à haler, à balancer son malheur à bras tendus.

Peu après, en majorité, ces médecins de Diên Biên Phu reprendront le ruban gadouilleux, dans le lent courant des prisonniers. Ernest Hantz, un soir, à l'étape, renversera accidentellement une touque d'eau bouillante qui le brûlera profondément, aux pieds. Ne disposant d'aucun autre moyen, il enveloppera ses cloques et sa chair à cru de bandes taillées dans un morceau de parachute. Et continuera d'avancer. Mais en queue de colonne, parmi les traînards. Peut-être aurait-il cédé, malgré son caractère, se laissant aller comme beaucoup autour de lui, si Jean Vidal ne l'avait alors pris en charge, soutenu, le portant souvent, sur son dos.

Cependant, la solitude dans l'épreuve était le lot le plus commun. Répandu. Le lieutenant Antoine Hurtre l'a constaté à ses dépens. Il s'occupait de l'intendance à Diên Biên Phu. Au dixième jour de la longue marche, dans son cas, le 27 mai, il s'est écroulé sur la piste, du côté de Son La. Malade, incapable d'ajouter un pas à ses pas précédents. Une bronchite compliquée d'une hémoptysie – crachements de sang provenant des voies respiratoires. L'indication d'une infiltration pulmonaire tuberculeuse. Les gardes, apeurés par l'éventualité d'une contagion, l'abandonnent chez un chef de village, qui s'en débarrasse encore plus vite en le confinant dans une grotte. Il croupit au fond de cet antre pendant deux semaines, surveillé de loin par un milicien, sans recevoir le moindre secours médical. Il doit ensuite pousser jusqu'à Moc Chau, où se trouve un camp pour malades. Ni médecins ni infirmiers dans la place; c'est un mouroir. En guise de cure, Hurtre restera dix jours sous la pluie, couché à même le sol. Il verra s'éteindre autour de lui quarante prisonniers, la moitié de l'effectif, aussitôt balancés, nus, dans une fosse commune.

Intégré à une colonne de détenus passant à proximité, en même temps qu'une trentaine d'infortunés dans son cas, Hurtre parviendra ensuite jusqu'à Hoi Xuan, autre pourrissoir où agonisent quelque 200 moribonds : 150 décès durant la quinzaine qui suit. Une visite médicale, enfin; plutôt un tri : un Viet chargé de fermer ce dépotoir sélectionne ceux qui présentent encore un souffle de vie. On évacue Antoine Hurtre jusqu'au camp 70, où il attendra sa libération, en végétant. En ce temps, ce n'était qu'au camp 1 que les malades pouvaient espérer recevoir, faute de vrais soins, au moins de la compassion. Celle des médecins de Diên Biên Phu, nouvellement arrivés; de leurs compagnons Lucien Aubert et Jacques Leude, incarcérés en mars; de neuf autres praticiens détenus depuis plus longtemps, encore; tel le médecin-capitaine Georges Armstrong, emprisonné en 1950.

La barbarie banalisée. Car les sombres exemples de ce genre abondent. Ils éclairent à giorno cet épisode terrifiant de l'affaire de Diên Biên Phu.

Ainsi, un autre échantillon, probant, dans le secteur de Tuan Giao. Les Viets y ont provisoirement retenu Jacques Gindrey et Henri Prémillieu. La première tâche qu'ils attribuent à ces médecins consiste à retourner, à pied, aux abords de l'ex-camp retranché. Des grands blessés sont restés dans cette zone. Mandat : faire la visite, dans les règles. Un euphémisme. Car les tyranneaux qui l'ont ordonnée n'ont remis aucun médicament, aucun matériel aux praticiens; seulement un peu de choum, alcool de riz, piètre antiseptique. Bien entendu, ce qu'ils découvrent est abominable. Sous des cabanes en bambou, en bordure de la route, près d'un ruisseau, les victimes, à peine alimentées et abandonnées sans traitement depuis plusieurs jours, appellent la mort qui les délivrera de leurs affres.

Gindrey et Prémillieu assisteront jusqu'au bout un lieutenant parachutiste qu'emporte une septicémie, enlevant un à un, à la pince, les asticots grouillant sur ses plaies, donnant au malheureux devenu une boule de souffrance l'impression qu'enfin des médecins s'occupent de lui. Prémillieu réconfortera de manière identique l'un de ses anciens tirailleurs marocains, du 1/4e Rtm, polyblessé, que vide sur place à mort une dysenterie amibienne, mais qui remercie Allah de lui permettre de partir entre les mains de son toubib retrouvé. Les deux médecins battront la forêt ruisselante, aux alentours, passant dans d'autres hameaux de ce type, où gisent d'autres réprouvés, distribuant la miséricorde en guise de panacée. Deux tombes pour chacun des vélites de ces centuries oubliées dans la jungle : celle dans laquelle se dissoudra leur corps, et la mémoire de ces deux praticiens de Diên Biên Phu, venus jusqu'à eux.

« Les Viets nous garderont ensuite dans leur pseudo-hôpital à Tuan Giao, pour la durée de la saison des pluies, précise Prémillieu. La seule vue de cet endroit, à mon arrivée, m'avait fait penser : " Te voilà à Dachau ". On a souvent tendance à exagérer quand on se trouve piégé dans un endroit sordide, où des hommes souffrent. Mon premier sentiment ne m'a pas paru excessif quand j'ai pu prendre la mesure de ce que nous nous apprêtions à affronter.

« On nous octroie une petite hutte en bambou, ouverte au vent et aux averses, dans laquelle nous ne pourrons jamais ni nous sécher ni nous réchauffer. Nous avons en charge des blessés du Corps Expéditionnaire, dans un état si pitoyable que je me demande bien comment nous parviendrons à leur être utile, car nous sommes sans moyens. Pratiquement, les mains nues. Une trentaine d'officiers, et des légionnaires, des Français, des Nord-Africains. Tenus à l'écart de nous, mais pareillement atteints, gravements, des Thaïs et des Vietnamiens dits " fantoches ". Ceux-là, seuls les Viets ont le droit de les approcher, dirigés par l'un de leurs médecins, M. Thau, et son adjoint. Ce sont cependant les mêmes miliciens qui nous gardent tous. L'équivalent d'une compagnie. Son commandant est secondé par un certain Ky Tou, le commissaire politique, le vrai responsable, je ne tarderai pas à le découvrir.

« Pour toute nourriture, comme les autres prisonniers ailleurs, nous n'avons qu'un peu de riz, cuit à l'eau, sans sel, et, une fois par semaine, un morceau de viande gros comme le pouce, du buffle, cuit à l'eau aussi. Comme boisson, de l'eau de riz. Ce que nous imposons à notre entourage, à nos compagnons; ce liquide nauséeux présente au moins une qualité : il a bouilli. Une diète drastique. Nous allons tous fondre en vitesse. Le seul fait de descendre à la rivière, qui coule à 500 mètres au-dessous du camp, devient un effort surhumain. Un légionnaire canadien en mourra subitement.

« Nous faisons le point de la situation sanitaire. Elle nous confond. En proportion importante, ces blessés souffrent de la dysenterie, bacillaire et amibienne. Une épidémie fulgurante, malgré nos précautions, nos conseils d'hygiène. Je fais d'ailleurs partie du nombre que cette saleté précipite, en course continuelle, vers les feuillées. Mais eux, elle les tue. Je donne trois Ganidans par jour et de l'eau de riz, en guise de traitement. Ma provision d'antidiarrhéiques épuisée, je parviens, à force de supplications, à obtenir un peu de teinture d'opium. Faute de guérir, ça soulage. Certains ont, en outre, des parasites. Le typhus, le paludisme pernicieux font également des ravages. Évidemment nous ne pouvons apporter aux diagnostics la précision des examens en laboratoire. Tout cela n'a d'ailleurs qu'un intérêt relatif; nous sommes traités par le mépris. Vient vite le moment où nous devons enterrer nos morts. En nombre croissant. Nous disposons d'une baraque dite des malades graves, lesquels meurent tous, les uns après les autres. Au fur et à mesure, on les remplace par d'autres. Qui sombrent tout aussi rapidement. »

Durant leur séjour momentané à Tuan Giao, Gindrey et Prémillieu ne pourront établir avec précision le pourcentage des disparitions. Parce que toute la partie du camp-hôpital réservée aux autochtones leur restera inaccessible. En tout état de cause, au moins 60 % de l'effectif. C'est l'estimation que retiendra, dans sa thèse, le colonel Robert Bonnafous, à propos de l'ensemble des détenus de Diên Biên Phu qui ont participé à la longue marche. Il l'a relevé, de même : les blessés graves, les abdominaux, les thoraciques, les crâniens, les polytraumatisés, ne survivront pas à cette épreuve. Aucun. En grand nombre, les blessés dits légers connaîtront un sort identique.

Les plus touchés par la mortalité, durant le parcours léthifère comme dans les bagnes, ajoute Bonnafous, seront d'abord les légionnaires, qui comptent dans leurs rangs de nombreux Allemands, les plus vulnérables à l'amibiase et au paludisme. Ensuite, les Nord-Africains, déjà les plus dénutris au préalable. Jusqu'au début de la bataille, ils ont reçu un approvisionnement normal en boîtes de rations « M », le conditionnement réservé aux musulmans. A partir du 13 mai, l'intendance, à Hanoi, a surtout parachuté des rations « E », à l'européenne. Fidèles aux préceptes du Coran interdisant le porc, la graisse, les Marocains comme les Algériens ont chipoté, ne se sont plus nourris que de légumes, de féculents et de fruits, en quantité insuffisante. Dès leur emprisonnement leur cas s'est aggravé; ils supportent difficilement le riz non décortiqué. Les Africains et les Vietnamiens, mieux adaptés aux conditions de survie en forêt, résistent en revanche plus longtemps. Quant aux Français, seuls s'accrochent avec détermination les cadres qui ont été aguerris par la Seconde Guerre mondiale; la troupe, au contraire, désemparée, peu rompue à ces souffrances, exceptionnelles il est vrai, s'effondre rapidement.

« Devions-nous rendre les Viets responsables de cet état de chose? s'est interrogé Prémillieu. Pour la nourriture, assurément. Eux mangent très bien et auraient pu améliorer l'ordinaire des prisonniers. Pour les médicaments, ils affirment qu'ils en manquent en Haute Région. Or nous, les médecins, savons parfaitement qu'ils ont reçu le plus gros des parachutages sanitaires qui nous étaient destinés, notamment lors des dernières semaines de la bataille; sans parler des largages qui ont suivi la chute du camp. Ils assurent pareillement qu'ils possèdent de bons hôpitaux en Moyenne Région et à la périphérie du Delta. Mais ils ne savent que répondre quand nous ripostons : “ Pourquoi n'y allons-nous pas? ”

« L'hécatombe, selon eux, n'a qu'une cause; notre mauvaise volonté. Ils ressassent leur antienne favorite : nous ignorons les règles de l'hygiène la plus élémentaire. Tout est contenu dans leur leitmotiv quotidien : “ Se lever très tôt le matin, le saut du lit est très recommandé pour la bonne santé. Toilette, arranger le lit, nettoyer la cagna. Se laver les mains avant chaque repas. Ne pas chier partout. ” Ils ont heureusement le remède qui nous mettra au pas : la rééducation politique. C'est le commissaire Ky Tou qui nous “ invite ” à nous rendre à “ l'école populaire ”. Tous, sans exception. Les dysentériques, les cachexiques, les paludéens, les typhiques, les béquillards, les plâtrés, les fracturés ouverts. Chaque jour. De 8 heures à

10 heures du matin. Des cours suivis d'une discussion obligatoire entre nous et sous surveillance. Complétés par des conférences à propos de tout : la colonisation, la résistance vietnamienne, la révolution de 1789, la trahison de son idéal par les gouvernements bourgeois français. Plusieurs réunions quotidiennes. La journée marxiste continue.

« Malgré son intensité, cette propagande dont nous sommes l'objet ne porte guère les fruits qu'escomptait faire germer Ky Tou. Pour tout dire, elle nous agace. Mais pas question de le montrer. Nous avons le plus grand mal à retenir les signes qui trahiraient nos sentiments. C'est que les punitions tombent dès que les Viets voient tressaillir nos muscles zygomatiques : insultes et, plus sérieux, privation de riz. Je me suis demandé si des prisonniers de longue date, psychiquement diminués, physiquement affaiblis, ont pu avoir des doutes, sous un pareil orage répétitif, impératif. Mais que peuvent valoir des doutes survenus chez des êtres sous-alimentés, soumis à de telles manipulations...

« Le temps passe de la sorte. Sans possibilité de soulager les maux de nos désespérés. Nous maigrissons toujours plus. Nos jambes nous portent de moins en moins. Le mois de juin s'est écoulé. Le début de juillet est déjà derrière nous. Et, brusquement, les pluies cessent. »

Et le commandant de l'hôpital de la jungle reçoit l'ordre d'expédier les quelques survivants de ce groupe encore capables de se tenir debout, vers les quartiers pénitentiaires de la rivière Claire. Une poignée de trotte-menu, ainsi que Gindrey et Prémillieu, séparés pour la circonstance, en deux pelotons distincts vont ainsi clôturer la longue marche. Quarante-cinq jours après les précédents convois. N'ignorant pas qu'ils ne reverront jamais les derniers moribonds qui s'éteignent l'un après l'autre aux alentours de l'ex-camp retranché, les grands blessés qu'ils viennent de quitter à Tuan Giao.

Golgotha aussi, pour eux, le franchissement du col des Meo. Ils connaissent à leur tour la dégradation physique sur l'itinéraire jalonné de cadavres où les guettent les Erinyes, les divinités infernales. Prémillieu, dégoûté du riz, ne mange plus, quand même vidé par son syndrome cholériforme. Il envisage de rester dans l'un de ces villages thaïs qui bordent la route, pour y mourir tranquille. Un infirmier vietnamien, prisonnier comme lui, le secoue, l'assiste jusqu'à ce que cesse la diarrhée. Pouvant se nourrir de nouveau, il peut revivre grâce à quelques piastres Hô Chi Minh, don de cet assistant médical compatissant, qui lui permettent d'acheter des bananes, puis du poisson, lorsqu'ils passent la rivière Noire, à Takhoa. Très affaibli, il parvient cependant à rallier le camp n° 1, à reprendre sa place parmi ses confrères de Diên Biên Phu.

Une grande nouvelle circule déjà dans ce centre pénitentiaire comme dans tous les autres bagnes. Propagée par les Viets eux-mêmes. En France, le gouvernement Laniel est tombé, le 12 juin. Le 18, Pierre Mendès France, investi président du Conseil, a proclamé, lors de son discours à la Chambre, qu'un règlement pacifique du conflit indochinois était possible. Il y croyait si fermement qu'il s'était fixé d'entrée un mois pour mettre un terme aux négociations à Genève, pour parvenir au cessez-le-feu : le 20 juillet. De fait, à cette date, la convention d'armistice a été signée. Les hostilités s'arrêteront le 27. L'Indochine sera partagée par le 17e parallèle. Au nord, la République démocratique. Au sud, l'État du Vietnam. Un délai de trois cents jours a été accordé à l'armée française, afin qu'elle puisse évacuer toutes ses forces dans la région de Saigon. Le Viêt-minh et la France doivent également s'apprêter à échanger au plus vite leurs prisonniers.

12

Ils ont connu l'ordre rouge

Le temps des comptes est venu, en cette fin juillet 1954, à propos de la bataille de Diên Biên Phu. A Saigon, sur demande de l'état-major, les argentiers de la grande muette dressent les états des équipements qui furent mis à la disposition de la garnison, tous perdus. De même que ceux des approvisionnements divers effectués. Plus les frais de transport aérien et ceux du soutien logistique assuré tout au long des combats. Quand s'arrête le cliquetis des bouliers de ces officiers d'administration, tombe le montant approximatif de la facture. Un lourd pavé : 15 180 000 000 francs. De l'époque. Pour la seule armée de Terre.

A Hanoi, c'est à Albert Terramorsi, directeur du service de santé au nord Viêt-nam, qu'il incombe d'établir son mémoire, pour ce qui touche aux dépenses sanitaires durant cette malheureuse affaire. En l'occurrence, pas la moindre incertitude. Bilan comptable parfaitement connu, au centime près. Autant pour la participation du service à l'opération « Castor », que pour les installations médicales montées dans le camp pendant l'attente stratégique. Y compris le coût des dotations confiées aux chirurgiens des antennes et aux médecins de bataillon. De même que celui de tout le fourniment et des médicaments largués avant et après la chute du camp. Tous chapitres confondus, une belle addition, là encore : 192 895 940 francs. Auxquels s'ajoutent les prestations versées aux compagnies civiles d'aviation, mises à contribution jusqu'à la fin de l'aventure perdue, ainsi que le prix des opérations sanitaires parallèles, à Muong Saï puis à Luang-Prabang. Soit un total de 204 318 790 francs.

La phase des doutes est arrivée, aussi, en cette fin juillet, pour les médecins responsables de ce service de santé, tel le chirurgien-consultant Claude Chippaux, qui auront en charge l'accueil des prisonniers du Corps Expéditionnaire et des forces de l'Union française tombés aux mains des Viets, entre 1946 et mai 1954 lorsque les échanges avec l'ennemi seront décidés. Notamment, les survivants de Diên Biên Phu. Combien reviendront parmi ces derniers? Dans quel état les retrouvera-t-on? Mieux que d'autres, à l'exception de son confrère Pierre Allehaut, avec lequel il a monté l'évacuation des 858 grands blessés du camp retranché, Chippaux sait que ces combattants étaient devenus, au moment où allait commencer leur déportation, des êtres d'une vulnérabilité extrême.

Chippaux a pu en juger tout au long du mois de juin, la période durant laquelle il a observé ce contingent de meurtris, afin que soit assuré au mieux et au plus vite leur rapatriement en métropole. Après un bref transit par Hanoi, où certains ont subi des interventions d'urgence mineures, telles des réfections de plâtres, à la demande, les médecins de l'hôpital Lanessan les ont expédiés sur Dalat et sur Saigon, où ils ont empli toutes les grandes unités sanitaires spécialisées. Mission du personnel de ces établissements : mettre ces châteaux branlants en condition de supporter leur transfert en France. Aux praticiens et aux chirurgiens militaires de la métropole de leur apporter les soins complets qu'exige leur délabrement.

C'est à ce moment que Claude Chippaux a mesuré que bien peu d'entre eux encaisseraient sans trop de peine les fatigues imposées par un voyage aérien long de 12 000 kilomètres. Dans des appareils transcontinentaux dont la pressurisation reste encore aléatoire : 180, au maximum. Des blessés valides stabilisés et les plâtrés semi-valides non suppurants. Mais pas question d'envoyer par avion les autres. Tous ces maxillo-faciaux avec blocage, ces crâniens hébétés, ces thoraciques soufflant tels des asthmatiques, ces abdominaux qui peuvent faire une occlusion franche ou une subocclusion en vol, et ces victimes de fracas osseux multiples, généralement très anémiées, exposées à un réveil infectieux brutal et redoutable. Pour cette multitude sidérée, uniquement le bateau. Un « liner » dont on ne poussera pas les feux. Néanmoins doté d'un confort acceptable, avec de nombreux médecins à bord, équipés d'un matériel sanitaire permettant d'affronter toutes les situations de détresse.

Les transports aériens de ces êtres chancelants, relativement brefs pourtant, entre Diên Biên Phu et Luang-Prabang, puis entre Luang-Prabang, et Hanoi, Dalat ou Saigon, ont, en effet, suffi à provoquer deux cas de phlébite, quatre hémorragies secondaires sérieuses, cinquante abcès préoccupants traités sous anesthésie locale, vingt-sept abcès graves nécessitant des interventions chirurgicales promptes sous anesthésie générale, et treize reprises fulgurantes d'infections osseuses, demandant, en parade, un profond curetage! Deux décès, enregistrés également, peu après ces déplacements.

Le premier, il est vrai, un accident anesthésique, aurait pu être évité. Il a terrassé un blessé atteint à la cuisse et au bas du dos, qui, entré en hémorragie artérielle massive, avait dû être opéré, couché sur le ventre. La prénarcose, normale, effectuée à l'atropine et à la morphine, avait été suivie d'un endormissement au penthotal, accompagné d'oxygène. Toutefois, en fin d'opération, le patient a plongé d'un coup en syncope bleue, une complication fréquente avec ce barbiturique, qui l'a tué. « Un anesthésiste confirmé aurait probablement esquivé ce drame, a estimé Chippaux. En donnant plutôt une narcose à l'éther. Ou, mieux, en intubant l'opéré au préalable, ce qui lui aurait permis de le "récupérer" en ventilant à bloc en voyant monter la syncope. »

Le second disparu, le lieutenant Marcel Rondeau, parachutiste au Bawouan, était un ami d'enfance de Jacques Gindrey. Ce dernier, au plus fort des combats du début avril, l'avait vu arriver sur ses jambes, à l'antenne chirurgicale. « Tiens, dit Rondeau à son pays, j'ai un petit éclat sous la peau du ventre. Ne pourrais-tu pas me débarrasser de ça? L'examen montra vite à Gindrey qu'en réalité les viscères abdominaux étaient touchés. Que c'était grave. Mais, à l'instant d'opérer, le praticien ressentit un trouble très naturel : un chirurgien répugne toujours à « ouvrir » un ami, un parent, craignant que ses mains ne deviennent moins sûres. Gindrey demanda donc à Grauwin de le remplacer : « Nous nous connaissons depuis l'école. Il aura plus de chances avec toi. » La laparotomie, avec extériorisation provisoire, exécutée dans les règles et à bon train, avait été réussie. Transit rétabli, dans les délais normaux. Une parotidite, infection suraiguë de la glande salivaire située en avant de l'oreille, complication ultérieure comme on en observe parfois dans le décours de certains envahissements microbiens, avait été correctement maîtrisée, sous antibiotiques. Pourtant, Rondeau continuait à maigrir et à souffrir.

Son inquiétude, sa nervosité, constatés depuis son admission à l'hôpital Catroux, à Dalat, le 2 juin, n'ont alerté ni les jeunes médecins ni le personnel infirmier. Averti, Claude Chippaux se serait méfié. Lui savait bien qu'un blessé à l'abdomen reste très longtemps fragilisé, même quand il paraît déjà stabilisé. Dans le cas de Rondeau, l'aggravation s'est manifestée soudainement, le 10 juin. Elle a commencé par une « mauvaise digestion ». Suivie d'une intoxication, avec subocclusion, et ballonnement de plus en plus important du segment jéjuno-duodéno-stomacal, au cours de la nuit. L'autopsie a révélé l'existence d'une bride, au niveau du grêle, la cause mécanique de cette subocclusion, ainsi qu'un gros cœur. Marcel Rondeau, conscient jusqu'au terme de ses souffrances, avait pressenti tôt qu'il était à la merci du moindre incident. En lisant plusieurs fois le rapport du médecin légiste, Claude Chippaux a finalement admis que, même si l'on avait infligé au patient un lavage d'estomac avec mise en aspiration, dès le 10 juin, geste thérapeutique recommandé en la circonstance, le jeune Bourguignon ne s'en serait sans doute pas tiré.

Oui, des êtres prématurément usés. Et cassables. Comme du verre. Beaucoup d'entre eux truffés de micro-éclats, incrustés dans les masses musculaires, les os, frôlant les nerfs et les vaisseaux. Des agents vulnérants que les médecins de Diên Biên Phu n'avaient pu repérer, faute de radio, dont ils avaient cependant remarquablement anticipé et contrôlé les dégâts éventuels, par une massive couverture d'antibiotiques et une immobilisation rigoureuse, avec plâtrage circulaire fermé; la technique chirurgicale dite « Espagnole ». Geste d'urgence classique. Qui appelle malgré tout une reprise, ensuite, à l'arrière. Accompagnée des explorations qui ne purent être effectuées auparavant. Car ces corps étrangers, si petits soient-ils, peuvent entraîner des ostéites, des ostéomyélites, voire des septicémies, agressions favorisées par des fatigues anormales, par de nombreux transports, des changements climatiques brutaux.

Les décisions arrêtées par Claude Chippaux de ne donner que des soins de propreté sur place, hormis bien entendu les urgences évidentes, et d'évacuer sur la France sans tarder mais en sécurité, ont été prises dans l'intérêt de chacun des patients. Les chirurgiens, en métropole, pourraient à loisir sonder, réparer, reprendre les moignons et les sutures, greffer également. Ce qui demande beaucoup d'attention. Ce qui prend du temps.

Ce souci, respect strict des droits de ces combattants qui avaient eux-mêmes tant donné sans compter, a justifié, avec un peu de retard, le rejet d'une offre apparemment alléchante de rapatriement sur la France d'un millier de blessés, formulée par les Etats-Unis. Une proposition qui concernait à la fois des légionnaires et des survivants de Diên Biên Phu.

Ce devait être une opération à grand spectacle, comme les aiment les Américains. Elle allait mobiliser, dirent-ils, toute une flotte aérienne de Globemaster, ceux de la 315e division du Pacifique. Ils formeraient une noria jusqu'au Japon. Des Stratofreighter, encore plus confortables, emporteraient ensuite les passagers jusqu'aux Etats-Unis, puis en France. Un beau voyage : 24 000 kilomètres. Soit une bonne moitié du tour du monde. De quoi occuper une quinzaine de journées. Que meubleraient des réceptions fastueuses aux escales. Notamment à Travis, près de San Francisco; à Maxwell Field, dans le voisinage de New York. L'occasion, chaque fois, de nombreux rendez-vous auxquels toute la presse de la confédération avait déjà été conviée.

Du côté français on avait aussi bien préparé les choses. Le colonel Gracieux, chef d'état-major des forces françaises en Extrême-Orient, devait assurer l'organisation protocolaire et sanitaire de la tournée.

La part belle allant de soi – désir exprimé par les hôtes – à la Légion étrangère. Au programme, l'évocation de Camerone, l'histoire de la main de bois du capitaine Danjou, les épopées sur les champs de bataille, le sable chaud, « Honneur et Fidélité », la devise la plus belle de l'armée française. Le tout au son du « Boudin » l'inimitable marche qui, depuis 1862, scande le pas martial de ce corps d'élite avantageusement connu dans le monde entier. Gracieux avait aussi prévu une surveillance discrète des képis blancs, afin de les protéger des tentations que le fascinant Nouveau Monde ne manquerait pas d'exercer sur eux, de les empêcher éventuellement de déserter à la suite d'une ribote. Outre les « délégués » mandatés par cet officier, 12 médecins de l'armée de l'Air et 5 convoyeuses encadreraient les postulants à la balade transocéanique et transaméricaine.

Premier départ de Saigon, samedi 26 juin 1954 : 100 blessés chargés dans deux Globemaster. La convoyeuse Michaëla de Clermont-Tonnerre, l'une des héroïnes du corps créé par Marie-Thérèse Palu, escorte un petit lot des rescapés de Diên Biên Phu. Toutefois, premier incident, qui dégrise tous les participants, le même jour : *Duvanchel*, l'un des légionnaires évacués, doit être déposé d'urgence à l'hôpital militaire de la base américaine de Clarkfield, dans les Philippines. Une heure après le décollage, il s'est senti mal, montrant son cou et présentant une forte fièvre. Diagnostic immédiat : une inflammation rétro-maxillaire droite, fulminante. Seconde péripétie de même nature, deux jours plus tard, en plein milieu du Pacifique cette fois. Le sergent Louis René un parachutiste de Diên Biên Phu, du 2/1er Rcp, qui, jusqu'alors, avait paru supporter sans peine la traversée, fait à son tour un accès soudain de température. Hospitalisation en catastrophe à Honolulu. Les médecins militaires américains confirment le réveil infectieux constaté durant le vol par leurs confrères français. La blessure du sergent René, une fracture ouverte à l'humérus gauche, non cicatrisée, va imposer un traitement palliatif sur place. Rapatriement retardé, sans date, que les Américains, amphitryons prévenants, prendront entièrement à leur charge.

Ce contingent de blessés sera promené sans autres déboires au-dessus du Pacifique, des États-Unis puis de l'Atlantique. Le samedi 3 juillet, 47 d'entre eux atterrissent à Orly. Les 51 suivants débarquent le surlendemain. Mme Mendès France et le général Augustin Guillaume les accueillent en grande pompe. Cependant, la suite du show imaginé par l'état-major de l'armée américaine tournera court. Sur pression de Claude Chippaux, les autorités françaises remercient mais renoncent à ce mode d'évacuation jugé trop aventureux. Car ce sont les plus valides qui ont participé à cette évacuation empruntant un itinéraire fantaisiste. Certes, quelque 150 autres blessés de Diên Biên Phu regagneront la France par avion, à bord des

Languedoc de la flotte aérienne TAI ; cependant, ils prendront la voie ordinaire, par l'Inde, un trajet deux fois plus court. Le reste de ce lot, 650 rescapés, sera brancardé à bord du paquebot « Oregon », aménagé en navire-hôpital. Qui rejoindra Marseille piane-piane. A 13 nœuds de moyenne. L'allure d'une croisière. Au moins ceux-là arriveront-ils à bon port. Il n'en ira pas de même pour leurs compagnons de galère capturés en même temps qu'eux à Diên Biên Phu. Comme l'écrivit Cervantes, « ce sont toujours les derniers que les chiens mordent ».

Tandis que l'« Oregon » emporte ces blessés, sonne en effet l'heure du dénouement pour les prisonniers de guerre que détiennent respectivement les autorités françaises et les forces populaires du Viêt-minh. Décrété à Genève, dès le 20 juillet, à grand renfort de ramages par les politiciens qui ont discouru sur ce thème au Palais des nations, l'échange, dit humanitaire, ne sera concrétisé par un accord signé entre les deux parties que le 14 août. A Truang Gia. Étrange retard. Néanmoins uniquement imputable aux représentants de Hô Chi Minh. Qui ont ergoté et tergiversé sur les modalités de l'opération. Elle ne comportait pourtant plus aucun enjeu; un simple troc.

Les forces françaises présentent les 63 000 internés viets qu'elles ont capturés. Des plus anciens jusqu'aux tout nouveaux qu'elles viennent de pincer au Haut-Laos. Ils ont été traités conformément aux conventions de Genève. Un monument diplomatique, institué le 22 août 1864, révisé, restauré et renforcé à plusieurs reprises : en 1906, en 1929, en 1949. Des textes que la France a, chaque fois, ratifiés. En foi de quoi, ces 63 000 Pim ont été coconnés dans leurs dépôts, sous le regard inquisiteur d'André Durand, délégué helvète mandaté en Indochine par le Comité international de la Croix-Rouge, le Cicr, qui, malgré ses pointilleuses traques, n'a pu relever la moindre entorse aux stipulations sacrées. Depuis le 27 juillet, cette armée de libérables ripolinés piaffe, baluchons bouclés, attendant le moment de regagner ses foyers.

Le Viêt-minh, pour sa part, a piégé 36 979 soldats du Corps Expéditionnaire et des forces de l'Union française. Dont les 9 789 coincés à Diên Biên Phu, le 7 mai, ainsi que les 1 932 autres membres de cette garnison tombés entre ses mains avant cette date, durant les combats qui ont précédé la chute du camp retranché. Lui, inversement, paraît ne pas avoir encore pris ses dispositions pour relâcher son monde. Ce qui explique ses atermoiements, à Truang Gia.

Tout aussi surprenant : aucun de ces 36 979 militaires ne semble figurer sur les états du Cicr. Arguant que le Viêt-minh n'a pas signé les conventions, jamais Durand n'a fait la moindre démarche auprès des représentants de ce mouvement révolutionnaire pourtant connus en Extrême-Orient, pour savoir ce qu'étaient devenus ces soldats, dont l'état-major français a cependant signalé les disparitions, à mesure qu'elles se sont produites. Jamais il n'a visité les camps de concentration des Viets, dont l'entretenaient avec constance ces mêmes autorités militaires. Jamais, non plus, il n'a réagi aux plaintes formulées à ce propos par les représentants successifs du gouvernement français en Indochine. Pour Durand, comme ce fut le cas pour Reynier, son prédécesseur, en Extrême-Orient, tout comme pour Ruegger, leur patron, président du Comité international de la Croix-Rouge en 1954, ces 36 979 prisonniers n'ont aucune existence légale.

L'état-major militaire français ne se berce d'aucune illusion sur le nombre de ceux qui survivent encore, et sur leur état. Depuis le début de ce conflit, les rescapés récupérés à la faveur des marchés de dupes passés avec l'ennemi déjà évoqués, ont apporté des précisions terrifiantes.

De Saigon à Hanoi, personne n'ignore plus qu'à l'abri du rideau de bambou, tissé avec la complicité des Chinois et des Soviétiques, les Viets ont pratiqué une élimination méthodique des soldats capturés. Qu'ils ont entretenu la terreur dans les 106 goulags des jungles, dans les 14 pseudo-hôpitaux réservés à ces victimes. Que la mortalité, toutes proportions gardées, y a égalé celle qui fauchait dans les camps de concentration nazis, pendant la Seconde Guerre mondiale. Que des citoyens français dévoyés les ont, au nom de l'idéologie, couverts et même assistés, certains sur place en qualité de commissaires politiques, dans ce massacre silencieux. Qu'en dépit des parachutages effectués par des appareils portant des croix rouges en place des cocardes, ni les médicaments ni les vivres destinés à ces prisonniers ne leur sont parvenus. Des largages tous enregistrés. Aussi bien ceux de Quang Uyen, sur le camp 1, quand il se trouvait à Thac Lac, que ceux de Lang Kieu, sur le camp 113. Ou ceux de Bac Muc, sur le camp 14. Et ceux de N'goc Bo, de My Than, de Phu Son ou de La Thach. Des cargaisons toutes détournées par les Viets pour leur profit personnel.

De même, personne n'ignore que dans ces camps, constitués de cabanes rudimentaires couvertes de chaume percé, au sol en terre battue, aux bat-flanc raboteux, sans hygiène, les prisonniers restaient exposés au froid, aux intempéries, à la vermine. A la furie des tortionnaires qui géraient ces abattoirs. Qui les enchaînaient, qui les soumettaient au carcan moyenâgeux. Qui rognaient chaque jour sur la ration normale de nourriture dite « A » qu'ils attribuaient, laquelle n'était constituée que par l'équivalent de quatre tasses à thé de riz par repas. Que la plus petite infraction au règlement édicté par les persécuteurs gouvernant ces basses-fosses, se traduisait par des restrictions alimentaires. Que la ration « B » se réduisait à trois tasses de riz. La « C » à deux, la plus commune. La « Y » à une seule ; le régime réservé aux rebelles, aux fortes têtes, aux locataires du carcan, une portion si dérisoire qu'on en crevait imparablement d'inanition lorsque la peine se prolongeait par trop. Ce qui était courant.

« Trois cents morts, au camp 3 entre août et octobre 1951 », témoigneront le sergent-chef Gilles Gouyon et l'adjudant-chef Maurice Brenard. « 201 morts, sur 272 prisonniers, au camp 5, dans le secteur de Thanh Hoa, entre le mois de mars et le mois de septembre 1952, tous tués par la dysenterie bacillaire », dira le lieutenant Leblanc, du 1er tabor. Dans le camp 114, durant l'été 1952, les mourants ne pouvaient enterrer les morts, qui disparaissaient à la cadence de deux par jour. Au camp 70, qu'avoisinait une mare insalubre, 120 décès sur 250 prisonniers, précisera le lieutenant Hurtre; tous tués par des ictères; certains matins, on trouvait auprès de cet étang fangeux les cadavres de ceux qui étaient venus y boire la nuit. Au camp 42, en soixante-cinq jours, 244 morts sur les 327 rescapés de la longue marche, ajoutera Erwan Bergot. Et combien d'autres...

En écrasante majorité – 98 % d'entre eux – ces prisonniers de guerre n'ont jamais reçu de soins. Et pour cause; il n'y avait aucun médecin auprès d'eux. 1 % ont tenté de traiter eux-mêmes la dysenterie avec de l'eau de riz, qu'ils appelaient la « petite soupe »; ils ont essayé de réduire le paludisme, en achetant un peu de Nivaquine à leurs geôliers, en prélevant dans ce but du riz sur leur insignifiante ration. 1 % ont acquis, par le même moyen, des pastilles de sel et des cachets de Stovarsol. Un peu de mercurochrome dilué dans de l'eau. Autrement dit, du perlimpinpin. Ainsi que des soupçons de poudre de soufre, dans l'espoir de combattre la gale.

L'envers du fanatisme, sa face cachée, ne dissimule jamais que des actions hideuses, un comportement collectif abominable. Des exemples multiples l'ont montré depuis le Moyen Age en Occident. La tragédie imposée à ceux qui en ont pâti au Tonkin, dans les coulisses de cette guerre que l'histoire présentera comme le juste combat d'un peuple luttant pour sa liberté, impose, de même, qu'on n'oublie pas ces victimes.

A partir du 19 août, commencera le troc final des prisonniers des deux camps. Chez l'un, 63 000 fichés, camionnés, tous indemnes. De l'autre bord, chargés à Vietri par des chalands de la Marine nationale qui empruntent le fleuve Rouge, des égrotants relâchés comme à regret, au compte-gouttes, durant quinze décevantes et longues journées. Des spectres aux rangs clairsemés, en place des cortèges quand même espérés. C'est alors que les crimes commis au fond des bois par les miliciens de Giap et leurs séides, au nom de la République populaire du Nord-Viêt-nam, sauteront sans fard aux yeux.

Ces squelettes évoluent à gestes lents, précautionneux, la face creusée sous le casque conique en feuilles de latanier, le regard fiévreux. Des scrofuleux et des cachexiques. Des meurt-de-faim, comparables aux déportés que l'on débarqua avec épouvante, en 1945, des trains et des avions qui revenaient de Buchenwald ou de Dachau. Sur les 36 979 prisonniers attendus, seulement 10 754 survivants. 6 132 d'entre eux, ayant fondu de moitié, au moins, un bon nombre ne pesant plus que 38 kilos; 36 kilos; 35 kilos même. Qui devront être hospitalisés, dans un impressionnant état carentiel. Dont 61 mourront aussitôt, à peine parvenus à Hanoi.

« Le taux des disparitions globales dépasse de très loin celui qui fut observé dans les camps de prisonniers français aux mains des Allemands en 1939-1945 », a noté le colonel Robert Bonnafous dans la thèse qu'il a consacrée aux victimes. Lequel a également constaté que les combattants de Diên Biên Phu ont été, de très loin aussi, collectivement et individuellement, les plus atteints.

Là, encore, les chiffres ne trompent pas : 11 721 capturés dans la base, du 13 mars au 7 mai inclus; 3 290 libérés, seulement, les derniers dans le lot des 10 754 survivants. Soit 8 431 morts en captivité. L'emprisonnement n'a pourtant duré que trois mois à peine, marche comprise, pour le plus grand nombre de ces combattants sacrifiés au pays thaï.

Une tuerie délibérée. Fallait-il qu'ils soient haïs par les Viets, ces soldats de Diên Biên Phu... La boucherie en douce. Oui, systématisée. Enregistrée dans un silence général honteux. Mendès France, qui, aussitôt la paix signée à Genève, le 20 juillet, avait confié : « Elle n'est pas parfaite, mais une mauvaise affaire ne comporte pas de bons règlements », n'a pas eu un mot d'indignation, au nom de son gouvernement, devant cette immolation en gros. Personne ne s'en est ému, non plus, dans les cercles autorisés, telle la Croix-Rouge; ni au sein du comité français, ni au comité international. En métropole, les bonnes consciences, complices implicitement, se sont également tues.

Tous informés, pourtant. Autant à propos des morts que sur l'état des survivants. Car le médecin-commandant Martin, professeur agrégé du corps de santé colonial, médecin consultant des forces armées en Extrême-Orient, qu'assistait une nombreuse équipe, avait pris la précaution de procéder à des examens minutieux des revenants, dès leur arrivée, complétés par d'innombrables photographies. Son document, intitulé « État sanitaire des prisonniers de guerre libérés par les autorités de la République populaire du Viêt-nam », donne le frisson.

« Nous avons reçu des êtres décharnés, aux yeux hagards et excavés, apathiques et indifférents à leur environnement, a noté ce praticien; ils n'ont dû leur survie qu'aux perfusions de sang et de plasma. » Sinistre préambule. Puis Martin a tout répertorié. Les conditions générales de vie dans les camps, celles de la longue marche, dans le cas de ceux de Diên Biên Phu, les caractéristiques de la sous-nutrition, la rapidité et l'importance de l'amaigrissement, la montée du surmenage physique par les corvées, l'explosion et le développement de toutes les maladies contractées.

Martin n'a pas seulement rédigé de la sorte un document historique irréfutable. Il a surtout dressé un dossier médical général, qui permettrait aux rescapés de préserver leurs droits futurs. Car il savait, comme Chippaux et quelques autres, que ces affligés n'en auraient pas tous terminé avec le malheur en retrouvant la liberté.

« Parmi les affections endémiques en Indochine, dont des cas confirmés ont été constatés chez eux, soit par des médecins prisonniers, soit en milieu hospitalier après libération, certaines, a-t-il ajouté, sont susceptibles de développements ultérieurs lointains, souvent irrémédiables. Cela, aussi, doit être pris en compte.

« Ainsi, les fièvres typho-paratyphiques ou salmonelloses; elles laisseront persister toujours une grande fragilité intestinale. Les tuberculoses, qui évolueront à bas bruit, devront aussi être considérées comme directement liées aux conditions de cette captivité. Les ictères, qu'il s'agisse d'hépatites virales ou de leptospiroses, toutes deux à transmission hydrique et qui entraînent des lésions hépatiques durables, pourront pareillement évoluer parfois vers des cirrhoses chroniques. L'amibiase, qui passe volontiers à la chronicité, fait, dans ce cas, des infirmes coliques définitifs. Certains souffriront également longtemps de lithiases urinaires. Les troubles psychiques, enfin, n'épargneront aucun d'eux. Car tous ces prisonniers ont été marqués par l'ambiance dans laquelle ils ont vécu, dans un milieu dangereux, au sein d'un environnement humain hostile. Il faut le dire, 75 % des prisonniers ont été conduits à la mort par un travail forcé, sous une pression psychologique incessante, par l'assiduité aux cours politiques de jour comme de nuit. Ceux qui ont résisté à de telles contraintes ont été profondément ébranlés dans leur équilibre affectif et émotionnel. Ils en porteront la marque leur vie durant.

« Il est juste de faire observer qu'un groupe de prisonniers a heureusement échappé à ces conditions extrêmes, a conclu le docteur M. Martin : les officiers du camp 1. Moralement plus solides, mieux préparés, exemptés de corvées, ils s'en sont mieux tirés. Ils ont pu surtout bénéficier des conseils et des quelques soins précaires des 25 médecins français rassemblés là. »

Un dernier hommage, rendu par un professionnel, aux médecins de Diên Biên Phu. Car ils étaient 18, au total, rappelons-le, mêlés à cette collectivité du dernier recours. L'un d'eux, Léon Staerman, le plus âgé, n'a pu cependant participer à l'ultime combat mené par ses compagnons. Une victime indirecte de la longue marche, lui aussi. Comme tant d'autres. Dénutri, complètement épuisé, il avait été laissé par la colonne de prisonniers sur le bord de la route, peu avant d'atteindre le fleuve Rouge. Comme Hurtre, Staerman a connu les hôpitaux mouroirs du Viêt-minh, aux alentours de Tuyen Quang, dans son cas. Et, comme Hurtre, il n'a reçu aucun soin. Emmené au camp 128, il y est mort de cachexie, vidé également par la dysenterie, peu avant que ne soient libérés ses confrères. Lesquels ont quitté l'enfer, le 1er septembre 1954.

L'après-midi, ce jour-là, alors qu'ils embarquent à Vietri sur l'un des chalands blindés de la Royale affectés à cette évacuation, un ensemble folklorique viet leur joue deux rengaines populaires, au violon et à l'accordéon : « J'irai revoir ma Normandie », « Ce n'est qu'un au revoir mes frères ». La dérision, jusqu'au bout.

A Hanoi, ils reconnaissent difficilement l'hôpital Lanessan, en plein chambardement. Car l'établissement sanitaire, de même que tous les autres bâtiments militaires et administratifs de la capitale du Tonkin, est livré aux déménageurs. En fait, toute la ville et ses environs immédiats se vident de leurs défenseurs, qui partent vers le sud, qui se replient sur Saigon; l'une des stipulations de l'armistice. Dans un mois, le 9 octobre, les Viets les auront remplacés. Déjà, la population restée dans la place se prépare à fêter les vainqueurs.

Parmi les rares médecins du service de santé provisoirement maintenus au Tonkin, les docteurs Lorrain, Roussillon et Lapeyssonnie. Ils contribuent à organiser le repliement momentané sur Haiphong du personnel et de l'équipement médical de Hanoi, qui seront ensuite transbordés en Cochinchine. Les deux premiers, chargés d'accueillir les ultimes libérés, les acheminent sur Dalat ou sur Saigon, dès qu'ils ont recouvré assez de forces. En attendant ce départ, les plus valides sortent et flânent. Ce qui, déjà, ne se passe plus toujours très bien. Depuis la fin juillet, le climat a évolué en éclair dans les quartiers où, jadis, on recevait les militaires français à bras ouverts. Désormais, plus de sympathie apparente. Les autochtones prennent leurs distances, quand ils ne se montrent pas arrogants, impertinents. Morte, la courtoisie asiatique devant la clientèle qu'elle exploitait jusqu'alors sans vergogne, mais en y mettant les formes. Venu, le temps de l'ordre rouge. Étrangers, donc méprisés les Occidentaux. Le vent nouveau.

Léon Lapeyssonnie et son confrère Jean-Pierre Roussillon l'ont constaté dans l'un des rares restaurants de Haiphong pourtant encore fréquentés à ce moment par les Français. Deux rescapés des camps viets poussent la porte, viennent occuper une table, au côté de celle des médecins. Muets, las, ils paraissent déconnectés. Entre un diseur de bonne aventure, qui s'approche d'eux mais, devant leur mine glaciale, renonce à leur lire les lignes de la main. Apparaît ensuite un autre tapeur, un vieillard ventriloque, accompagné par une fillette vietnamienne accrochée à sa tunique; lui, fait couiner une souris en étoffe, posée sur son bras. Repérant les libérés, il les salue à la militaire, mi-sérieux, mi-moqueur, et pose sa fausse souris sur leur table. Il la promène entre les verres, les bols et les baguettes, en poussant des petits cris de rongeur. Les deux survivants ne cillent pas. Du marbre. Soudain, la souris tombe à terre. Avec précaution et une infinie lenteur, l'un des rescapés se baisse, la ramasse; il la tend au ventriloque avec, dans le regard, une infinitésimale ébauche de sourire, que signent ses rides à l'angle des paupières, qui n'a pas échappé à Lapeyssonnie. Le vieil homme part à reculons, gagne la porte, sans un mot. Comme gêné. C'est la petite Vietnamienne qui réagit. Elle toise les morts vivants, leur tire la langue, leur dit : « Merde! », et tourne les talons. Posément.

Bibliographie

ANDRÉ, Valérie. « Ici, ventilateur », Éd. Calmann-Lévy, Paris, 1954.
BERGOT, Erwan. « Les 170 Jours de Diên Biên Phu », Éd. Presses de la Cité, Paris, 1979.
BERGOT, Erwan. « Convoi 42 », Éd. Presses de la Cité, Paris, 1986.
BERGOT, Erwan. « Diên Biên Phu », Album. Éd. France Loisirs, Paris, 1989.
BIGEARD, Marcel. « Pour une parcelle de gloire », Éd. Plon, Paris, 1975.
BODARD, Lucien. « L'Humiliation », La guerre en Indochine, tome II, Éd. Gallimard, Paris, 1965.
BODARD, Lucien. « L'Aventure », La guerre en Indochine, tome III, Éd. Gallimard, Paris, 1967.
BONNECARRERE, Paul. « Par le sang versé », Éd. Fayard, Paris, 1968.
BOURDENS, Henri. « Camionneur des nuées », Éd. France Empire, Paris, 1957.
BRES, Gérard. « J'ai peur de ne pas me réveiller », Éd. Seuil, Paris, 1988.
CHASSIN, L. M. « Aviation Indochine », Éd. Amiot-Dumont, Paris, 1954.
DALLOZ, Jacques. « Diên Biên Phu », Éd. La Documentation française, Paris, 1991.
DE LATTRE DE TASSIGNY, Jean. « La Ferveur et le Sacrifice », Éd. Plon, Paris, 1987.
DIXON, Norman F. « De l'incompétence militaire », Éd. Stock, Paris, 1977.
FRIANG, Brigitte. « Les Fleurs du ciel », Éd. Robert Laffont, Paris, 1955.
GRAUWIN, Paul. « J'étais médecin à Diên Biên Phu », Éd. France Empire, Paris, 1954.
GRONIER, Maurice. « Riz et Pruneaux », Éd. Emile-Paul frères, Paris, 1951.
HEDUY, Philippe. « La Guerre d'Indochine 1945-1954 », Éd. Société de production littéraire, Paris, 1981.
HUGUENARD, Pierre. « Mes combats pour la vie », Éd. Albin Michel, Paris, 1981.
LAPEYSSONNIE, Léon. « Toubib des tropiques », Éd. Robert Laffont, Paris, 1982.
LAPEYSSONNIE, Léon. « La Médecine coloniale », collection Médecine et Histoire, Éd. Seghers, Paris, 1988.

LEFEBVRE, Pierre, et collaborateurs. « Histoire de la médecine aux armées », tome 3, Éd. Charles Lavauzelle, Paris, 1987.
LE MIRE, Henri. « Épervier », le 8e Choc à Diên Biên Phu, Éd. Albin Michel, Paris, 1988.
PALU, Marie-Thérèse. « Convoyeuses de l'air », Ed du Siamois, Paris, 1957.
ROCOLLE, Pierre. « Pourquoi Diên Biên Phu? », collection l'Histoire, Éd. Flammarion, Paris, 1968.
SERGENT, Pierre. « Paras-Légion, le 2e Bep en Indochine ». Presses de la Cité, Paris, 1981.
TEULIERES, André. « La Guerre du Viêt-nam 1945-1975 », Éd. Charles Lavauzelle, Paris, 1978.

Documentation historique.

– Thèses :
LEMAIRE, Marc. « Le service de santé militaire de l'avant dans sa mission de soutien des personnels parachutés en Indochine, 1944-1954 ». Thèse médecine, n° 341, soutenue le 8 novembre 1991 à l'Université Claude-Bernard, Lyon 1.
BONNAFOUS, Robert. « Les prisonniers de guerre du Corps Expéditionnaire français en Extrême-Orient dans les camps du Viêt-minh, 1945-1954 ». Thèse doctorat université, présentée le 15 mai 1985, à Montpellier III. Bibliothèque du Service historique de l'armée de Terre, à Vincennes, cote 40/30 191.
– Bibliothèque centrale du service de santé des armées, au Val-de-Grâce :
« Le service de santé en Indochine 1945-1954 ». Cote Rm 1 85.
ALLEHAUT P., CHIPPAUX Cl., et HUARD P. « Le traitement et l'évacuation des blessés de Diên Biên Phu ». Bulletin de l'Académie nationale de médecine, séance du 5 octobre 1954, 118e année, tome 138, n° 25-26, pages 404 à 407. Cote R K 1.
CHIPPAUX, Claude. « Les antennes chirurgicales, leur évolution en Extrême-Orient, leur avenir ». Cote R K 601.
CHIPPAUX, Claude. « Directives générales sur la conduite de l'anesthésie-réanimation-transfusion-évacuation ». Cote R K 607.
SAINZ, Xavier. « Le service de santé au Tonkin ». Bulletin de l'Union fédérative nationale des médecins de réserve. Année 1951 (avril), pages 47 à 56. Cote Re 541.
– Service historique de l'armée de Terre, à Vincennes :
L'aviation en Indochine.
Hélicoptères. Cote 10 H 203.
L'armée de l'Air. Cote 10 H 204.
L'aéronautique civile. Cote 10 H 206.
MARTIN, M. Agrégé du service de santé des armées, médecin consultant des forces armées en Extrême-Orient. « Rapport sur l'état de santé des prisonniers libérés. » 20 octobre 1954. Cote 10 H 317.
La Croix-Rouge en Indochine. Cote 10 H 318.
Remise des blessés, mission Huard. Cote 10 H 319.

Vie dans les camps, parachutages de médicaments. Cote 10 H 320.
Service social et culturel des forces armées en Extrême-Orient. Cote 10 H 321 et 10 H 322.
Services sanitaires en Indochine. Cote 10 H 323.
Service de santé, 1947-1955. Cotes 10 H 412 à 10 H 416. Et 10 H 496.
Le service de santé en Indochine, 1945-1954. Cote 10 H 992.
Dossier Diên Biên Phu. Cotes 10 H 1169, 10 H 1177. Ravitaillement air. Cote 10 H 1660.
Service de santé des troupes aéroportées. Cote 10 H 1667.
Service de santé. Direction. Cote 10 H 1976,
Direction. Cote 10 H 1977,
Direction. Cote 10 H 1978.
Organisation. Cotes 10 H 1989-1991,
Organisation. Cotes 10 H 1992-1993,
Organisation. Cotes 10 H 1994-1995.
Antennes. Cotes 10 H 2002-2003.
Hôpitaux. Cote 10 H 2006.
Opération Diên Biên Phu. Cotes 10 H 2014, 10 H 2015.
Transfusion sanguine. Cote 10 H 2070.
Transfusion sanguine. Air et Marine. Cote 10 H 2085.
Transfusion sanguine Diên Biên Phu. Cote 10 H 2086.

INDEX DES NOMS CITÉS

C

D

R

S

T

U

V

Y

Z

BLESSÉS ÉVACUÉS DE DIEN BIEN PHU SUR HANOI APRÈS LA BATAILLE

LE 14 MAI 1954

CHAMPONSUY Marcel, 3/3 R.T.A.
CHOUISE Mohamed, 3/3 R.T.A.
LECOMTE Didier, 1er B.P.C.
MALERECHE Abdelkrim, 3/3 R.T.A.
NELLER Nicolas, 3/13 D.B.L.E.
PERROT Jacques, 1er B.P.C.
PIEKARSKI, 6e B.P.C.
PREVOST Jacques, 1er B.P.C.
SENAN Said, 3/3 R.T.A.
SZIKS Joseph, 2e B.E.P.
ZUCOTTI Louis, 1/13 D.B.L.E.

LE 18 MAI 1954

ALBRECK, 2e B.E.P.
BEN BACHIN, Ahmed 1/4 R.T.M.
BENNABDESSELEM Amar, 1/4 R.T.M.
BOUDOT Jean, 1er B.P.C.
BOUSERA Said, 2/3 R.T.A.
BRUERRE Maurice, 2/1 R.C.P.
CHATAIGNER Guy, G.I.A.N.V.
DUVAL Jacques, 6e B.P.C.
FEDALA Ahmed, 3/3 R.T.A.
GODAU Ludwig, 2e B.E.
GOURDAIN Raymond, 1er B.P.C.
HAY Bernard, 8e B.P.C.
KAFALA Hamida, 3/3 R.T.A.
RENOLTZ Lothen, 13 D.B.L.E.
ROZITES OJARS, 2/13 D.B.L.E.
SIMON Pierre, 2e B.E.P.
TUZZI Eloi, 1/2 R.E.I.
WALTY Vhigo, 1/13 D.B.L.E.
WERBER Atman, 2e B.E.P.

LE 19 MAI 1954

ABDALLAH Ben Ali, 1/4 R.T.M.
ABDERHAMANE Ben AHMED, 1/4 R.T.M.
AHMED Ben Allal, 3/10 R.A.C.
AHMED BEN Mohamed, 1/4 R.T.M.
AUBRIN Claude, 8e B.P.C.
BALDET Belaoui, 2/4 R.A.C.
BARBE Lucien, 2/1 R.C.P.
BERNARD Jacques, 2e B.E.P.
BLEIN Joseph, 3/13 D.B.L.E.
BODEN Heintz, 1/13 D.B.L.E.
BOMBLE Bernard, 2/4 R.A.C.
BOUASSAN Ben Larbi, 4e R.T.A.
BOUHABA Hamed, 2/1 R.T.A.
CASTOR Dieter, 3e R.E.I.
CHANTEUX Michel, 2/1 R.C.P.
COURTADE, 2e B.E.P.
DECOT Gilbert, 1/13 D.B.L.E.
DEINDL Joseph, 3/13 D.B.L.E.
DELAGRANGE, 6e B.P.C.
DES FLANCHES Georges, 1er B.E.P.
DIPPE, 2e B.E.P.
EIERLE Gerhard, 2e R.E.I.
EUGÈNE Ernest, 8e B.P.C.
FISCHER Georges, 2/1 R.C.P.
FONTAINE Pierre, 8e B.P.C.
FONTANAZ Georges, 2e B.E.P.
FOURAR Said, 5/7 R.T.A.
GANSEN Gunther, 2e B.E.P.
GENTY Serge, 6e B.P.C.
GIRIER Félix, 8e B.P.C.
GRANDIDIER Henri, 1/4 R.T.M.
GREA Rémy, 2e B.thaï
GRIENGENS Martin, 1/2 R.E.I.
GROBOILLOT Lucien, 2/1 R.C.P.
HAAS Heintz, 2e B.E.P.
HABIB Ali, 3/3 R.T.A.
HAMED Ben Allah, 1/4 R.T.M.
HERGENROTHE Walter, 3/13 D.B.L.E.
HOEKEN Jean, 1/2 R.E.I.
HOLIECK Walter, 2e B.E.P.
ISSERT Noël, 8e B.P.C.
JAUFFROY Bernard, 6e B.P.C.
KALTNER Joseph, 2e B.E.P.
LANDNER Waldemar, 3/13 D.B.L.E.
LEBLANC Denis, 8e B.P.C.
LEBLOND Charles, 2/1 R.C.P.
LEITNER Ehner, 1er B.E.P.
LEMOINE Guy, 1er R.A.C.M.
LOOS Friedrich, 1/13 D.B.L.E.
MAHMOUD Abbes, 8e B.P.C.
MARIE Simon, 6e B.P.C.
MEYER Rudolph, 2e B.E.P.
MOHAMED B. Abdelkader, 4/4 R.A.C.
MOHAMED Ben Abib, 1/4 R.T.M.
MOUSSANEF, 3/3 R.T.A.
NOUALI Mohamed, 2/1 R.T.A.
PARISSE René, 2/1 R.C.P.
PERRIER Jean-Claude, 8e B.P.C.
PEYRETON Maurice, 2/1 R.C.P.
PFOHL Heintz, 1er B.E.P.
REINHART Éloi, 2e B.E.P.
ROMBAY Hans, 2e B.E.P.
SAIDI Hamed, 3/3 R.T.A.
SERHIE Abderahmane, 3/3 R.T.A.
SOMMERFEID Adolph, 2e B.E.P.
SOVA Ladislas, 3/3 R.E.I.
STEFFEN Georges, 2/1 R.C.P.
TARI Assnamaoui, 3/3 R.T.A.
TUMUSE Meha, 3/3 R.T.A.
VACKENHUT Paul, 2/1 R.C.P.
VAN VALENBERG Alain, 2/1 R.C.P.

VERTHE André, 1/13 D.B.L.E.
VICENA Stephan, 2/1 R.C.P.
VITRY Émilien, 1/4 R.T.M.
VRAC Henri, 8e B.P.C.
WOBB Karlins, 1/2 R.E.I.
ZIMMERMAN Joseph, 2/3 R.E.I.

LE 20 MAI 1954

ALVES Joseph, 6e B.P.C.
ANTIGA Alphonse, 8e B.P.C.
AULBUR Hubert, 3/13 D.B.L.E.
BADER Saïd, 1/1 R.T.A.
BAGSGHIR Paul, 1er B.E.P.
BOUFFIL Jean, 6e B.P.C.
BRUCKEMANN Wilm, 1er B.E.P.
BRUNIN Gaston, 2/1 R.C.P.
BUTRAK André, 1er B.E.P.
CECI Robert, 6e B.P.C.
CEME Ben Mohamed, 3/3 R.T.A.
CHARRIÈRE Louis, 2/4 R.A.C.
CULAGA William, 2e B.E.P.
DEFORGE André, 1er B.E.P.
DIENSTEN Rudi, 2e B.E.P.
EIGEBRECHT Wolfgang, 1er B.E.P.
FISCHER Roff, 1er B.E.P.
GASSER Johann, 3/13 D.B.L.E.
GERSTENBERGER Karl, 1er B.E.P.
GONETZ Ernest, 3/13 D.B.L.E.
GUEROUARD Pierre, 8e B.P.C.
HAMADECK Otto, 1er C.M.L.E.
HAMAM Hans, 1er B.E.P.
HAUTECOUVERTURE Raymond, 6e B.P.C.
HERGER, 1er B.E.P.
HERMANT Serge, 2/1 R.C.P.
HONEREAU Henri, 2/1 R.C.P.
JACQUIER Georges, 6e B.P.C.
KNAPPERS Gérard, 2/1 R.C.P.
LAFARTA Joseph, 3/13 D.B.L.E.
LAURENT Michel, 6e B.P.C.
LEBRAS Louis, 6e B.P.C.
LEBRIS Louis, 3/13 D.B.L.E.
LEFEBRE Jean, 3/13 D.B.L.E.
LEPEUCH Roger, 8e B.P.C.
MACHAEZ, 2e B.E.P.
MAGUET Jean, 2/4 R.A.C.
MAMI KHOUDJA, 3/3 R.T.A.
MOREL Luc, 2/1 R.C.P.
PASON Joseph, 1/2 R.E.I.
PAVEC Fernand, 8e B.P.C.
POML Rudolf, 1er B.E.P.
RAULT Roger, 8e B.P.C.
SALME Abdallah, 3/3 R.T.A.
SANTONI Clément, 1er B.P.C.
SCHUBERT Gunther, 1er B.E.P.
SCHUMM Johann, 1/2 R.E.I.
SERGEANT Claude, 1er B.P.C.
SVATOS Joseph, 1er B.E.P.
WILHEN Alfred, 2e B.E.P.
WOLF Alkl, 1er B.E.P.
ZURELL Helmut, 1er B.E.P.

LE 21 ET LE 22 MAI 1954

Abdelkader b. Djilali, 1/4 R.T.M.
Aber Aissa, 3/3 R.T.A.-C.C.B.
A.E.K. Bellein, 4/4 R.A.C.
Ahlgrimm Friedrich, 1er B.E.P.
Ahmed Ben Abdellem, 4/4 R.A.C.
Aissaci Mohamed, 3/3 R.T.A.
Albes Joachim, 3/13 D.B.L.E.
Allen ben Amar, 1/4 R.T.M.
André Robert, 2e B.E.P.
Anselm Michel, 2e B.E.P.
Ansseau Raymond, 1er B.E.P.
Arias Claude, 2/1 R.C.P.-C.B.
Arnault Serge, 6e B.P.C.
Arnould Guy, 2/1 R.C.P.
Bafchle Rudolf, 2e B.E.P.
Barab Raymond, 3/1 R.C.P.
Bauvens Lucien, 1/13 D.B.L.E.
Begot Henri, 3e B. Th-12e.
Behar Robert, 2/1 R.C.P.
Beres Jules, 1er B.E.P.
Bertheas Aimé, 6e B.P.C.
Bire Jacques, 8e B.P.C.
Blondez Élie, 6e B.P.C.-2e c.
Bon Victor, 3/4 R.A.C.
Bosio Césare, 1/13 D.B.L.E.
Boucly Henri, 8e B.P.C.-3e c.
Bouda Ben Srer, 1/4 R.T.M.
Bouhadidia Hassen, 3/3 R.T.A.
Bouvier Jean-Pierre, 1er B.E.P.
Brahim B. Mohamed, 1/4 R.T.M.
Busche Wilfried, 1/13 D.B.L.E.
Carré Georges, 8e B.P.C.
Champeau Jacques, 2/1 R.C.P.
Chérif Ben Haslen, 31/3 Génie.
Clément André, 2/1 R.C.P.
Clotain Jean, 1/2 R.E.I.
Collard René, 1er B.P.C.-2e c.
Cordier Georges, 2/1 R.C.P.
Couchou Fernand, 8e B.P.C.
Creste Kleber, 2e B.E.P.
Darmand Italo, 3/13 D.B.L.E.
Dietrich Wolfgang, 1er B.E.P.
Djellal Medjem, 3/3 R.T.A.
Djillali Salem, 1/4 R.T.M.
Djoudi Abdallah, 5/7 R.T.A.
Dorme Jean, 6e B.P.C.
Drisse b. Haoucine 4/4 R.A.C.
Ducreux Jean, 1/2 R.E.I.
Dussau Alexandre, 2/1 R.C.P.
Dziejak Maria, 1/2 R.E.I.-2e c.
Estoppey William, 4/3 R.E.I. (1er B.E.P.).
Fainschlader Rudolf, 1/13 D.B.L.E.
Fleury René, 8e B.P.C.
Gerduci Abded, 3/3 R.T.A.-3e c.
Giraud Henri, 8e B.P.C.-3e c.
Goulla Daniel, 1/2 R.E.I.-C.C.B.
Gozzo Lucien, 3/3 R.T.A.-2e c.
Greulach Friedrich, 1/13 D.B.L.E.
Grieweck François, 3/13 D.B.L.E.
Gsell Bernard, 2/1 R.C.P.-2e c.
Habert Claude, 8e B.P.C.
Haissaben Hamed, 1/4 R.T.M.
Hamedi Tahyeb, 1/4 R.T.M.
Hartin Albert, 6e B.P.C.
Hidaoui Mohamed, 3/3 R.T.A.
Imbert Bernard, 3/10 R.A.C.
Kaskarian Arthur, 2/1 R.C.P.
Klavertk Bernhard, 1/13 D.B.L.E.
Korb Hans, 5e R.E.I.-2e C.M.L.E.
Kuqbiak Simon, 1/3 D.B.L.E.

Lacoste Gilbert, 2/1 R.C.P.
Lambertz Frantz, 3/13 D.B.L.E.
Lara Camacho Louis, 2e B.E.P.
Laspuertas Antoine, 2/1 R.C.P.
Leboure Daniel, 31e Génie.
Le Garec Marcel, 8e B.P.C.
Lewandrovki Émile, 2e B.E.P.
Link Erhart, 1/13 D.B.L.E.
Liskowski, 2e B.E.P.
Lombardy Pierre, 6e B.P.C.
Luksch Ernst, 3/13 D.B.L.E.
Luque Ocame Antonio, 1/13 D.B.L.E.
Maillet Maurice, 2/1 R.C.P.
Mallet René, 2/1 R.C.P.
Margol Jean, 1er B.E.P.
Masche Dieter, 2e B.E.P.
Mediero Amadou, 3/13 D.B.L.E.
Messadia Solah, 3/3 R.T.A.-2e c.
Messadra Moudram, 3/3 R.T.A.
Mohamed Ben Driss, 3/10 R.A.C.-8e c.
Mohamed Ben Haken, 31/2 Génie.
Mohamed Ben Hamou, 1/4 R.T.M.
Mohamed Ben Tahar, 1/4 R.T.M.-4e c.
Moreno Francisco, C.M.L.E.
Motier Naim, 1/4 R.T.M.
Niang Abdou, 2/4 R.A.C.
Pallardy Henri, 8e B.P.C.
Penker Rudy, 2e B.E.P.
Polcinelli Sylvain, 2/1 R.C.P.
Przybilla Gérard, 1/2 R.E.I.
Rathlam Walter, 2e B.E.P.
Renard Serge, 6e B.P.C.-1er c.
Riccardi Gabriel, 1/2 R.E.I.-2e c.
Rodel Wolfgang, 3/3 R.E.I.
Salindre Daniel, 8e B.P.C.-3e c.
Sari Gynla, 1/2 R.E.I..
Schindeld Hans, 2e B.E.P.-3e c.
Sibo Sissoko, 2/4 R.A.C.
Smolarski Marius, 2/1 R.C.P.
Sprenger Hans, 3/13 D.B.L.E.
Stern Walter, 3/13 D.B.L.E.
Stiegler Ludwig, 2e B.E.P.
Tamarahat Saïd, 3/3 R.T.A.-12e c.
Taulkner Alfred, 1/2 R.E.I.
Tiberkane Pierre, 8e B.P.C.
Toulouse Maurice, 2/1 R.C.P.-3e c.
Trezien Stanislas, 2/1 R.C.P.
Ulman Jean, 2/1 R.C.P.
Van Fleteren Louis, 2/13 D.B.L.E.
Viebeck Frantz, 1er B.E.P.
Voitrin Léon, 6e B.P.C.
Wichach Jean-Jacques, 1° B.P.C.
Wohler Karl, 2e B.E.P.
Yayoui Mahaoua, 1/2 R.E.I.-C.C.B.
Zimmermann Siegfried, 3/13 D.B.L.E.

LE 23 MAI 1954

ADELINE Henri, 4/4 R.A.C.
AGOSTINI Walter, 1er B.E.P.
ALIAGAS Antonio, 1/13 D.B.L.E.
AMIER Mohamed, 3/3 R.T.A.
ANDERSEN Karl, 3/3 R.E.I.
ANGOLETTI Georges, 2e B.E.P.
AULANIER Georges, 1/13 D.B.L.E.
BATES Helmuth, 1er B.E.P.
BAYER Frantz, 2e B.E.P.
BERNE Heinz, 1/13 D.B.L.E.
BEZIADE Claude, 6e B.P.C.
BIERTOLI Casimo, 1/2 R.E.I.
BLANC Willy, 1/13 D.B.L.E.
BLANVILLAIN Pierre, 3/3 R.E.I.
BOUDEMACH Ahmed, 3/3 R.T.A.
BOULERHAN B. Ahmed, 2/1 R.T.A.
BOURMACHE Daniel, 3e B.T.
BOUTEPDJA, 3/3 R.T.A.
BRICE Jean, 35e R.A.L.P.
BROCKMANN Karl, 1er B.E.P.
BRUHIER Richard, 2/1 R.C.P.
BURES, 3/3 R.E.I.
CAMUS Gilbert, 2e B.E.P.
CANAT Jacques, 2/1 R.C.P.
CARETTE Aristide, R.I.C.M.
CHABRIER Julien, 2/1 R.T.A.
CHOPPE Jean, 2/1 R.C.P.
CHRISTY NAAS Rudolf, 2/1 R.C.P.
COLLET Charles, 35e R.A.L.P.
COLMORGEN Willi, 3/3 R.E.I.
COURAULT Jean, 2/1 R.C.P.
COUTURE Jacques, 6e B.P.C.
CUNY Marcel, 2/1 R.C.P.
DEMOINE Marcel, 3/3 R.E.I.
DEUTSCH Walter, 3/3 R.E.I.
DEVAUX Louis, 3e B. thaï.
DIEREX Hans, 3/3 R.E.I.
DRODZ Sigismond, 1/13 D.B.L.E.
DUMONDELLE Edmond, D.A.I.C./F.T.N.V.
DUQUENNE Maurice, 1/4 R.T.M.
EGONON Serge, 1/13 D.B.L.E.
FERNANDEZ Bénigna, 1er B.E.P.
FERNANDEZ François, 1er B.E.P.
FIRKE, 2e B.E.P.
FLASHAMPER Horst, 3/3 R.E.I.
FORESTIER Georges, 6e B.P.C.
FRACAPANI Frézézo, 1/13 D.B.L.E.
GARGO Miloud, 3/3 R.T.A.
GRATSCH Wilhem, 1/2 R.E.I.
GRAUS Walter, 1/3 R.E.I.
GUNTZEL Wolfgang, 1er B.E.P.
HANKE Gerhard, 2e B.E.P.
HAUSMANN Horst, 1/13 D.B.L.E.
HEINZ Conrad, 2e B.E.P.
HENON Gareide, 1/2 R.E.I.
HIBLOT Roger, 6e B.P.C.
HIRCHE Wolfgang, 1/2 R.E.I.
HORWATH Joseph, 1er B.E.P.
HUTZKE Heinz, 1er B.E.P.
JAUNIN Georges, 2e B. thaï.
JEANNE Maurice, 2e R.C.P.
JOPP Friedelam, 1/13 D.B.L.E.
KAURT Wolfgang, 3/3 R.E.I.
KEIL Alexandre, 3/13 D.B.L.E.
KIEFFER René, 2/1 R.C.P.
KISS Clark, 1er B.E.P.
KONE Mustapha, 2/4 R.A.C.
KRAPP Adolph, 1er B.E.P.
KUPKE Gunter, 2e B.E.P.
LACREZE Pierre, 1/4 R.T.M.
LAMINE Sommah, 2/4 R.A.C.
LANGEVIN Jacques, 5e B.P.V.N.
LARRIAUT Pierre, G.T. 64.
LAURENT Roger, 2/1 R.C.P.
LE BRENN Raymond, 8e B.P.C.
LECUSSAN Maurice, 6e B.P.C.

LETTA Livio, 3/3 R.E.I.
LIEDECKE Reinhard, 1er B.E.P.
LOUIS René, 2/1 R.C.P.
LOUIS Robert, 6e B.P.C.
LUKAS Gunter, 1/3 R.E.I.
MAHDI Moktar, 3/3 R.T.A.
MANKE Eduard, 1/2 R.E.I.
MARCEAUX André, 2/1 R.C.P.
MELON Bénito, 2e B.E.P.
MEYNRAD Robert, 31e Génie.
MOHAMED B. Mohamed, 1/4 R.T.M.
MOKRANE Messaoud, 3/3 R.T.A.
MUDERSPACH Horst, 1er B.E.P.
MULKERF Richard, 3/3 R.E.I.
NEOUSCHELER Heinz, 3/3 R.E.I.
NESSAN Nevali, 3/3 R.T.A.
NICOLAS Yves, 8e B.P.C.
PAPIN Christian, 1/2 R.E.I.
PATRIE Jean, 2e B.E.P.
PEREZ Antoine, 6e B.P.C.
PETIT Moise, 19e C.M.G.
PIERREL Robert, 4/4 R.A.C.
PITRA Guy, 8e B.P.C.
PLELWITZ Alfred, 1/13 D.B.L.E.
PONS Lorenzo, 1er B.E.P.
PREVET Marcel, 5e B.P.V.N.
PUCHTA Ervin, 1er C.E.P.M.L.
QUAEDRELIEG Joseph, 1/3 R.E.I.
QUERRE Guy, 3/10 R.A.C.
RADISCHE Hans, 2e B.E.P.
RANDAZZO Philippe, 1/13 D.B.L.E.
RICHTER Kurt, 1er B.E.P.
ROBERT Ernest, 1/13 D.B.L.E.
ROGUESTAL Jean, 3/3 R.T.A.
RUNGE Walter, 1er B.E.P.
SABOLENSKI Kasimir, 1er B.E.P.
SADOUX Heraba, 3/3 R.T.A.
SALANDRE Roger, 6e B.P.C.
SALWALGI Belkacem, 3/3 R.T.A.
SCHILLGER Guy, 2/1 R.C.P.
SCHNEIDER Hans, 1/2 R.E.I.
SHOLTZ Enrich, 3/3 R.E.I.
SOUTTERACH, 3/3 R.E.I.
STOICA Constantin, 1/2 R.E.I.
TAHAR Bouchaid Salah, 3/3 R.T.A.
TEUSCHER Manfred, 2e B.E.P.
TOMCZACK François, 6e B.P.C.
TROCH Charles, 1/13 D.B.L.E.
VALENTINI Luciano, 1/13 D.B.L.E.
VITASEK Gottlieb, 1/2 R.E.I.
VOSGES Horst, 1er B.E.P.
WALTER, 3/3 R.E.I.
WATZINGER Hubert, 1/13 D.B.L.E.
WOCHACK Herbat, 3/3 R.E.I.
YAGO Helmut, 1er B.E.P.
ZAOUAL Larbi, 3/3 R.T.A.
ZERBIN Jean, 6e B.P.C.
ZIMMERMANN Kurt, 1/2 R.E.I.
ZUCROWNA François, 2/1 R.C.P.

LE 24 MAI 1954

ABDALALL ben Darka, 2/1 R.T.A.
ABDESSALAM Ben Ahmed, 1/4 R.T.M.
ABDESSLEM B. Ali, 1/4 R.T.M.
ABDOUNI Noui, 2/1 R.T.A.
ABOU Mohamed, 2/1 R.T.A.
AMAR Hamadi, 2/1 R.T.A.
ARAHMOUI, 2/1 R.T.A.
AURORA Jacques, 1/2 R.E.I.
BALOU Mamadou 2/4 R.A.C.
BARAKTA Saïd, 2/1 R.T.A.
BARTEL Johann, 3/3 R.E.I.
BEN AMAR Mohamed, 5/7 R.T.A.
BEN Loti Amar, 2/1 R.T.A.
BENEDETTI Eugénio, 2e B.E.P.
BEN KABLI Abderamane, 5/7 R.T.A.
BERNEJO Alphonse, 1/2 R.E.I.
BODULA Stéphan, 1/13 D.B.L.E.
BONN Karl, 3/3 R.E.I.
BOUCHET René, 8e B.P.C.
BOUMIN Hamed, 3/3 R.T.A.
BULL Werner, 1/13 D.B.L.E.
CARPENTIER Georges, 1/2 R.E.I.
CASTRO Marie, Ange, 6e B.P.C.
CESARINI Charles, 2/1 R.C.P.
CEVRERO Orlandino, 1/2 R.E.I.
CHALKOUM Lakdar, 2/1 R.T.A.
CHENIER Emmanuel, 2/1 R.C.P.
CHERADI B. Mohamed, 3/10 R.A.C.
CHERIF Ben Saïd, 2/1 R.T.A.
CORAT Alain, 3e R.E.I.
CRUSSON Jean, 2/1 R.C.P.
DAVAL Robert, 2/1 R.T.A.
DEBRANDT Reinhart, 3/3 R.E.I.
DEFLINE Jacques, 8e B.P.C.
DELI Mohamed, 3/3 R.T.A.
DESCHAMPS André, 1/13 D.B.L.E.
DJAID Bel Hadj, 2/1 R.T.A.
DJILLALI B. Yaya, 2/1 R.T.A.
DORAS, René, 3e B.T.
EGLEMANN Jacques, 8e B.P.C.
FACIJA Seghir, 2/1 R.T.A.
FAIZ Hamed, 5/7 R.T.A.
FENIOUX Louis, 3e B.T.
FENKEL, 2e B.E.P.
FLEUROT Raymond, 3e B.T.
GABASTON René, 6e B.P.C.
GAFFRIC Roger, 6e B.P.C.
GALLUS Helmut, 1/2 R.E.I.
GOUZIL Guy, 8e B.P.C.
GRAS André, 3/10 R.A.C.
GRUBE Heintz, 1/13 D.B.L.E.
HABID Djelloul, 2/1 R.T.A.
HACEB Mohamed, 2/1 R.T.A.
HADJ chérif Mohamed, 2/1 R.T.A.
HAMLATE Tayeb, 2/1 R.T.A.
HANLATE Hamed, 2/1 R.T.A.
HAUGERVORT Egmust, 3/3 R.E.I.
HEITZ Robert, 3/3 R.E.I.
HERMANN Henri, 2e B.E.P.
HERR Wilhelm, 3/3 R.E.I.
HOUVET Gabriel, 1/2 R.E.I.
HUDON Roland, 1er B.E.P.
IDOUX André, 3/10 R.A.C.
IRVAZIAN Jean, 1/2 R.E.I.
JARDIN Georges, 3e R.E.I-C.C.R.
JURQUET Émile, 3e B.T.
KARMAR ben Ahmed, 31e Génie.
KASANOVIC Stéphan, 1/2 R.E.I.
KENKEST Herman, 8e B.P.C.
KERBAH Ben Hamed, 3e C.T.Q.G.
KERNEAU MARCEL, 3e B.T.
KHATIRI Mohamed, 2/1 R.T.A.
KOLHLEZ Gunther, 1/2 R.E.I.
KREMER Robert, 1/13 D.B.L.E.
KRISS Maamar, 2/1 R.T.A.

LAMOUSSIERE Roger, 5e B.P.V.N.
LATHALLI Djelloul, 2/1 R.T.A.
LEBOUARD Pierre, 2/1 R.T.A.
LECUE, 6e B.P.C.
LEFEBURE Roger, 2/1 R.C.P.
LELONG Jean, 8e B.P.C.
LESTRAT Marcel, 1/4 R.T.M.
LUCE Gunther, 1/13 D.B.L.E.
LUDWIG Raymond, 8e B.P.C.
LYFFERT Karl, 1/2 R.E.I.
MAGNANT François, 822e Batt.TRS.
MAMEN Hamed Mohamed, 2/1 R.T.A.
MANDELKOW Henrich, 3/3 R.E.I.
MESSAOUD B. Rahal, 4/4 R.A.C.
MILERIS Jonas, 1/13 D.B.L.E.
MIOTTO Danilo, 1/2 R.E.I.
MOHAMED Amar, 1/4 R.T.M.
MOHAMED Ben Hamou, 1/4 R.T.M.
MONKMAJI Tahar, 2/1 R.T.A.
MORNILLE Stéphan, 1/2 R.E.I.
NEUMERKEL Valdemar, 1/13 D.B.L.E.
NEZAZRA Salbi, 3/3 R.T.A.
NICHKLISEK Reinhard, 3/3 R.E.I.
NIGGEL André, 2/1 R.C.P.
NOBLECOURT Robert, 8e B.P.C.
NOURAOUI Slimane, 2/1 R.T.A.
OSPHAR Charles, 8e Choc.
OURIET Maurice, 3/3 R.E.I.
PARLANGE Jean, 3/3 R.E.I.
PEINTUREAU Jean, 2/1 R.C.P.
PENDEL Alfred, 1er B.E.P.
PEPIN-MALHERBE Gilbert, 5e B.P.V.N.
PHILIPPE Lucien, 2e B.E.P.
PLORMEL Gilbert, 6e B.P.C.
PRUGNAUD Georges, 3/10e R.A.C.
RADAUWEIT Gérard, 1/13 D.B.L.E.
RAGNOLI Giovanni, 2e B.E.P.
ROMS Manfred, 1/13 D.B.L.E.
ROMANI Roger, 6e B.P.C.
ROSAY Jean, 3e B.T.
SAÏD Ben Bachir, 2/1 R.T.A.
SCHIROUF Aissa, 2/1 R.T.H.
SCHMIDT Erwing, 1/13 D.B.L.E.
SCHNEIDER Rudi, 1er B.E.P.
SCHMITZ Edgard, 8e B.P.C.
SCHNEUZER Erwin, 2/3 R.E.I.
SEBANE Ali, 5/7 R.T.A.
SHIRZ B. Mohamed, 2/1 R.T.A.
SLAPSI Lajos, 1/2 R.E.I.
SODOYER Raymond, 1er B.P.C.
SOURIBES, 3/3 R.E.I.
STANISLAWIAK Charles, 1/13 D.B.L.E.
STETOU B. Mohamed, 3/10 R.A.C.
TAHAR B. Mohamed, 1/4 R.T.M.
TAIMMONT Max, 3/3 R.T.A.
TAST Bouzit, 3/3 R.T.A.
TERDELLA Obidio, 2e B.E.P.
ULICK Gérard, 3/3 R.E.I.
URBANIAK Jean, 1e B.E.P.
VASSELI Ahmed, 2/1 R.T.A.
VITER Émile, 5e R.E.I.-C.C.R.
WALTER Weber, 3/3 R.E.I.
WEINERT Tetlès, 1/2 R.E.I.
WILLEMS Otto, 1er B.E.P.
ZIDERIA Mohamed, 5/7 R.T.A.

LE 25 MAI 1954

ABDESSLEM Mohamed, 1/4 R.T.M.
AIMAN Raphaël, 1/13 D.B.L.E.
AISSAMI Said, 3/3 R.T.A.
ALI ben MOHAMED, 3/3 R.T.A.
ALI B. Tami, 1/3 R.T.A.
AMBOS Max, 3/13 D.B.L.E.
ANDRY Jean, 3e R.E.I.
AOMAR ben AOMAR, 1/4 R.T.M.
ARPAGAIS Adolf, 1/13 D.B.L.E.
BABILONI Marcel, 8e choc.
BAECHLER Lucien, 3/13 D.B.L.E.
BAUSSART Roger, 2/1 R.C.P.
BEHRIENDT Paul, 1/13 D.B.L.E.
BEN AISSA ben VOUALI, 31e Génie.
BERG Werner, 2e B.E.P.
BERGOT Fernand, 6e B.P.C.
BERNARD André, 2/4 R.A.C.
BEZAUD René, 6e B.P.C.
BIRIO Jean, 8e B.P.C.
BIRON Jean, 1er B.P.C.
BISONE Guy, 1/2 R.E.I.
BLOMNE Jacques, 2/1 R.C.P.
BONH Albert, 2/1 R.C.P.
BORDAIS Clément, 2/1 R.C.P.
BORGNIC Jean, 8e B.P.C.
BOUASSA B., ASSOU, 31e Génie.
BRIAND Paul, 71e C.C.T.
BUCHMEN Wolgang, 1er B.E.P.
BUINGON, 5e B.P.V.N.
CASERAC Henri, 6e B.P.C.
CAZENEUVE Daniel, 6e B.P.C.
CESAR Sanchez, 13e D.B.L.E.
CHAJELAIN Pierre, 2/1 R.C.P.
CHAMARD Serge, 1er B.P.C.
CHELGOMM Redjem, 3/3 R.T.A.
CORDERO Joseph, 2e B.E.P.
CORNEC Jean, 5e B.P.V.N.
COURTOIS Edouard, 2/1 R.C.P.
CURIE Francis, 6e B.P.C.
DALMOLIN Émile, 1/2 R.E.I.
DANEBŒUF Yvon, 31e Génie.
DAO TRONG-TICH, C.Q.G.
DAUREY Henri, 2/4 R.A.C.
DAVIAND Gilbert, 3/3 D.B.L.E.
DECACQUERAY André, 2e B.E.P.
DEMERSEMAN Claude, 1er B.E.P.
DEROMIAUX Gaston, 8e B.P.C.
DIENSTHUL Ernest, 1/13 D.B.L.E.
DINH VAN THOA, 2/1 R.C.P.
DJEFFAL Salah, 3/3 R.T.A.
DOAN DINH LAN 2/1 R.C.P.
DUBERT Georges, 2/4 R.A.C.
DUFOUR Claude, 3/13 D.B.L.E.
DUPE Pierre, 3/10 R.A.C.
DUVEAU Marcel, 2/1 R.C.P.
ESCORBAR Michel, 2e B.E.P.
FAM VAN THANH, 2/1 R.C.P.
FANTINEL Serge, 1/4 R.T.M.
FARHANE Aek, 3/3 R.T.A.
FASSOL Yves, 1er B.P.C.
FICKER Kurt, 2e B.E.P.
FISSEAUX Hugues, 1/B.E.P.
FLICK Charles, 2e B.E.P.
GABEL Séverin, 2/4 R.A.C.
GANSEIWSKI, 1/13 D.B.L.E.
GIRARDET Claude, 2/1 R.C.P.
GUIDUM Ali, 3/3 R.T.A.
GUILLEMIN Bernard, 2/1 R.C.P.
HADDED Amar, 3/3 R.T.A.
HAHTSCHE Gunter, 2e B.E.P.
HARNISCHACHER Erich, 1/2 R.E.I.
HA VAN DO, 1e B.P.C.
HERBIN Georges, 2/4 R.A.C.
HERMANN Manfred, 1/13 D.B.L.E.
HERNET Charles, 1/13 D.B.L.E.
HERVAVECZ Joseph, 1/2 R.E.I.

IKHERBANH Said, 3/3 R.T.A.
JAFFREZOU Didier, 6e B.P.C.
JALUR Ferdinand, 3/3 R.E.I.
JEANDON Robert, 6e B.P.C.
KASTER Oweki Otto, 1/2 R.E.I.
KELBERT Engebert, 1/13 D.B.L.E.
KUBAN Jean, 1er B.E.P.
KUNH Karl, 1er B.E.P.
LAMBOLEY Auguste, 2e B.T.
LAVAUD René, 5e B.P.V.N.
LE CLEACH Corentin, 8e B.P.C.
LECOQ Christian, 6° B.P.C.
LEDU Roger, 6e B.P.C.
LE GOSLES Maurice, 1/4 R.T.M.
LE GUEN Jean, 2/1 R.C.P.
LIETTA Raymond, 6e B.P.C.
LIVET Michel, 8e B.P.C.
LIZARALDO Justo, 3/3 R.E.I.
LUCREZI Paul, 6e B.P.C.
LUDTKE Willy, 2e B.E.P.
MACULOTTI Henri, 2/1 R.C.P.
MAKEIN Djelloul, 3/3 R.T.A.
MARAUT Jean, 2/1 R.C.P.
MARIN Pierre, 2/4 R.A.C.
MENAGE Guy, 6e B.P.C.
MERLE Louis, 1/4 R.T.M.
MIKLOS Karl, 1/2 R.E.I.
MIMOUM Mohamed, 5/7 R.T.A.
MIOSSEC Albert, 6e B.P.C.
MISSONNIER Claude, 6e B.P.C.
MOHAMED B. AMADAM, 31e Génie.
MOHAMED B. BELLA, 1/4 R.T.M.
MOISON Marcel, 2/1 R.C.P.
MUCCI Pietro, 1/2 R.E.I.
MULANI Yousel, 3/3 R.T.A.
MULLER Karl, 1/13 D.B.L.E.
NGUYEN VAN TINH, 1e B.P.C.
NIER Frantz, 2e B.E.P.
OBENANS Ernest, 1er B.E.P.
OLADDA Mohamed, 3/3 R.T.A.
ORTEGA François, 1er B.E.P.
POTIER Pierre, 3/13 D.B.L.E.
POUSSIER Jean, 1/13 D.B.L.E.
PRADNER Walter, 1/2 R.E.I.
RAMDAIN Tayao, 3/3 R.T.A.
RAMOS François, 1/13 D.B.L.E.
REVENAGE Roger, 13e D.B.L.E.
RICHARD Jacques, 6e B.P.C.
ROUBAUD René, 5e B.P.V.N.
SAM QUOAI HAN, 5e B.P.V.N.
SCHILLER Walter, 2e B.E.P.
SCHISTER Joan, 1/2 R.E.I.
SCHMITT Hans, 1er B.E.P.
SELIA Agah, 3/3 R.T.A.
SEMRAU Horst, 2e R.E.I.
SERVOZ Robert, 6e B.P.C.
SOISONA Arturo, 1/2 R.E.I.
SPEISER Walter, 1er B.E.P.
SYLVESTRE Étienne, B.C.Z.H.
TARDIEU Michel, 8e B.P.C.
TASSACOURT Brahim, 2/1 R.T.A.
THIEULIN Gérard, 2e B.T.
TOLOS Jean, 6e B.P.C.
TRAN DINH TUONG, 2e B.E.P.
TRAN VAN HOI, 1° B.E.P.
VACHOLZ Helmut, 1/2 R.E.I.
VENEREAU Robert, 2/1 R.C.P.
VESGERA Michel, 2e B.E.P.
VILLA Michel, 3/13 D.B.L.E.
VOLLING Werner, 13e D.B.L.E.
WEIZEL Reinhard, 1er B.E.P.
WELLY Jean, 3/3 R.E.I.
WOLF Edward, 3/3 R.E.I.
WOLK Gunter, 5e R.E.I.
ZAIDI Ahmar, 3/3 R.T.A.

LE 26 MAI 1954

ABASSI SEMAN, 3/3 R.T.A.
ADAM Jean, 2/1 R.C.P.
AMAR Ben AHMED, 1/4 R.T.M.
AMOSSE André, 1/2 R.E.I.
ARMAND René, 8e B.P.C.
ARPIN Marcel, 1/4 R.T.M.
BACH VAN NHAN, 35e R.A.L.P.
BAYARD Jean-Marie, 2/1 R.C.P.
BEN BESSELB Amar, 2/1 R.T.M.
BERGUA Guy, 2/1 R.C.P.
BORDAT Carlo, 2e B.E.P.
BOULANGER Jean, 2/4 R.A.C.
BOUTOUX Jean, 6e B.P.C.
BROCK WELL BERNADIN, 342 C.C.T.
BUCH Émile, 1/2 R.E.I.
BUFLE Marcel, 2e R.E.I.-C.C.B.
BUI VAN DHOAT, 5e B.P.V.N.
CHARDINY Jacques, 2/1 R.C.P.
DAO VAN CU, 2/1 R.C.P.
DAO VAN DAN, 8e B.P.C.
DEBENTZ Joham, 2e B.E.P.
DERCOURT Guy, 2/1 R.C.P.
DINH VAN DAO, 8e B.P.C.
DO DA, 2/1 R.C.P.
DO DINH CUOC, 1er B.E.P.
DOELBERT Gunter, 2e B.E.P.
DORÉ Giovani, 1/2 R.E.I.
DO VAN COM, 2e B.E.P.
DUFAY Jean-Pierre, 2/1 R.C.P.
ECKERT Félix, 2/1 R.C.P.
ENNEN Johan, 1er C.E.P.M.L.
ERHARDL Gérard, 2e B.E.P.
ERNST Johan, 3/13 D.B.L.E.
ESSAD Mohamed, 3/3 R.T.A.
FISCHER Georges, 1/2 R.E.I.
FONTAINE Jacques, 1/2 R.E.I.
FUNG VAN GIANG, 2/1 R.C.P.
GIEP NGUYEN VAN, 8e Choc.
GIRARD Pierre, 1/4 R.T.M.
GRANVONNET Robert, 8e B.P.C.
GUSH Simon, 1/13 D.B.L.E.
GUTHY Heinz, 2e B.E.P.
HAMED Ben Moktar, 31e Génie.
HAMOUCHE Mohamed, 3/3 R.T.A.
HOANG HO KUN, 2e B.T.
HOANG VAN DAC, 5e B.P.V.N.
HOANG VAN OUONG, 2e B.T.
HOANG VAN THUA, 1er B.P.C.
HOANG VAN TRUNG, 8e B.P.C.
HO CHAN SANG, 1er C.E.P.M.L.
HOFF Bernard, 2/1 R.C.P.
JANSEN Heinrich, 1/2 R.E.I.
JEAN Roland, 2/3 R.E.I.
JOURDAN André, 2/1 R.C.P.
KERMICHE Sallah, 5/7 R.T.A.
KHALFI Brahim, 3/3 R.T.A.
KHAMAR Ben Mohamed, 31e Génie.
KNOCHE Walter, 2e B.E.P.
KUCHTA Rodolf, 2e B.E.P.
LAHCEN KHELIF, 1/4 R.T.M.
LAMA Walter, 1er B.E.P.
LAY SAY NHI, 6e B.C.P.
LÉON Roger, 1er R.A.C.M.
LE VAN TUONG, 8e B.P.C.
LE XUONG DINH, 6e B.P.C.
LOC DAC GIANG, 2/1 R.C.P.
LUU VAN TIU, 2/1 R.C.P.
MACE Jean, 2/1 R.C.P.
MARTIN Guy, 3/3 R.T.A.
MARTINI Roger, 2/1 R.C.P.
MOHAMED B/Djillali, 1/4 R.T.M.
MULLER Bernard, 2/1 R.C.P.
NEUHAUSER Heinz, 1er B.E.P.
NGO VAN KY, 1er B.E.P.
NGUYEN BAC BE, 2/1 R.C.P.
NGUYEN BA PHAN, 2e B.E.P.
NGUYEN DINH NHANH, 2e B.E.P.
NGUYEN HOAN THUONG, 2/1 R.C.P.

Nguyen Huu Khoi, 6e B.P.C.
Nguyen Huu Vu, 6e B.P.C.
Nguyen Kim Phung, 1er B.E.P.
Nguyen Tri Thang, 2e B.E.P.
Nguyen Vam Nam, 2/1 R.C.P.
Nguyen Van Ban, 2/1 R.C.P.
Nguyen Van Chay, 2/1 R.C.P.
Nguyen Van Chung, 1er B.E.P.
Nguyen Van Den, 8e B.P.C.
Nguyen Van Dien, 1er B.E.P.
Nguyen Van Khoi, 2/1 R.C.P.
Nguyen Van Ngnia, 1er B.P.C.
Nguyen Van Nha, 2/1 R.C.P.
Nguyen Van Nham, 6e B.P.C.
Nguyen Van Quan, 2/1 R.C.P.
Nguyen Van Quang, 8e B.P.C.
Nguyen Van Quy, 2e B.E.P.
Nguyen Van Tat, 8e B.P.C.
Nguyen Van Thai, 8e B.P.C.
Nguyen Van Thai, 6e B.P.C.
Nguyen Van Thanh, 2/1 R.C.P.
Nguyen Van Thu, 2/1 R.C.P.
Ni Chi Minh, 5e B.P.V.N.
Oberle Charles, 1er B.P.C.
Pelletent Robert, 1er B.E.P.
Perez Paul, 1/2 R.E.I.
Petit Roland, 3/3 R.T.A.
Pham Duc Huy, 6e B.P.C.
Pham Huy, 3/3 R.T.A.
Pham Van Sau, 6e B.P.C.
Phan Quang Phuc, 2/1 R.C.P.
Pheng Van Mau, 2e B.E.P.
Pheng Van Ngu, 2e B.E.P.
Phung Xuan Vy, 6e B.P.C.
Pierie Auguste, 8e B.P.C.
Pirsez Adolf, 1er B.E.P.
Plucks Joseph, 2e B.E.P.
Poche Gérard, 1/2 R.E.I.
Pock Heinz, 1/2 R.E.I.
Radke Henrich, 1/13 D.B.L.E.
Reggab Aek, 2/1 R.T.A.
Rissurger Hantz, 1er B.E.P.
Romain Mohamed, 3/3 R.T.A.
Rondeau Marcel, 5e B.P.V.N.
Rost Werner, 2e B.E.P.
Rousseau Pierre, 31e Génie.
Rutkowski Helmut, 1/2 R.E.I.
Tach Nhang, 8e B.P.C.
Thomas Otto, 1/13 D.B.L.E.
To Van Kho, 2/1 R.C.P.
To Van Phang, 8e B.P.C.
Tran The Ty, 5e B.P.V.N.
Tran Van Truc, 6e B.P.C.
Tran Van Tu, 2e B.E.P.
Tran Van Yen, 2/1 R.C.P.
Trinh Van Tam, B.A.P.N.
Trong Vong, 3/3 R.T.A.
Vu Cao Kim, 2/1 R.C.P.
Vu Van Than, 6e B.P.C.
Waldo Georges, 2/1 R.C.P.
Welja Stanislas, 1/2 R.E.I.
Wunner Jean, 1/2 R.E.I.
Zieris Alfred, 1/3 R.E.I.
Zorn Lucien, 1er B.P.C.

N. B. : manquent quatre noms dans cette liste établie par le service de santé, à Hanoi; ceux des blessés nos 99, 344, 617, 622.

TABLE

Cet ouvrage a été réalisé par la
SOCIÉTÉ NOUVELLE FIRMIN-DIDOT
Mesnil-sur-l'Estrée
pour le compte de France Loisirs
en avril 1993

Imprimé en France
Dépôt légal : avril 1993
N° d'édition : 22341 – N° d'impression : 23604